CUBA:

MAMBISES NACIDOS EN OTRAS TIERRAS

COLECCIÓN CUBA Y SUS JUECES

EDICIONES UNIVERSAL, Miami, Florida, 2011 & 2024

ENRIQUE ROS

CUBA:

MAMBISES NACIDOS EN OTRAS TIERRAS

Copyright © 2010 by Enrique Ros

Primera edición, 2010
Reedición, 2024

EDICIONES UNIVERSAL
P.O. Box 450353 (Shenandoah Station)
Miami, FL 33245-0353. USA
Tel: (305) 642-3234 Fax: (305) 642-7978
e-mail: ediciones@ediciones.com
http://www.ediciones.com

Library of Congress Catalog Card No.: 20
ISBN-10: 1-59388-211-4
ISBN-13: 978-1-59388-211-2

Composición de textos: María C. Salvat Olson

Diseño de la cubierta: Eduardo Fiol

Todos los derechos
son reservados. Ninguna parte de
este libro puede ser reproducida o transmitida
en ninguna forma o por ningún medio electrónico o mecánico,
incluyendo fotocopiadoras, grabadoras o sistemas computarizados,
sin el permiso por escrito del autor, excepto en el caso de
breves citas incorporadas en artículos críticos o en
revistas. Para obtener información diríjase a
Ediciones Universal.

ÍNDICE

PRÓLOGO 9

INTRODUCCIÓN 17

CAPÍTULO I. DE LA ANEXIÓN A LA
   INDEPENDENCIA 19
   a) El largo camino hacia la independencia. b) El «Pampero»; Narciso López, cubanos y venezolanos precursores. c) Otras Conspiraciones d) El Congreso de Panamá y la cancillería americana. e) Discrepancias con la cancillería norteamericana. f) Precursores de la independencia cubana poco conocidos.

CAPÍTULO II. LOS PRIMEROS EXTRANJEROS
   LUCHANDO EN CUBA 35
   a) Extranjeros en el Ejército Libertador. b) Las primeras expediciones. El *Galvanic*, el *Perrit, Salvador, Grapeshot Upton*. c) Los hombres del *Perrit*. d) Alijo de armas traídas en el *Perrit*. e) El *Galvanic*. El General Manuel de Quesada y otros. f) Segundo viaje del *Galvanic*. g) Henry Reeve; Otro hombre del *Perrit*. h) Otros norteamericanos. i) Conflicto entre Thomas Jordan y Julio Grave de Peralta. Aurrecoechea sustituye a Grave de Peralta. j) Hombres de otras tierras. k) Albert Ryan. Un esforzado combatiente. l) El norteamericano Charles Gordon: Mártir del 95 y Federico Funston.

CAPÍTULO III. TEMPRANA INCORPORACIÓN DE LOS
   CHINOS EN LA LUCHA EMANCIPADORA 67
   a) Arriban de Amoy los primeros chinos. b) La contratación de chinos (culíes). c) Thomas Jordan y los chinos. d) Incorporación de los primeros chinos en las guerras emancipadoras. e) Destacados combatientes chinos.

CAPÍTULO IV. ESPAÑOLES EN LAS FILAS
   INSURRECTAS 79
   a) Carlos Agüero García. Las Guásimas. b) Otra vez Julián Santana. c) Guisa: Objeto de continuos ataques. d) La derrota

del Príncipe Francisco de Borbón. e) Un español de padre venezolano y madre cubana. f) El Mayor General Francisco Villamil: «El Gallego Heroico». g) Versiones opuestas de dos cubanos en los primeros cuatro años de la Gran Guerra. h) Otros españoles junto a los mambises. i) Los hermanos Hernández Vargas. j) José Álvarez Pérez, «El Gallego» y Álvaro Catá Jardines. k) José Fernández Mayato. l) Coliseo y Calimete. m) José Miró Argenter. Combatiente e historiador. n) La Conspiración de la Paz del Manganeso. o) Plan Gómez-Maceo. p) Campaña de la Reforma.

CAPÍTULO V. PRESENCIA DOMINICANA EN NUESTRAS GUERRAS EMANCIPADORAS 121

a) Los primeros dominicanos en incorporarse. b) Los hermanos Marcano. c) Se incorpora el dominicano Modesto Díaz. d) Hablemos de Máximo Gómez. El gran dominicano. e) Máximo Gómez en Cuba. f) «Hombres intrigantes» separan a Máximo Gómez del Presidente Céspedes. g) Máximo Gómez sigue combatiendo. h) Demandas del General Vicente García. i) El cubano-dominicano Faustino Sirvén. j) Un dominicano que asiste a Céspedes. k) Siempre surge un hombre indigno. l) Otros dominicanos. m) Hijos de cubanos nacidos en Santo Domingo y Colombia. n) El General Capote a cuyas órdenes sirvió el cubano dominicano Faustino Sirvén. o) Cubano-americanos en nuestras guerras independentistas.

CAPÍTULO VI. LIBERTADORES NACIDOS EN OTRAS TIERRAS 153

a) Presencia y respaldo de los venezolanos en nuestra lucha emancipadora. b) Comunicación de Linares Plasencia a Miguel Aldama. c) Amadeo Manuit. Valioso venezolano poco conocido. d) Salomé Hernández. Venezolano que ascendió a Mayor General. e) Expedición de los venezolanos y Manuel Garrido Páez. f) Cristóbal Mendoza y Álvarez Saavedra: Mártires venezolanos. g) José Miguel Barreto: General de Brigada, fiel a Céspedes. h) Combatientes venezolanos en la

Guerra del 95. i) Nicolás Valencia: Un combatiente excepcional. j) Otros venezolanos en el Ejército Libertador.

CAPÍTULO VII. VALIOSA INCORPORACIÓN DE COLOMBIANOS............................. 181
a) Colombianos que prestigiaron al Ejército Libertador. b) Se incorporan colombianos al Ejército Libertador. c) En Tunas los colombianos de Cauca. d) Llegan a las cárceles de África los presos de la Guerra Chiquita. e) Otros heroicos colombianos. f) Avelino Rosas Córdoba. Glorioso combatiente del Cauca.

CAPÍTULO VIII. PRESENCIA MEXICANA EN NUESTRAS GUERRAS EMANCIPADORAS....... 195
a) En el *Perrit* llega un mejicano excepcional. b) Otros mexicanos llegan a Cuba. c) El General José Inclán Risco. d) El proceso del mexicano José Inclán. Más valiosos mexicanos: Felipe Herrero, Rafael Bobadilla, Luis Palacios, Capitán Carlos Zimmerman, Ramón Cantú, Domingo Guzmán y José Fernández Coca.

CAPÍTULO IX. COMBATIENTES DE OTRAS NACIONALIDADES........................... 205
Era francés el jefe de la artillería del Mayor General Ignacio Agramonte. b) Idea de un peruano: El primer barco corsario del Ejército Libertador. c) Otro peruano al servicio de la independencia de Cuba. d) Carlos Roloff. Regionalismo y localismo. e) Se incorpora un chileno a la Guerra de Independencia de 1895. f) El contrastante destino de los oficiales Rubalcaba, Toyano y Martitegui. g) El Combate de Coliseo. h) Se integra Vargas a las tropas de Antonio Maceo. i) El Brigadier Vargas Sotomayor y las Batallas de Lomas de Tapia. j) Los Combates de Lomas de Tapia. k) Los nuevos combates del General de Brigada Vargas Sotomayor. l) Vicuña Mackenna el chileno precursor del General Vargas Sotomayor. m) Tensiones entre la Cámara de Representantes y el Presidente Céspedes.

CAPÍTULO X. LOS PUERTORRIQUEÑOS EN EL EJÉRCITO LIBERTADOR 231
a) De Mayaguez a Manatí: Juan Rius Rivera. b) Guillermo Fernández Mascaró: un borinqueño que se siente cubano. c) Otros aportes borinqueños.

CAPÍTULO XI. LAS EXPEDICIONES DESPUÉS DEL ZANJÓN 239
a) Las primeras expediciones de la Guerra del 95. b) Expediciones que parten de puertos cercanos. c) Otras expediciones. d) Desembarcan Martí, Gómez y otros. e) Marcos del Rosario Mendoza. f) Peralejo: derrotado Martínez Campos. Muere Santocildes. g) Los desterrados de ayer. h) Las primeras expediciones del año 96. i) *Three Friends* y otras expediciones. j) Expediciones de Abril. k) Continúan las expediciones. l) Lacret vence en Jicarita. m) El imparable *«Three Friends»*. n) El *Dauntless*. o) Otros barcos. Otras expediciones.

CAPÍTULO XII. VISIÓN ESPAÑOLA DE LA LUCHA EN CUBA 283
a) Visión española de la lucha en Cuba. b) La época de Weyler (1896) vista por la prensa española. c) Weyler toma el mando.

CAPÍTULO XIII. LAS DOS ÚLTIMAS CONSTITUCIONES: JIMAGUAYÚ Y LA YAYA 293
a) Asamblea de La Yaya. b) La carta de Dupuy de Lome. c) La explosión del Maine.

ÍNDICE PARCIAL DE MAMBISES NACIDOS EN OTRAS TIERRAS 299

BIBLIOGRAFÍA. 305

PRÓLOGO

Dr. Marcos Antonio Ramos

«...hermanas que de siglos atrás se vienen cambiando los hijos y enviándose los libertadores...»
José Martí

Con la publicación de esta obra, que seguramente será considerada como indispensable en los estudios cubanos, se ha llenado un apreciable vacío en nuestra historiografía. Los datos dispersos sobre la participación de extranjeros en las luchas por la independencia de Cuba no eran suficientes y muchos de ellos se prestaban a confusión. Algunos casos muy especiales y significativos fueron siempre resaltados debidamente por historiadores nacionales y extranjeros, pero la enorme contribución y el alto número de libertadores nacidos en otras geografías requerían no sólo una investigación más completa y específica, como la que ahora nos ofrece el historiador Enrique Ros, aportando además datos totalmente desconocidos o casi ignorados. A lo anterior debe añadirse el reconocimiento más entusiasta a un ordenamiento riguroso y claro de la información disponible, el cual constituye otro logro fundamental de este texto.

«Mambises nacidos en otras tierras» se incorpora por derecho propio a la lista de estudios y publicaciones que han proclamado, a través del tiempo, la maravillosa realidad de un continente integrado por pueblos hermanos, dispuestos a unirse para enfrentar las situaciones más difíciles. Es cierto que esto no siempre se ha conseguido, pero en las guerras por la independencia americana, en todas ellas, se ha manifestado, y muy especialmente en el caso de las

Antillas de habla española, el hermoso vocabulario utilizado por Martí al considerar a las tierras americanas como naciones hermanas dispuestas a intercambiar a sus libertadores.

No es posible escribir sobre la Revolución Americana del siglo XVIII sin mencionar a los franceses que pelearon como aliados de las gloriosas tropas encabezadas por George Washington. En fecha reciente, se ha resaltado también la participación de haitianos, entonces bajo la soberanía francesa, en importantes batallas en la América del Norte. La causa de la independencia norteamericana pasa también por la significativa contribución de España y sus colonias, sobre todo Cuba, al esfuerzo independentista de las Trece Colonias. Cubanos de todas las razas formaron parte de las tropas españolas.

El ilustre nombre del famoso Marqués de Lafayette es sólo el más conocido de una muy larga lista de libertadores de los Estados Unidos nacidos en otras tierras. Las experiencias en la América Latina no fueron diferentes. Los eximios próceres Simón Bolívar, Francisco de Miranda, José de San Martín, Antonio José de Sucre, Máximo Gómez, Bernardo O'Higgins y tantos otros libertadores de Iberoamérica, no sólo combatieron en sus países nativos sino también en otras tierras americanas. Más allá de los límites geográficos y coyunturales de las actuales naciones, varias figuras inmortales de luchadores por la independencia nacional y regional, forman ya parte de la historia de América y en cierta forma de toda la humanidad.

Debe reconocerse que el historiador cubano Enrique Ros comprendió mejor que otros valiosos colegas la necesidad de una empresa con las características y la envergadura de este esfuerzo. No era justo limitarse a simples menciones o a capítulos extensos en textos de historia general. Con el decursar del tiempo se fue sintiendo con mayor intensidad la imperiosa necesidad de emprender una tarea que sirviera para difundir y explicar la participación de los no cubanos en la independencia de Cuba, rescatando nombres y hechos que no habían sido resaltados suficientemente, hasta ahora, en la historiografía disponible.

En relación con las historias generales de las diferentes naciones y sus pueblos se señala generalmente como un defecto, entre otros, el prescindir con alguna frecuencia de un aparato crítico detallado. Por otro lado, las limitaciones de espacio constituyen otro problema, agravado por la omisión de nombres, generalmente involuntaria, pero no menos real.

Esto último se origina, en parte, por un criterio de selección que ha oscilado entre lo natural y lo arbitrario. Afortunadamente, Ros utiliza en su investigación el aparato crítico que se requiere. Y es muy evidente su disposición a situar las cosas en su lugar en relación a cada asunto, sin preferir personajes mediante un criterio basado en pura simpatía o en caminos trazados con anterioridad a sus propios esfuerzos.

No es ésta la primera vez que acudo a una opinión del doctor Eduardo Torres-Cuevas, que ha señalado que la historiografía cubana, a pesar de la longitud del quehacer histórico nacional, «resulta una suma de intentos casi siempre incompletos o parciales, una suma de trabajos fragmentados e inconexos, sin que hasta ahora se intentara, con un trabajo sistemático, establecer las líneas generales de la producción histórica». Independientemente de que se acepte o no ese criterio, que en modo alguno debe generalizarse, sigue pendiente la realización de «una obra que de forma totalizadora, analítica y crítica, intente ejercer el estudio necesario del desarrollo de la disciplina histórica en Cuba».

Sin embargo, esfuerzos tan completos y rigurosos sobre temas específicos como los que ha realizado a través del tiempo el historiador Ros, deben ser clasificados como pasos concretos y firmes que harán posible una obra tan formidable de historia general de Cuba como la que va ubicándose en la lista de prioridades de las futuras generaciones de historiadores. La historiografía nunca puede considerarse como realizada por completo, pero proyectos con la seriedad de los emprendidos por Enrique Ros son las que avanzan hacia ese carácter totalizador que sólo puede obtenerse con la metodología adecuada.

Al menos en el tema de los libertadores de Cuba nacidos en otras geografías, puede afirmarse que ya tenemos ante nosotros una obra cuyo carácter es lo suficientemente definitivo como para que confirme, unido a la obra completa y gigantesca realizada por Enrique Ros, el lugar que este colega debe ocupar entre los mejores historiadores cubanos de todos los tiempos.

La magnífica aproximación al tema de los extranjeros en las guerras de independencia cubana que se consigue con este libro nos separa de las preocupaciones principales del actual director de la Biblioteca Nacional de Cuba. Este libro no es una tentativa parcial o fragmentaria sino que se trata del resultado de una investigación exhaustiva de un tema importante, escrita con claridad y sentido de justicia. Es por ello que podemos reconocer en éste a uno de los mejores trabajos publicados sobre el tema de la cooperación internacional en el continente.

Casi sería suficiente señalar que el autor ha logrado identificar claramente a varios personajes sobre los cuales no existía una información clara, pero la investigación ha sido mucho mayor que ese importante aspecto y los resultados son realmente impresionantes. Le ha correspondido a Enrique Ros alcanzar la meta de demostrar en forma definitiva cómo la causa independentista cubana se convirtió en tarea de todo un continente, a la vez que atrajo a españoles, chinos y hermanos de otras latitudes.

El libro lleva de la mano al lector por todo el recorrido de esa lucha describiendo en el primer capítulo «De la anexión a la independencia» los esfuerzos pioneros de cubanos y extranjeros a principios del siglo XIX, ubicándolos en medio de acontecimientos internacionales como el Congreso de Panamá y de los vínculos con patriotas cubanos de la Gran Colombia de Bolívar y el México de los primeros años de independencia americana. De singular interés es la sección que intitula «Precursores de la independencia cubana poco conocidos» que forma parte del entorno de un período que no se limita a los esfuerzos nacionales.

Más allá de conspiraciones como la de «Rayos y Soles de Bolívar» y «La Gran Legión del Aguila Negra» se produjeron acontecimientos que apuntaban hacia el futuro continental como es el caso de la proclamación de la «Doctrina Monroe». Los hechos que tendrían lugar en Cuba no pueden separarse, por un lado, del interés de muchos americanos y españoles en lograr la independencia de Cuba y, por el otro, de cuestiones como el expansionismo norteamericano y las tendencias anexionistas que con mayor o menor duración surgieron en la mente de cubanos y extranjeros que entendieron que tal era el camino más adecuado para lograr ayuda en cualquier intento serio de separatismo.

El capítulo II «Los primeros extranjeros luchando en Cuba» hace un reconocimiento muy adecuado, el más completo que he leído hasta ahora, dedicado «a los españoles que se distanciaron, en distintos momentos, de un régimen que le negaba a un pueblo reformas, representación en las Cortes, autonomía y, se encontraba, más que dominado, sojuzgado....» Era un período en el cual se llevaron a cabo las primeras expediciones. El autor muestra cómo la del barco «Galvanic» llegaría con figuras, todas cubanas, pero en la siguiente, la del «Perrit», encontramos «hombres nacidos en tierras cercanas que compartirán riesgos y honores, penalidades y glorias, con los cubanos nativos y con otros extranjeros que ya habían hecho de Cuba su propia patria...» Magnífica introducción a esfuerzos similares que no condujeron al triunfo de la causa separatista, pero que no sólo prepararon el camino para una futura lucha sino que situaron en un marco continental e internacional el esfuerzo de los primeros luchadores.

Y según se describen acontecimientos y personalidades, y el autor avanza en el tiempo y el espacio, se documenta exhaustivamente la participación junto a los cubanos de extranjeros, algunos de los cuales residían en Cuba, como muchos chinos, españoles, dominicanos y puertorriqueños sino numerosos norteamericanos, conocidos como Henry Reeve y Thomas Jordan, pero aclarando que sólo son parte de una larga lista de estadounidenses, hispanoamericanos y españoles que echaron su suerte con el pueblo cubano en el momento más glorioso y difícil de su historia.

Figuras tan resaltadas como las del venezolano Narciso López y el dominicano Máximo Gómez contribuyen a indicar con gran fuerza la participación de los nacidos en otras tierras, pero era necesario llevar a cabo el esfuerzo final por penetrar en otras grandes realidades, acercarse a otras geografías, identificar otros protagonistas. El lector entrará en todo un mundo de información, comprobará cómo se han utilizado todo tipo de fuentes, quedará convencido de que no se trata de una simple recopilación o de ese estilo de repetición de datos que muchas veces ha caracterizado esfuerzos de investigación, por otra parte respetables y valiosos, pero que no han ido en busca de detalles insospechados y de nombres desconocidos, pero que merecen destacarse.

Bastaría para una verdadera colección de sorpresas y datos interesantes la lectura, al final del libro, de un «índice parcial de mambises nacidos en otras tierras», leer nombres de españoles, norteamericanos, chinos, dominicanos, venezolanos, colombianos, mejicanos, puertorriqueños y notar cómo también chilenos, franceses, italianos, polacos, peruanos y de otras nacionalidades derramaron su sangre y consagraron sus vidas en el altar de la gesta libertadora cubana.

Según leía el manuscrito del libro, quedaba abrumado por la riqueza de datos, la calidad de la investigación, la claridad de las exposiciones. Después de décadas de trabajo en materiales históricos me veía obligado a reconocer mi casi escandaloso desconocimiento de ciertos nombres y situaciones. Ocasión propicia para renovar el interés por la investigación y, sin necesidad de exageraciones innecesarias, invitar a amables compatriotas a unirse conmigo en una especie de «mea culpa» colectivo, no habíamos reconocido debidamente el aporte de aquellos a quienes el incansable investigador histórico Enrique Ros ha llamado, con propiedad, «mambises nacidos en otras tierras".

Deseo señalar que el libro se ha elaborado, fundamentalmente, sobre la base de fuentes primarias, pero el autor ha tenido muy en cuenta las fuentes bibliográficas disponibles, lo cual es posible comprobar al leer las citas, pero es más fácil reconocer cuando el autor ha compartido el quehacer investigativo en archivos y bibliotecas.

Ros concreta la procedencia de la fuente utilizada y nunca resulta impreciso, sus fuentes le llevan a conclusiones que no sólo benefician al lector aficionado, interesado en estas cuestiones con mayor o menor intensidad, sino que proporcionan pistas para futuras investigaciones. Por todo lo cual sus colegas le quedamos eternamente agradecidos.

No deseo convertir este prólogo en un catálogo de nombres, le corresponde al autor de este libro extraordinario ser la persona que introduzca al lector a este fascinante universo de viejos y gloriosos nombres de hermanos de otras tierras a los cuales, hasta los que hemos escrito sobre historia de Cuba, habíamos ignorado parcial o totalmente hasta la llegada de este libro tan necesario y oportuno.

CESPEDES
De Yara a San Lorenzo

La Lealtad y La Perfidia
El Brigadier de Cambute
El Médico de Jiguaní

ENRIQUE ROS
EDICIONES UNIVERSAL

INTRODUCCIÓN

En esta obra rendimos un merecido reconocimiento a todos los hombres que, nacidos en otras tierras, arriesgaron sus vidas, y muchos las perdieron, combatiendo, junto a los cubanos, por la libertad de nuestra patria.

No se podrá escribir sobre nuestras luchas emancipadoras sin recordar, además de algunos de los participantes extranjeros más conocidos: Narciso López, Ramón Pintó, Máximo Gómez, los Marcano, Henry Reeve –el Inglesito–, Rius Rivera, Roloff; a los dominicanos: Camejo Payents, Hipólito Aybar, Gil de la Rosa; a los venezolanos: Amadeo Manuit, Salomé Hernández, Cristóbal Mendoza, Aurrecoechea, Nicolás Valencia; a los españoles: Julián Santana, Francisco Villamil, Catá Jardines; a los colombianos: Rogelio del Castillo, Lidueñas, Varona; a los norteamericanos: Thomas Jordan, Albert Ryan, Charles Gordon, Funston; a los chilenos: Vargas Sotomayor y Vicuña MacKenna, a los hermanos Prado del Perú y a tantos otros de éstas y distintas nacionalidades que participaron en nuestras guerras redentoras.

Con esos hombres; los más, olvidados en nuestros libros de historia, tenemos una deuda de gratitud, que hoy en el destierro, y mañana en una Cuba libre y democrática, debemos todos reconocerla.

Este libro es un tributo de recordación y agradecimiento a esos mambises nacidos en otras tierras que expusieron sus vidas por nuestra libertad.

Academia de la Historia

MANUEL DE QUESADA Y LOYNAZ

POR

Carlos Manuel de Céspedes y Quesada

HABANA
IMPRENTA «EL SIGLO XX»
REPÚBLICA DEL BRASIL, 27
1925

CAPÍTULO I

DE LA ANEXIÓN A LA INDEPENDENCIA

a) EL LARGO CAMINO HACIA LA INDEPENDENCIA

Podemos afirmar que la segunda mitad del siglo XIX la consumió el cubano luchando por obtener la independencia de su patria.

El espíritu de rebeldía comienza a manifestarse con la primera y segunda expedición del venezolano Narciso López. En la primera, arribando en Cárdenas en mayo de 1850 con la bandera que se convertiría en la insignia nacional; y con su segundo desembarco en Playitas que le costaría la vida exclamando en el patíbulo un vaticinio que habrá de cumplirse: *«Mi muerte no cambiará los destinos de Cuba».*

Formando parte del derrotado ejército español había partido Narciso López hacia Cuba en agosto de 1823. Diez años después viaja a España sirviendo aún en las fuerzas armadas españolas solicitando en 1841 su traslado a Cuba donde sirvió como gobernador de Trinidad hasta 1845 en que, al abandonar el cargo, inició actividades personales y estableció contacto con la organización «La Mina de la Rosa Cubana» de tendencia anexionista y dentro de la cual organizó López un movimiento separatista que, descubierto, lo forzó a escapar hacia Nueva York en Julio de 1848 por lo que, en ausencia, fue condenado a muerte.

Prepara Narciso López su primera expedición a Cuba utilizando, para ello, el Vapor *Creole* que desembarcará en Cárdenas el 19 de mayo de 1850 enarbolando, por primera vez, la bandera nacional. Al no recibir el respaldo popular que esperaba tuvo que retirarse ese mismo día. No obstante, organiza una segunda intentona ese mismo año en el vapor *Cleopatra* que fue interceptado por las autoridades norteamericanas; pero no ceja en su empeño. El tercer día de agosto de 1851 zarpará en el vapor *Pampero* que desembarcará en Playitas, cerca de Bahía Honda, en Pinar del Río.

b) EL «PAMPERO», NARCISO LÓPEZ, CUBANOS Y VENEZOLANOS PRECURSORES

No había partido solo Narciso López cuando, capituladas las fuerzas ibéricas en Maracaibo, embarcaba hacia Cuba. Junto a él, entre otros, vendrán algunos venezolanos poco conocidos y apenas recordados en nuestra historia. Los hermanos Ildefonso y Francisco Oberto Urdaneta quienes, con grandes dudas, habían servido en las fuerzas armadas españolas de las que, sólo meses antes, habían solicitado su retiro. Al descubrirse la primera conspiración de López, el venezolano Idelfonso se ve obligado a partir de Santiago a Jamaica y, de allí, a los Estados Unidos. Y tomará parte activa en la preparación de la expedición del *Pampero*. Su hermano Francisco sufrirá pena de cárcel[1].

Recién comenzaba su mandato el General José Gutiérrez de la Concha cuando Narciso López conoce de las conspiraciones de Joaquín de Agüero y de Isidoro Armenteros. Alentando las actividades de Idelfonso aparece otro venezolano, Manuel Muñoz, cónsul de su patria en La Habana, cuyo traslado inmediato exige la Capitanía General de la isla. Demanda que ocasiona acalorada disputa en el congreso venezolano, muchos de cuyos miembros simpatizan con la causa cubana. Se ve obligado Muñoz a dejar su posición; pero Narciso López continúa organizando su expedición del *Pampero* que parte de Nueva York el 3 de agosto de 1851. Vendrán en ella 400 hombres divididos en nueve compañías.

---

[1] El historiador Emilio Roig Leuchsering, y Herminio Portell Vilá en su obra «Narciso López y su Época», así como Gerardo Castellanos que cita a Cirilo Villaverde, compañero y amigo de Narciso López, todos consideran que el venezolano sólo aspiraba a establecer una Cuba soberana. El novelista Cirilo Villaverde, autor de «Cecilia Valdés», consideró que López luchaba por el separatismo; es decir, por una Cuba independiente.

El Regimiento Número Uno estará dirigido por el Coronel William Logan Crittenden[2]. Venían hombres de distintas nacionalidades: húngaros, norteamericanos, alemanes. Junto a ellos, cuarenta y nueve cubanos formando el Primer Regimiento de Patriotas Cubanos, bajo el mando del venezolano Idelfonso Oberto y, los tenientes Diego Hernando, y Miguel López, que había participado con los expedicionarios del *Creole,* en Cárdenas, y Pedro López, sobrino del General Narciso López[3].

Desembarca el *Pampero* por el Morrillo, cerca de Bahía Honda, con la intención de López de avanzar hacia el interior para evitar ser acorralado en la costa. Terminado el desembarco, Narciso López se dispuso a marchar hacia Las Pozas, dejando a Crittenden cuidando los equipos y la retaguardia. Para muchos historiadores fue un error dividir así sus fuerzas.

El Capitán General Gutiérrez de la Concha, ordenó que una columna al mando del General Enna, vice-gobernador, saliera a bordo del *Pizarro* para combatir a los invasores. El 15 de agosto se enfrentaban las tropas en Las Pozas en violento ataque que forzó la retirada de las fuerzas españolas luego de ocasionar la muerte de 20 expedicionarios en varios encuentros, la del Capitán Oberto entre otros; pero los españoles recibieron refuerzos comandados por el Brigadier Rosales que impidió toda comunicación entre López y Crittenden mientras López avanzaba hacia el cafetal de Frías donde fue atacado por las fuerzas de Enna y Rosales en cuyo encuentro Enna es mortalmente herido al tiempo que, en la costa, Crittenden era atacado forzándolo a internarse en los bosques, de donde logra escapar con cincuenta hombres que de regreso a la costa, logran tomar cuatro

---

[2] El Coronel William Logan Crittenden, nacido en Kentucky en 1823, se graduó en la Academia Militar de West Point, sirviendo en las fuerzas americanas en la campaña de México en 1846. En mayo de 1849 renunciaba al ejército y comenzó a participar en la organización de expediciones a Cuba en contacto con el General Narciso López. Morirá fusilado junto a 50 norteamericanos apresados en la expedición del «Pampero».

[3] Jorge Quintana, «Índice de Extranjeros en el Ejército Libertador de Cuba».

pequeños botes y llegar a Cayo Levisa donde cayeron prisioneros del barco español «El Habanero», que los estaba persiguiendo.

Llega de La Habana la orden de fusilarlos a todos de inmediato. Les notifican la sentencia y los envían, por dos horas, a capilla. Ninguno pidió clemencia. Todos los prisioneros eran hombres religiosos, de coraje y de alta moral. Y escribirán extensas cartas a sus familiares. Extractamos tan sólo una frase de algunas de ellas:

Crittenden: *«Moriré como un hombre. Mi corazón late afectuosamente por mi madre. Llegue mi amor a toda mi familia».*

El Capitán Víctor Kerr, a su esposa: *«Adiós mi querida esposa. Mi adiós a mis hermanas y hermanos. Muero como un soldado».*

El Teniente Thomas C. James: *«Mis queridas hermanas y hermanos. Dentro de una hora seré enviado a la eternidad. Confío en la bondad de Dios. Enfrentaré mi destino como todo un hombre».*

El soldado Honoré Tacite Vienne: *«Mis queridos hermanos y hermanas. Muero pecador arrepentido, habiendo sido bendecido por los ritos de nuestra sagrada religión. Recen por mi pobre alma».*

Filman Cook escribe a sus amigos: *«Nuestro galante Coronel Crittenden hizo todo lo que un hombre podía hacer. Explícale a mi familia que no he hecho nada que no estuviese inspirado por los más altos motivos, que muero con la conciencia limpia, como un hombre. Con el corazón entero. Adiós, Dios los bendiga a todos.*

R.C. Sanfords, el ayudante, escribe a otro amigo: *«Fuimos condenados a morir esta mañana. Nos fusilarán dentro de una hora. Adiós y que Dios te bendiga».*

El Teniente James Branda escribió a su madre: *«Mi querida madre. Sólo me quedan unos momentos de vida. No le doy valor a mi* vida. *Pero siento profundamente el dolor que va a causarle la noticia de mi muerte. Adiós, entonces, mi querida madre. Piense en mí a menudo. Adiós, madre querida».*

Así describe el historiador Jorge Quintana el espectáculo que sigue a las nobles cartas de los prisioneros:

«El espectáculo fue sencillamente, canibalesco. Sobre los cadáveres inertes se arrojó la chusma para destrozarlos. Los cuerpos fríos fueron mutilados. En las puntas de los palos se ensartaban partes de los cadáveres y se exhibían, por la ciudad, como trofeos».

Pero dejemos que Juan Bellido de Luna, testigo excepcional de aquellos sucesos, nos lo relate. En una crónica firmada con el seudónimo «Guaycanamar» publicó Bellido de Luna, en *La Verdad* de Nueva York, edición del 30 de septiembre de 1851, unas semanas después de estos sucesos, un relato con el título «16 de agosto de 1851». Así dice:

«El General Concha dispuso que los agentes funerarios cediesen catorce carros y se encargaran de transportar los cadáveres mutilados, de las faldas de Atarés al cementerio general en el extremo opuesto de la población extramuros. El camino que siguió el tren, una vez cargado, fue el de la Calzada del Monte, a tomar la de Belascoaín, hasta salir a la de San Lázaro, que conduce al cementerio; tras él siguió la procesión más numerosa y horrible de las que se formaron en aquel día compuesta de lo más soez y brutal que encierra La Habana en españoles y gente de color.

Unos iban a caballo, otros a pie, dando alaridos, tirando al aire este la bota, aquel la casucha, esotro el jirón del vestido que habían arrancado a las víctimas y servía de estandarte. Los carros no cesaban de andar, aunque a paso lento; por cuyo motivo la procesión hacía alto en todas las tabernas, bebía cada cual a su satisfacción, alzaba la multitud su ronca voz el salvaje grito de» ¡Viva la Reina!, ¡Viva España! ¡mueran los yankes!, ¡mueran los filibusteros!». Y volvía a empezar la marcha y a alcanzar los carros. Dos capataces de las cuadrillas de carretones, montados en mulas, con la bandera española enastada en una larga vara, recorrían frenéticos de un extremo a otro la procesión, actuando como bastoneros y dando gritos y vivas desaforados.

A las puertas del cementerio, el populacho se abalanzó a los carros, no hay duda que con la intención de sacar de ellos los cadáveres y llevarlos arrastrados hasta las fosas que se habían abierto para darles sepultura. Pero este nuevo bárbaro ultraje sólo pudo impedirlo la serenidad del cura. Sin intimidarse por los aullidos de la canalla, se acercó al oficial de la tropa que custodiaba los carros y en alta voz le recordó su deber como militar, como caballero y como cristiano. Colocada la tropa, con arma preparada, entre el populacho y los 49 cadáveres, estos pudieron recibir sepultura sin más indignidad de parte de unos hombres que por lo mismo que feroces se mostraban viéndolos sin vida, hubieran huido desalentados de su presencia si por un milagro de Dios hubieran resucitado en aquel momento[4].»

c) **OTRAS CONSPIRACIONES**

Esta acción de Narcisco López, cuyos expedicionarios, entre ellos el coronel americano Crittenden, fueron fusilados, se une a los esfuerzos que realizaban, entre otros, el camagüeyano Joaquín de Agüero y el trinitario Isidoro Armenteros. Con estas muertes comenzaba, al iniciarse la segunda mitad de aquel siglo, la lucha por la libertad de Cuba.

Siguen a éstas la conspiración del catalán Ramón Pintó y del habanero Francisco Estrampes.

---

[4] Jorge Quintana. *Obra citada*.

Nacido en Barcelona Ramón Pintó abandonó España, con destino a Cuba, cuando Fernando VII suprimió, entre otros abusos cometidos, la constitución por la que se regía el régimen.

En la isla el catalán Pintó se convierte en director del Liceo de La Habana. Gobernaba en Cuba, en su primer período, el General José Gutiérrez de la Concha, amigo personal de Pintó y, en la prensa, escribe Pintó artículos combatiendo la trata de esclavos, posición que le enajena la enemistad de los integristas españoles y el respaldo de hombres sobresalientes como Gaspar Betancourt (*el Lugareño)*, Pozos Dulces y otros. Comienza con ellos a conspirar. Delatado es sometido a juicio y muere en el garrote, condena que tiene la aprobación de su antiguo amigo el Capitán General Gutiérrez de la Concha.

Hubo, antes, ideas que no cristalizaron en hechos, para separar a Cuba de la metrópoli, y, otras –de signo contrario– para mantenerla bajo el dominio español. Veamos algunas de ellas.

Bolívar ha vencido a los españoles en Boyacá (1819). En 1821 libra la batalla decisiva de Carabobo, que garantizaba la independencia de Venezuela, y triunfa en la de Ayacucho en diciembre de 1824. Deseaba, ahora, el gran caudillo, la total independencia de todo el continente lanzando una poderosa expedición a las islas de Cuba y Puerto Rico.

Otros eran los planes de las naciones europeas que, reunidas en el Congreso de Verona (noviembre de 1822) buscaban, descansando en la Santa Alianza (Rusia, Austria, Prusia), restaurar el absolutismo en España y facilitarle, entonces a ésta, la recuperación de sus colonias en el continente americano.

Las nuevas naciones hispanas que recién habían salido del dominio español se sentían atemorizadas ante el intento de la Santa Alianza de ayudar a la recuperación de sus antiguas colonias. Bolívar se empeñaba en lograr el concurso de éstas en un proyecto que luego culminaría en el Congreso de Panamá en 1826. Sólo dos nuevas naciones, México y Colombia, estaban dispuestas a enfrentarse a

España para impedir aquella restauración cuando, a su vez, Inglaterra mantenía en 1823 la intención de tomar Cuba y Puerto Rico[5].

Estados Unidos reconoció la independencia de las antiguas colonias españolas el 28 de marzo de 1822 (Santovenia). Un año después Antonio López de Santa Ana, el desacreditado gobernante de Méjico, afirmó que era deber de Méjico impulsar la independencia de Cuba, mientras que a Colombia le correspondía llevar la libertad a Puerto Rico. Estados Unidos e Inglaterra pretendían que la acción de la independencia se detuviese en el continente y que no progresase en las islas del Caribe; pero ambas ideas chocaban con la pretensión de España de, con el respaldo de la Santa Alianza, lograr la reconquista de todas sus antiguas colonias que, ahora, eran débiles repúblicas. Para esta empresa España había designado gobernador de Cuba al Mariscal de Campo Francisco Dionisio Vives quien conocía que la Alianza Colombo Mejicana le daría prioridad a la destrucción del Fuerte San Juan de Ulúa (Méjico) que representaba una amenaza para la independencia de aquel país y de las otras repúblicas hispanoamericanas. No estaba equivocado el General Vives.

El Castillo de San Juan de Ulúa, en Veracruz, llegaría a tener, después, una importancia particular en las relaciones cubano-mexicanas, al quedar convertido en el último reducto de las tropas españolas en México. Desde sus inexpugnables muros España obstruía el comercio y era una verdadera cabeza de playa para la reconquista de la tierra azteca, lo que, de hecho, mantuvo durante mucho tiempo el virtual estado de guerra entre los dos países[6].

d) EL CONGRESO DE PANAMÁ Y LA CANCILLERÍA AMERICANA

Para enfrentar la amenaza de la Santa Alianza, Bolívar convoca el Congreso de Panamá (diciembre de 1824) que sesionará en junio y julio de 1826 coincidiendo con la promulgación de la Doctrina

---

[5] Emeterio Santovenia (citado por Margarita González) «Bolívar y las Antillas Hispanas 1935».

[6] Sergio Guerra Vilaboy. *Obra citada*.

Monroe (diciembre de 1823) que expresaba con claridad que Estados Unidos no toleraría ingerencia alguna en América de las naciones europeas.

Las repúblicas hispanas recién constituidas «Colombia, México y América Central» invitaban a los Estados Unidos al Congreso de Panamá, invitación que acepta los Estados Unidos, aclarando que *«el congreso es puramente diplomático y que ninguno de los estados se va a entregar sumiso a un tratado diplomático al que no hayan consentido sus representantes»*. En diciembre de 1823 el Presidente de los Estados Unidos dirigiéndose al congreso norteamericano anunció en su Mensaje «que a ninguna nación europea se le permitiese establecer nuevas colonias en este continente *mas, no se trataba por este principio de terminar las colonias europeas ya establecidas en América»*[7].

Ya antes de que se iniciase el Congreso de Panamá dejaba el Presidente de los Estados Unidos aclarada la posición de aquella república. Es decir, no se perturbarían las colonias europeas ya establecidas en América, instruía el entonces Secretario H. Clay, a sus comisionados en el Congreso de Panamá que el 22 de junio se reunía por primera vez. Posición a la que vuelve a referirse el General José Antonio Páez en su «Autobiografía».

No le interesaba a los Estados Unidos, en aquel momento, alterar la situación en que se encontraban Cuba y Puerto Rico. Por eso el Presidente John Quincy Adams en el Mensaje del Año a la Unión Americana expresaba que era innecesario entretenerse en este particular afirmando que nuestros esfuerzos se dirigirán a conservar el estado actual de las cosas, la tranquilidad de aquellas islas y la paz y seguridad de sus habitantes.

Aclara Páez en sus memorias que:

«los norteamericanos asistieron a este Congreso, pero no tomaron parte en sus deliberaciones, Chile se hallaba agitado por turbulencias interiores; Buenos Aires rechazó la

---

[7] «Autobiografía del General José Antonio Páez», Nueva York, 1867. Reimpresa en 1946.

idea de la convocación; Perú, o sea Bolivia, no estaba aún reconocida como estado independiente, el Paragüay vivía aislado; el Brasil, habiéndose declarado libre de distinta manera, no fue invitado a intervenir; y así solamente los diputados de Méjico, Guatemala, Colombia y Perú juraron mantener la Federación Perpetua de las repúblicas populares representativa y federal como los Estados Unidos, a excepción de la tolerancia religiosa». (Autobiografía del General José Antonio Páez, obra citada)[8].

Será el General Francisco Dionisio Vives en 1823 quien se encargaría de fortalecer el dominio español sobre la isla con los miles de soldados, estacionados en Cuba, que venían de haber batallado en distintas regiones del continente.

Coincide con el descubrimiento de una conspiración independentista conocida como «Soles y Rayos de Bolívar» que actúa en Cuba, simultáneamente, con otro grupo que perseguía la separación de la isla y que estaba constituido por Gaspar Betancourt Cisneros, José Aniceto Iznaga, José Agustín Arango y otros.

En aquel mismo año, 1823, repetimos, quedó al descubierto la conspiración de *«Soles y Rayos de Bolívar»*, estrechamente identificada con Juan Francisco Lemus que había formado parte de las Fuerzas Armadas Colombianas y cuyas actividades coincidían con las desarrolladas por grupos de cubanos emigrados en los Estados Unidos que buscaban la independencia de Cuba.

Uno de sus miembros era José Aniceto Iznaga, que junto a Gaspar Betancourt Cisneros, José Agustín Arango, Fructuoso del Castillo y José Antonio Miralla, entre otros, integraban aquella organización de *Soles y Rayos de Bolívar* donde se encontraban cubanos de gran nombre y prestigio como José María Heredia, Miguel Teurbe

---

[8] Al presenciar en Nueva York el sepelio del Mariscal Páez, José Martí escribió en el periódico «El Porvenir» de aquella ciudad un bello artículo destacando las cualidades de Páez y su vinculación con la causa cubana. Su artículo lo terminaba con esta frase: «Donde quiera que estés, duerme. Mientras haya americanos, tendrás templo; mientras haya cubanos, tendrás hijos». (José Martí. Obras Completas. Volumen III).

Tolón, José M. Coro, militares de la milicia, abogados, miembros de la iglesia, alcaldes de distintas poblaciones y hombres de pueblos hispanoamericanos radicados en Cuba. La organización fue penetrada desde 1821 pero no fue hasta 1824 que conoció Vives del arresto de Lemus con más de 600 acusados; algunos fueron condenados a grandes multas pero otros, como Heredia, Francisco Agüero, José A. Iznaga, Gaspar Betancourt Cisneros, pudieron escapar hacia otros países. Así terminó en 1834 aquella temprana conspiración que había coincidido, en Europa, con el Congreso de Verona y con la convocatoria de Bolívar al Congreso de Panamá y la proclamación de la Doctrina Monroe.

En esta Conspiración de Soles y Rayos de Bolívar participan varias figuras latinoamericanas; entre ellas, el colombiano José Fernández Lamadrid, último presidente de la Primera República de Colombia; el ecuatoriano Vicente Rocafuerte, quien sería en 1835 presidente de su país; el escritor peruano Manuel Lorenzo Vidaurre, y el argentino José A. Miralla; también el venezolano Juan J. Peoli, que residía en Cuba. que moriría en México mientras preparaba una expedición a Cuba, pero sería el habanero José Francisco Lemus quien aparecería como jefe de la conspiración (Diccionario Enciclopédico de la Historia Militar Cubana).

El movimiento se extendió desde La Habana a Matanzas, Las Villas y Camagüey. A lo largo de estos cuatro años de labores conspirativas acoplaron armas y municiones y publicaron varias proclamas firmadas por Lemus explicando los objetivos políticos del movimiento.

Coincide esta conspiración con la conocida como «La Gran Legión del Águila Negra, organización político-militar fomentada por México que contaba entre sus auspiciadores a Guadalupe Victoria, el primer presidente de aquella nación recién constituida. Contaba con el apoyo de varios cubanos, residentes en esos momentos en México, entre los que se encontraban Antonio Habad Izaga, Miguel Teurbe Tolón, Roque de Lara, Pedro Lemus y otros, muchos de los cuales habían escapado de Cuba tras el fracaso de la Conspiración de Soles y Rayos de Bolívar.

En sus planes figuraba provocar un levantamiento armado en coordinación con diferentes expediciones procedentes del exterior. Esta operación se frustró cuando el ministro español en Washington informó a Dionisio Vives la participación en el movimiento del carpintero José Julián Solís, nacido en Nueva Orleans y radicado en La Habana quien, arrestado, inculpó a los iniciadores y a numerosos complotados de La Habana, Matanzas y Camagüey. En sentencia dictada en 1830 se condenó a seis de los encausados a la horca, sanción que fue conmutada por la de prisión perpetua. Un centenar más fue sentenciado a distintas penas.

Le seguirá otra, menos conocida que, curiosamente, fue organizada en la propia España. Era la «Conspiración de la Cadena Triangular y Soles de la Libertad» formada por conocidos cubanos que planeaban provocar una insurrección armada en La Habana. El propósito de esta organización (que para muchos eran dos separadas: la «Cadena Triangular» y «Soles de la Libertad») era iniciar la insurrección con un atentado al Capitán General de la Isla. Delatada, ocho de sus integrantes sufrieron largas penas de cárcel; luego, la causa fue sobreseída.

Otra figura de extraordinario relieve en la lucha por la liberación de las antiguas colonias se mantiene unida al Libertador Bolívar en aquel intento de organizar una expedición *«para libertar a Cuba y Puerto Rico del dominio español»*[9] El General José Antonio Páez, tres veces presidente de Venezuela[10], nos dice en su autobiografía: *«Uno de los principales asuntos de que me habló el Libertador en 1827, fue de la libertad de Cuba y Puerto Rico...tenía Colombia un ejército aguerrido...por todos los conceptos estaba justificada la expedición de Bolívar».*

Seguiría a ésta la conocida «Conspiración de la Escalera» (1844). Severamente castigada, inocentes y culpables, blancos y ne-

---

[9] «Autobiografía del General José Antonio Páez». Biblioteca de la Academia Nacional de la Historia, Caracas, 1975.

[10] José Antonio Páez fue el cuarto Presidente de Venezuela (1830 a 1835); el noveno (1839 a 1843) y el décimo noveno (1851 a 1863).

gros pagaron con su vida. El más conocido, Gabriel de la Concepción Valdés (*Plácido*). Y terminada aquella primera mitad del Siglo XIX surge la «Conspiración de la Mina de la Rosa Cubana» dirigida por Narciso López en la que participan Cirilo Villaverde y José M. Iznaga con el respaldo de lo que se conoció como Club de La Habana, muchos de ellos anexionistas y esclavistas que, a través de los participantes residentes en los Estados Unidos, gestionaban con el Presidente James K. Polk la incorporación de Cuba a los Estados Unidos. Contaba Narciso López con la colaboración de su rico cuñado Francisco de Frías, Conde de Pozos Dulces. Como antes dijimos, muchos de los conspiradores, entre ellos Narciso López, pudieron escapar al extranjero.

e) DISCREPANCIAS CON LA CANCILLERÍA NORTEAMERICANA

Volvamos a la convocatoria y a la celebración del Congreso de Panamá.

Aparecían coincidiendo, al menos en ese momento, los propósitos de Bolívar y los de la cancillería norteamericana. Pronto surgen diferencias entre los dirigentes de las naciones del continente americano. Pero la Doctrina Monroe se refería *«a las repúblicas hispanoamericanas»* porque, en cuanto a *«las colonias existentes o dependencias de cualquier país europeo, nosotros no interferiremos ni lo haremos en el futuro»*[11]. Evidentemente la posesión de Cuba por España no sería considerada *«una disposición no amistosa»*. Por eso, ni al presidente norteamericano ni a su Secretario de Estado les preocupaba la situación de la colonia caribeña. Ya se había firmado el Tratado Colombo-Mexicano (17 de marzo de 1826) que buscaba alcanzar la independencia de Cuba y Puerto Rico, idea que respaldaban las naciones centroamericanas.

Clay, Secretario de Relaciones Exteriores de los Estados Unidos, –invitada esta nación al Congreso de Panamá, no por Bolívar

---

[11] Citado por Herminio Portell Vilá. *Obra citada.*

sino por Santander–, abogaba por la no modificación de la situación de Cuba. Sería una Cuba aún dependiente de España[12].

f) PRECURSORES DE LA INDEPENDENCIA CUBANA POCO CONOCIDOS

Son estos los años en que aparecen los precursores, poco conocidos, de la independencia cubana y que provienen de las recién constituidas repúblicas latinoamericanas: Colombia, Argentina,

---

[12] Amplia información sobre ese tema se ofrece en «Bolívar y la Independencia de Cuba», de Margarita González, El Áncora Editores, Bogotá, Colombia, 1985.

Ecuador y Perú. Veamos algunos de estos nombres: el médico colombiano José Fernández de Madrid que, había actuado como presidente de las Provincias Unidas de Cundinamarca y vencido por el General español Carlos Morillo, lo envió a España pero el barco hizo escala en Batabanó y Fernández de Madrid fue trasladado a La Habana donde el Capitán General José Cienfuegos aceptó que ejerciese su carrera lo que le permitió hacer contacto con otros emigrados latinoamericanos entre ellos el argentino José Antonio Miralla, el ecuatoriano Vicente Rocafuerte, que años después (1834-1839) llegaría a ser presidente de Ecuador)[13].

Poco después el argentino Miralla, junto con el colombiano Fernández de Madrid fueron acusados de participar como organizadores de la Conspiración de Soles y Rayos de Bolívar. Este será el licenciado peruano Manuel Lorenzo Vilaurre Escalada quien había llegado como Oidor a la Audiencia de Puerto Príncipe y, al llegar a La Habana en 1821 con su ardiente práctica atacó abiertamente el campamento de las tropas españolas en suramérica, manteniendo contacto clandestino con Cuba[14].

En 1824 el primer gobierno republicano de México, encabezado por el Presidente Guadalupe Victoria, con el apoyo de jóvenes revolucionarios cubanos emigrados, preparó un plan que consistía en una alianza con la Colombia de Simón Bolívar, para desalojar a los españoles del Castillo de San Juan de Ulúa mediante la independencia de Cuba. Planes que no se abandonaron cuando esa fortaleza, finalmente, se rindió (23 de noviembre de 1825). Detrás de estos proyectos se encontraba La Gran Legión del Águila Negra, logia secreta fundada en Veracruz el 30 de mayo de 1823 por el propio Guadalupe Victoria cuando era Comandante General de Jalapa, con la estrecha colaboración del habanero Simón de Chávez, entonces coronel del Ejército de México. Más tarde esta logia se ramificaría en Cuba hasta

---

[13] Jorge Quintana: Índice de Extranjeros en el Ejército Libertador de Cuba. *Obra citada*.

[14] René González Barrios en «Cruzada de Libertad». *Obra citada*.

que en 1829 sus ministros fueron arrestados por las autoridades coloniales[15].

Continúan los esfuerzos, desde México, para separar a Cuba de España. Y ya para 1825 (4 de Julio) se crea en México la «Junta Promotora para la Libertad Cubana» integrada mayormente por conspiradores de los Soles y Rayos de Bolívar exiliados en tierra azteca (Teurbe Tolón y otros que mencionaremos más adelante), a los que se unen los cubanos ya establecidos en México con anterioridad como Juan Antonio Unzueta, funcionario de la Secretaría de Hacienda y Antonio P. Valdés, editor del periódico Águila Mexicana, diputado al congreso y vinculado, como funcionario, al Emperador Agustín de Iturbide (Sergio Guerra Vilaboy).

Continúan las gestiones que en México se hacen para independizar a Cuba. El primero de septiembre de 1825 la «Junta Promotora de la Libertad Cubana» envió un mensaje al congreso mexicano firmado por algunos cubanos y personalidades de aquel país para solicitar su respaldo a la emancipación de Cuba. La recomendación no prosperó.

El venezolano Juan Jorge Peoli aparecía como financiero de la conspiración «Rayos y Soles de Bolívar» que, según el historiador Jorge Quintana[16], solicitaba dinero de letras giradas personalmente por Bolívar. Denunciado tuvo que huir. Para enfrentarse a estas múltiples conspiraciones, el gobernador Vives creó la Comisión Militar Ejecutiva y Permanente en enero de 1824 que le ofrecía poderes supremos para castigar como crimen cualquier aspiración política.

---

[15] Carlos Bojórquez Urzaíz y Luis Millet Cámara. *Obra citada.*

[16] Jorge Quintana, *obra citada.*

CAPÍTULO II

LOS PRIMEROS EXTRANJEROS LUCHANDO EN CUBA

a) **EXTRANJEROS EN EL EJÉRCITO LIBERTADOR**
Serán aquéllos –López, Agüero, Armenteros, Pintó, Estrampes–, algunos de los precursores que nos llevarán al 68, donde a los cubanos Céspedes y Aguilera se le unirán los dominicanos Máximo Gómez, Modesto Díaz y los hermanos Marcano, y participarían otros también nacidos en tierras extrañas al suelo cubano entre ellos colombianos, peruanos, mexicanos, venezolanos y otros, y a la del 95, cuando junto a los Maceos vendrán los Marcos del Rosario, Miró Argenter, Charles Gordon, Gil de la Rosa y Frederick Funston.

Fueron centenares los hombres nacidos en otras tierras que lucharon junto a los nativos cubanos por la independencia de la isla. Desde simples soldados hasta mayores generales. El ejército liberador se vio honrado con la presencia de aquellos que aportaron su coraje y, muchos, su preparación militar para que la entonces isla esclava lograra su independencia. Once de aquellos grandes hombres alcanzaron la alta graduación de mayores generales; cuatro fueron generales de división; veinte de aquellos foráneos combatientes fueron generales de brigada.

De Colombia, tres alcanzaron el grado de general de brigada; de Venezuela, ocho ganaron el grado de generales. Uno de Chile; y seis de República Dominicana tuvieron en sus hombros las estrellas de generales y brigadieres; de Puerto Rico contamos con un mayor general. Con iguales grados tuvimos un mayor general y un brigadier de los Estados Unidos, y una decena nos llegó de España entre mayores generales, generales de división y brigadieres. Los tuvimos, también, de Canadá, de Francia, de Polonia, de Méjico. En estas páginas iremos recordando, para nuestra historia, el nombre y las acciones de todos y cada uno de estos hombres generosos.

Nos referiremos primero a los españoles que se distanciaron, en distintos momentos, de un régimen que le negaba a un pueblo reformas, representación en las cortes, autonomía y, se encontraba, más que dominado, sojuzgado por capitanes generales que le imponían limitaciones y disposiciones más severas y abusivas que las que regían en la península. Mencionaremos en estas páginas, con la justicia que ellos merecen, a los españoles Francisco Villamil, Manuel Suárez Delgado, Matías Vega Alemán, José Miró Argenter, Quirino Reyes, Valentín Menéndez, Jacinto y Faustino Hernández Vargas, José Fernández Mayato, Diego Dorado, Álvaro Catá Jardines, Eduardo Cordón, José Callejas, José Álvarez Pérez y tantos otros que se identificaron con la guerra que libraba una tierra que generosamente les dio abrigo y cuyos ideales de libertad compartían.

Nombres que repetiremos porque, con una lamentable excepción, sirvieron con coraje y honestidad a la causa de la libertad de la tierra que los acogió; muchos, fundaron familias y honraron la patria generosa que les dio abrigo. Repetiremos los nombres de Diego Dorado, Quirino Reyes Piedra, Valentín Menéndez, José Miró Argenter, José Álvarez Pérez, Álvaro Catá Jardines, Eduardo Cordón Arallona, José Fernández Mayato, Julián Santana tantas veces, con justicia, repetidos; así como los del valiente Francisco Villamil y el canario Matías Vega Alemán quienes, como tantos otros nacidos en la madre patria, se entregaron de lleno a defender la tierra que con tanto cariño los había acogido.

Muchos de los españoles que se incorporaron al Ejército Libertador en nuestras guerras emancipadoras ya estaban arraigados en ls isla y tenían estrechos vínculos familiares cubanos desde mucho antes de iniciarse la Guerra de los Diez Años. No era esto lo que sucedía con aquellos naturales de otras tierras que arribaban en las primeras expediciones (*Galvanic, Perrit, El Salvador, Grapeshot, Upton*) y llegaron a nuestras costas en esa etapa.

Hablemos de un canario, natural de Tenerife que, ya en tierra cubana, se había unido a los primeros esfuerzos libertarios prácticamente dos décadas antes de iniciarse la Guerra de los Diez Años.

Nacido el 9 de enero de 1830 en Tenerife, Islas Canarias, Julián Santana Santana habrá de combatir en las tres guerras de independencia de Cuba. Una de las pocas personas nacidas en Cuba o fuera de la isla que participaron en nuestras tres contiendas emancipadoras.

Llegó Santana a Cuba a los 21 años el 27 de enero de 1851 y de inmediato se incorporó al movimiento que Joaquín Agüero iniciara en junio de ese año por lo que quedó detenido aunque posteriormente liberado.

Unos años antes, en 1842, Agüero había mostrado sus ideas abolicionistas al darle la libertad a los 8 esclavos que recién había adquirido por herencia familiar y a quienes les impartía personalmente instrucción primaria[17]. Al conocer Agüero el desembarco de Narciso López se levantó en armas junto con 60 hombres en un lugar conocido como el Palenque o el Farallón, en la provincia camagüeyana, donde organizó un campamento de alzados contra la dominación española.

Precisamente a los pocos meses de haber llegado Julián Santana a Cuba, Agüero había pasado junto con sus seguidores el 4 de julio de 1851 a San Francisco de Jucaral, donde acudieron hombres de diferentes partes de aquella provincia. Allí, mediante acta, proclamaron la independencia de Cuba y la abolición de la esclavitud. Fue en una de estas reuniones cuando Julián Santana fue detenido por haber mostrado su respaldo al protomártir Joaquín Agüero[18]. Entera-

---

[17] Joaquín Agüero Agüero en 1848 fundó la Sociedad Libertadora de Puerto Príncipe, considerada como una organización independentista.

[18] Luego de la proclamación de independencia que habían anunciado en San Francisco de Jucaral, Agüero se vio enfrentado el 13 de julio de 1851 a una columna española donde se produjo el primer encuentro armado entre tropas cubanas y españolas en la historia de Cuba. Y en otro enfrentamiento que se produjo en Punta de Ganado, donde resultó herido, fue hecho prisionero. El 12 de agosto de 1851 Agüero fue fusilado en la sabana de Arroyo Méndez a unos dos kilómetros de su ciudad natal, Puerto Príncipe.

do, Julián Santana entró en contacto con otros hombres que conspiraban para la liberación de la isla y al iniciarse la guerra se incorporó de inmediato el incansable Santana a las fuerzas del Mayor General Vicente García[19] en la finca el Hormiguero.

Ya el 19 de abril de 1869 Julián Santana se destacaba en el combate de Río Blanco al producirse un encuentro entre las fuerzas del ejército libertador que estaba al mando del Mayor General Vicente García y una columna que después de haber sido atacada en Diego Felipe, trató de hacerse fuerte en las casas de Río Blanco pero la columna española fue derrotada y el comandante Troyano, jefe de la columna, capituló. Todos fueron hechos prisioneros apoderándose los insurrectos de gran cantidad de pertrechos.

Por el arrojo demostrado en el combate recibió Santana el grado de teniente. Continuaría su lucha. En mayo 15 de 1869 volvió a destacarse en Guanal de la Cana y en el fuerte La Zanja, en la zona de Jobabo donde los cubanos se apoderaron de un valioso botín consistente en 76 fusiles, 200 mil cartuchos, abundantes armas blancas, ropas, víveres y otros efectos[20].

Como hemos visto ha habido varias gestiones para separar –o, al menos– distanciar a la colonia de su distante metrópoli. Algunos abogan por la anexión a los Estados Unido; otros por legislación que equipararía a la isla a las provincias españolas. Los más osados, por la total independencia.

En 1852 se inicia y fracasa la anexionista Junta Cubana presidida por Gaspar Betancourt Cisneros. En 1867 la Junta de Información le pone fin a sus propósitos de obtener concesiones a través de los

---

[19] Vicente García González había participado en distintas reuniones conspirativas como las de San Miguel de Rompe (agosto 4, 1868) y la de la hacienda Muñoz (septiembre 1º de 1868) y presidió la reunión de El Mijial, en la que el 4 de octubre de aquel año se fijó el 14 de ese mes para llevar a cabo el levantamiento en armas por la independencia que luego hubo que adelantarse para el 10.

[20] Nos referiremos más adelante a esta acción. El botín fue el que trató de recuperar el Teniente Coronel Vílches cuando se produjo la acción de Palo Seco que le costó la vida al propio Vílches al ser atacado por las tropas de Vicente García en las que militaba Julián Santana.

más altos niveles de la corte. Sólo quedaba el camino de la total independencia.

Se crea un movimiento conspirativo (febrero 14, 1866) que preside Francisco Vicente Aguilera, junto con Francisco Maceo Osorio y Perucho Figueredo. Aguilera será el jefe del movimiento conspirativo. En Santa Gertrudis se acuerda la fecha del levantamiento. Se suceden las reuniones. En la de El Rosario –ausente Aguilera– se decide adelantar la fecha del levantamiento y se nombra a Céspedes General en Jefe del Ejército Libertador. Informado, Aguilera –el más generoso de todos los cubanos– acepta el acuerdo tomado.

Así señala Manuel Sanguily la riqueza que dejaba atrás Francisco Vicente Aguilera cuando se entrega, enteramente, a servir a la patria:

«Francisco Vicente Aguilera fue un propietario cubano dueño de comarcas mayores que algunos principados alemanes: eran suyos tres ingenios importantes, sus haciendas apenas se podían contar. Quizás ignoraba el número de sus ganados y disponía con los derechos el señor de grandes dotaciones de esclavos que poblaban sus fincas de crianza. Todo esto lo abandonó en un instante, sin vacilación, para servir a la causa de la libertad de su tierra[21]*».*

El 10 de Octubre en la Demajagua y en Yara y el Hormiguero, en Jiguaní y otros sitios comienza la acción con las pocas armas conque cuentan.

Se hace imperativo traer, del exterior, armas y pertrechos. Es la primera responsabilidad de quienes dirigen la revolución que recién se ha iniciado. Llegarán en el *Galvanic*, en el *Perrit* y en otras embarcaciones.

Hablemos del *Galvanic* y el Perrit.

---

[21] Manuel Sanguily. «Brigada de Libertad» La Habana, 1950, *obra citada.*

Carlos M. de Céspedes, Gral en Gefe del Ejercito Libertador de Cuba y encargado del Gobierno Provisional de la República.

En uso de las facultades que me son conferidas y atendiendo a las circunstancias particulares que reune el ciudadano José Morales Lemus, le nombro enviado Extraordinario y Ministro Plenipotenciario de este Gobierno en la República de los Estados Unidos de America.

Patria y Libertad Cuartel Gral en Sta Rita de Najasa Marzo 18 1869

C. M. de Céspedes

El Gefe del Departamento de lo Esterior
F. Fornaris y Céspedes

DECRETO DE NOMBRAMIENTO DE JOSE MORALES LEMUS COMO EMBAJADOR ANTE EL GOBIERNO DE USA EL 18 DE MARZO DE 1869 FIRMADO POR CARLOS MANUEL DE CESPEDES Y CO-FIRMADO POR FERNANDO FORNARIS Y CESPEDES COMO JEFE DEL DEPARTAMENTO DEL EXTERIOR DEL GOBIERNO PROVISIONAL REVOLUCIONARIO.

b) LAS PRIMERAS EXPEDICIONES: *EL GALVANIC, EL PERRIT, EL SALVADOR, GRAPESHOT, UPTON*

Llega el *Galvanic* con ilustres figuras, todas cubanas. Le seguirá el *Perrit* donde entre sus dos centenares de valiosos expedicionarios encontraremos hombres nacidos en tierras cercanas que compartirán riesgos y honores, penalidades y glorias, con los cubanos nativos y con otros extranjeros que ya habían hecho de Cuba su propia patria.

Comencemos hablando del *Perrit*.

c) LOS HOMBRES DEL *PERRI*

Vienen en el *Perrit*, lo hemos y seguiremos señalando, venezolanos, mejicanos, norteamericanos, húngaros y polacos, y, muchos cubanos que todos, nativos y extraños, habrán de distinguirse en la guerra emancipadora que recién se iniciaba. Uno de los valiosos integrantes de la histórica expedición del *Perrit* es el venezolano José María Aurrecoechea, nacido en Puerto Cabello el 29 de abril de 1841 que ha participado en las luchas y conflictos políticos que se desarrollaba en su país. Como capitán de un batallón del ejército intentó sublevarse frente al gobierno y fue arrestado, pero logró evadirse y partir hacia los Estados Unidos y, de allí, hacia Cuba. De inmediato entra en acción, en un levantamiento anterior al *Perrit*.

El 3 de febrero de 1869 sale Aurrecoechea de La Habana junto a Mariano Loño hacia La Salud y organizan ambos una partida que se dirige a Pinar del Río donde se enfrentan a una columna española entre Itabo y Las Mangas. Su grupo se ve obligado a dispersarse y Aurrecoechea regresa a los Estados Unidos y se enrola en el *Perrit* con el grado de coronel.

Su primera acción es la del combate de el Canalito, recién desembarcado. En julio de 1869 el Presidente Céspedes lo asciende a General de Brigada y Segundo Jefe de la División Cuba a las órdenes del Mayor General Donato Mármol; el 5 y 6 de febrero (1870) combate en las cercanías del Ingenio Tempu y el 26 rechaza el ataque contra el cuartel general de su División. Para el 2 de mayo está atacando y ocupa el ingenio fortificado de Armonía donde Antonio Maceo recibe su primera herida de campaña.

Se ha distinguido militarmente el valeroso venezolano. El primero de agosto de 1870 el presidente lo nombra jefe de la División de Oriente.

No había venido Aurrecoechea solo cuando salió de su patria nativa. Lo acompañaba su primo Cristóbal Acosta Páez nacido, como aquel, en Puerto Cabello, y a quien acompañó en los distintos combates que recién llegado a la isla desarrollaron en la zona occidental de la isla. Como su primo, llegó el venezolano Acosta a bordo del *Perrit* que al desembarcar en la península de el Ramón, en la bahía de Nipe, tiene de inmediato el primer enfrentamiento con tropas españolas en Canalito. El carácter de Acosta era distinto al de su primo y aunque participa en varios encuentros importantes; entre ellos Las Guásimas y la Jagua (noviembre de 1870), meses antes había sido sustituido al mando de la jurisdicción de Sancti Spíritus porque no sabía mantener la necesaria disciplina en las fuerzas a su mando.

Cristóbal Acosta tiene destacada actuación en el enfrentamiento de Jobabo a Piedras el 16 de noviembre de 1870 donde organiza una emboscada al tiempo que ataca con otras fuerzas a una columna cercana en cuya operación lo asiste el entonces Capitán Henry Reeve, el Inglesito. Acosta, el valeroso pero indisciplinado combatiente, ejercía el mando de la Brigada Norte y, al mismo tiempo, lo habían designado Segundo Jefe de la División de Camagüey posiciones a las que, años después, renunció por considerar injusta la destitución de Carlos Manuel de Céspedes. Ya antes había combatido Cristóbal Acosta en el Flamenco, cercano a Vertientes, Camagüey el 16 de mayo del 71 y en el poblado de Limones, localizado en las cercanías de Las Tunas, formando parte de las fuerzas del Mayor General Vicente García. Aunque renunció a aquellas altas posiciones en el año 73, al siguiente año, el 10 y 11 de febrero del 74 sobresale en el combate de Naranjo-Mojacasabe bajo las órdenes del Mayor General Máximo Gómez.

Tendrá el venezolano Acosta, de firmes convicciones pero débil en mantener en sus tropas la necesarias disciplina, serias diferencias con otros altos militares y funcionarios antes de morir –en forma que aún no ha sido aclarada– en abril de 1874.

El 9 de diciembre de 1870, por una delación, una patrulla española asalta la casa que en La Faya le servía de cuartel general a su primo José María Aurrecoechea, lo hiere, lo hace prisionero junto con su jefe de Estado Mayor, Facundo Cable, y conducidos a Holguín, ambos son fusilados.

Otros valiosísimos emigrados han venido junto con Aurrecoechea en la expedición del Perrit. Hombres que se van a distinguir en la manigua, como el general norteamericano Thomas Jordan, jefe militar y, con él, el joven brookliniano Henry Reeve y el venezolano Cristóbal Acosta. Vienen Gabriel González Galbán y José Fernández Coca, ambos antiguos miembros del ejército mejicano. Con ellos, el canario Manuel Suárez Delgado que alcanzará el grado de Mayor General participando en las tres guerras emancipadoras. Llegan, hermanados con el santiaguero Enrique Collazo, que ha regresado de participar en las luchas españolas entre carlistas e isabelinos. Enrique Collazo, en Nueva York se une, como simple soldado, a los expedicionarios que vendrán en el *Perrit* para participar en la lucha y, también como historiador de la misma. Allí conoce al venezolano Aurrecoechea, quien, como hemos dicho, luego de haber participado en las cruentas batallas políticas de su país, había partido hacia Cuba y participa, tan temprano como febrero del 69 en el primer alzamiento de la zona occidental y, al fracasar ése, parte hacia Nueva York y se enrola, como tantos otros, en el histórico *Perrit*.

La expedición estará a cargo del norteamericano Thomas Jordan pero en ella, unidos a tan generosos extranjeros, vendrán los cubanos Antonio Luaces, Mariano Agüero, Valentín Goicuría (hijo del General Domingo Goicuría), Sebastián Amabile, identificado con los hermanos Pablo y Rafael, que sirvieron heroicamente a las órdenes del Mayor General Donato Mármol.

El *Perrit* había partido de Nueva York el 4 de mayo de 1869 con el armamento dirigiéndose hacia Sandy Hook donde recogió a los expedicionarios que habían partido desde distintos lugares en tres remolcadores: el *Americana*, el *Bahama* y el *Emile* porque la velocidad de la nave de aquella expedición era menor de la que se esperaba. Siete días después desembarcaban los expedicionarios en la península de El Ramón, en la Bahía de Nipe.

d) ALIJO DE ARMAS TRAÍDAS EN EL *PERRIT*

Traía aquella embarcación 2,340 fusiles Springfield con bayoneta, 51 fusiles Remington con bayoneta, 50 carabinas Remington, 200 revólveres Colt, 2 cañones de acero y 4 de bronce, 4 obuses de 12 libras, 388,000 cartuchos Springfield, 20,000 Beerdan, 10,000 metálicos Beerdan, 4,000 de Colt, 325 lanzas, 480 machetes, 800 pares de zapatos, monturas, hachas, canas y otros medios. Parte del alijo de armas no pudo ser descargadas.

Hablaremos de esto en próximas páginas.

No era ésta, la del *Perrit*, la primera expedición que Thomas Jordan comandaba hacia Cuba. Ya antes, el 15 de marzo de 1869, dirigida por el Comité Revolucionario de Nueva York, encabezada por Francisco Javier Cisneros y José Basora, trató Jordan, como jefe de tierra de llegar a la isla en la expedición del bergantín *Mary Lowell* que había zarpado de Nueva York rumbo a Venezuela como paso previo pero fue detenida en Nassau. Dos meses después, el 11 de mayo, desembarcará Jordan, de nuevo como jefe de tierra del *Perrit* en la península de El Ramón.

Thomas Jordan había nacido en Luray, Virgina el 19 de diciembre de 1819, graduándose de Sub-teniente en la Academia Militar de West Point. Combatió a los indios seminoles en la Florida y en 1846 participó en la guerra con México. Quince años después, en 1861 renunció al Ejército de la Unión para ingresar en las fuerzas armadas de la Confederación del Sur, en su estado natal de Virginia, participando en las principales batallas de la Guerra de Secesión: Manassas, BillRun, Shilock y otras. Terminado aquel conflicto establece Jordan contacto con Francisco Javier Cisneros en la organización de la expedición del *Mary Lowell* y, posteriormente en la del *Perrit*.

Pronto se van a producir cambios. Thomas, de naturaleza susceptible, se siente marginado por Francisco Javier Cisneros organizador de tantas expediciones.

Se queja Jordan en carta al propio Francisco Javier Cisneros que el General Quesada lo había designado Jefe del Ejército en el Departamento Oriental que era una posición muy distinta a la que el Presidente Céspedes le había ofrecido que era ponerlo directamente a las órdenes del Presidente y que en las conversaciones que sostenía con altos funcionarios observaba celos y divisiones entre generales y jefes de esa región.

Conoce Céspedes de esta queja por copia de la carta que Francisco Javier le hace llegar. Céspedes trata de resolver este temprano conflicto y por la Circular No. 47 de junio 11, nombra a Jordan Jefe de Operaciones pero no recibe el susceptible general el material que había solicitado, y le presenta su renuncia como Jefe de Operaciones. El Presidente le acepta la renuncia y nombra a Francisco Vicente Aguilera para sustituir al dimitente Jordan. La lucha no podía detenerse por estas susceptibilidades y celos.

Ya el norteamericano Jordan había culpado al holguinero Julio Grave de Peralta de la falta de control que existió en la distribución de armas llegadas en el *Perrit*. El primero, Jordan, renunciará a su posición; el segundo, Grave de Peralta, será enviado a Nueva York para organizar nuevas y muy necesarias expediciones. Mientras esto ocurría moría, víctima de viruela, Donato Mármol Jefe de la División Cuba. Para sustituirlo el Presidente Céspedes designa al Mayor General Máximo Gómez, el insigne dominicano que se cubrirá de gloria en los 30 años de lucha que recién ha comenzado. En próximas páginas hablaremos de Gómez.

e) **EL *GALVANIC*. EL GENERAL MANUEL DE QUESADA Y OTROS**

Ya hemos hablado del *Perrit*. Hablemos ahora del *Galvanic*.

Surgen del *Perrit* y de aquellas primeras expediciones redes que se van extendiendo a lo largo de la Guerra de los Diez Años y más allá. Hombres de diversas nacionalidades se convertirán en figuras las más, positivas, otras controversiales pero, todas, desempeñando un papel importante en la historia cubana que aún está por escribirse con la necesaria mesura en los juicios que emitimos –y en los hechos que ignoramos–, sobre muchos de ellos. Tal vez este libro aporte un modestísimo grano de arena a alentar a los preocupados en los temas históricos a ahondar, libres de prejuicios, en todo lo acontecido en nuestras luchas emancipadoras durante la segunda mitad del Siglo Diecinueve.

Convirtamos la historia en hechos, documentos y acciones, no en elogios, lisonjas y literatura.

La expedición, del *Galvanic*, la primera en nuestras guerras por la independencia, fue dirigida por los patriotas exiliados en Nassau, Bahamas, Francisco Argilagos, Francisco Socarrás y Juan Nepomuceno Boza Agragronte y por el Gral. Manuel de Quesada Loynaz, quien la organizó y vino como jefe de mar y de tierra. Para la travesía emplearon la goleta de bandera inglesa *Galvanic*, cedida por su dueño, a la vez expedicionario, Enrique Loynaz Arteaga, quien venía como capitán de la misma, y traía como segundo a Francisco (Pancho) Vargas. La *Galvanic* era de gran calado y muy veloz, con mástiles de 90 pies y magníficas condiciones marineras; había sido buque de guerra de los confederados del sur durante la Guerra de Secesión de Norteamérica. Entre sus expedicionarios, además del Gral. Quesada, se contaban Julio Sanguily, Rafael Morales, Ramón Pérez Trujillo, Luis Victoriano Betancourt, Federico Betancourt, Antonio Zambrana, Francisco la Rúa y José María Aguirre.

Vienen también: José Payán, Juan Monzón López-Arcos, Francisco Socarrás, Domingo Valdés Urra, Pascual Osorio, Enrique Recio, Carlos Loynaz Arteaga, Juan N. Boza Agramonte y Enrique Loynaz Arteaga; los dos últimos llegaban como jefes de las dos compañías en las que fue estructurada la expedición[22].

Los expedicionarios habaneros habían sido trasladados desde La Habana a Nassau en el vapor *Morro Castle* por Diego Loynaz. Denunciada la expedición por el cónsul de España, se salvó del embargo al presentar Diego Loynaz, sacrificándola, la fianza de $10,000 exigida. La *Galvanic* zarpó de Nassau el 21 de diciembre de 1868. Durante la travesía, en Green Key, los expedicionarios se pusieron

---

[22] Diccionario Enciclopédico de la Historia Militar de Cuba. Obra citada.

la ropa militar y los arreos de campaña; y llegaron a estero Piloto en la ensenada de La Guanaja, en la costa norte de Camagüey, el 27 de diciembre de 1868, sin contratiempos. En la noche del 26 al 27, bajo un temporal, cayó al agua un bote de salvamento con el nombre del buque y con una bandera cubana dentro, lo que fue avistado por los torreros del faro de Maternillos el día 27, los cuales dieron el aviso, por lo que se presentaron 2 cañoneras españolas en el lugar, las que se retiraron cuando se les hizo fuego con el cañón y los fusiles. Luego, los expedicionarios fueron apoyados en tierra por unos 130 patriotas, en lugar de los 2,000 ó 3,000 previstos; no obstante, se salvó toda la carga. El buque se retiró hacia Nassau, adonde llegó sin problemas.

No sólo llegan en el histórico viaje jóvenes cubanos que tendrán una notable participación en la lucha que ahora comenzaba. Vendrán, junto a ellos, dos venezolanos. Del primero, Cristóbal Acosta, hemos hablado con alguna frecuencia. Con él llegaba en aquella expedición organizada por el General Manuel de Quesada el también venezolano Rafael Golding, maestro, como Cristóbal Acosta, del Colegio «El Salvador», de La Habana, que entonces dirigía José María Zayas. Golding al desembarcar quedaba subordinado al Mayor General Ignacio Agramonte, pero resultó herido en el combate de Lauretania, a unos kilómetros del sur de la ciudad de Camagüey, en la provincia de Camagüey, el 27 de marzo de 1871 cuando el Mayor General Agramonte, con su escolta y los rifleros de Bembeta, atacó una columna dirigida por el Teniente Coronel Báscones. Poco después moriría este venezolano, Golding, quien apenas ha sido mencionado en nuestros libros de historia.

Tan desconocido como Rafael Golding son los nombres de Francisco Javier Dicz Granados y Juan Más; el primero tenía como base el campamento del Zarzal (mencionados por René González Barrios, *obra citada*), que también da a conocer el nombre de otros dos venezolanos a los que hace referencia Miguel Bravo y Sentíes en su correspondencia con la Junta Central Republicana de Cuba y Puerto Rico. Uno es el hermano del coronel venezolano Octavio Nogues y otro el joven capitán Manuel Rodríguez, expedicionario del *Goicuría*.

Llegaba en el *Galvanic* José Payán. Fue Payán un cubano poco afortunado. Nació en Santiago de Cuba el 19 de diciembre de 1845. Al comenzar la Guerra del 68 marchó a Estados Unidos y regresó a la isla como un expedicionario en la goleta *Galvanic* en la que llegaron 62 expedicionarios, casi todos procedentes de La Habana. Había sido Manuel de Quesada Loynaz el organizador de aquella expedición.

Forman muchos de ellos la Compañía Rifleros de La Habana. Poco después Payán se traslada a la región de Sancti Spíritus de cuya división fue designado Segundo Jefe en 1870 subordinado al General Marcos García que habrá de convertirse en un serio crítico de Carlos Manuel de Céspedes. Participa Payán en varios encuentros; entre ellos el de Atollaosa donde tropas a su mando emboscaron una columna integrada por unos 350 mienbros del Regimiento Tarragona. Tomará parte también en las batallas de Guasimal, Piloncito, Santa Elena y San Agustín.

f) SEGUNDO VIAJE DEL *GALVANIC*

Distinta de la primera fue la segunda expedición del *Galvanic* (17 de enero, 1869) organizada por el Coronel de Quesada con los patriotas de Nassau y el Comité Revolucionario de Nueva York. Partió de Nassau hasta llegar al embarcadero de La Piedra, en Cayo Romano, en la costa norte de Camagüey, perseguidos por el vapor de guerra español *Conde de Venadito*. Uno de los 33 expedicionarios era Manuel Sanguily que fue de los pocos que pudieron desembarcar.

Como vemos, tensa fue la persecución de la pequeña goleta *Galvanic* en este segundo viaje. Lo describe así uno de los que de ella pudieron escapar:

«Logré tras duras penas salir de Nassau y desembarcar como por milagro en Cayo Romano, perseguido el barquichuelo en que venía, por el vapor de guerra «Conde de Venadito». Escapamos 10; los otros 23 compañeros y nuestra

misma goleta...cayeron en poder de los españoles al cabo de cuatro horas de caza»²³.

Organizada por el Coronel Rafael de Quesada venía, como jefe de mar, el General Amancio Hemingsern que había combatido por el Sur en la Guerra de Secesión, y como jefe de tierra al Capitán Alberto Agüero.

Impedidos de alejarse hacia La Guaira, los expedicionarios fueron capturados y condenados a 8 años de prisión en las celdas de La Cabaña.

La embarcación había sido cedida, por su dueño Enrique Loynaz Arteaga.

g) HENRY REEVE; OTRO HOMBRE DEL *PERRIT*

Entre los hombres que a bordo del Perrit, muchos nacidos en otras tierras, llegarán a la isla para sobresalir en nuestras luchas independentistas se encontraba el norteamericano Henry Reeve que había participado en la Guerra de Secesión en los Estados Unidos vistiendo el uniforme del Ejército del Norte quien, al llegar a Cuba, todos lo conocerían como «el Inglesito».

Llegaba Reeve, como un simple soldado a las órdenes de la unidad de Thomas Jordan, jefe de la expedición que había desembarcado por la península de El Ramón, en la Bahía de Nipe, el 11 de mayo de 1869.

Tuvo Reeve, muy pronto, su primer encuentro con las tropas españolas aquel mes en El Canalito, cercano al lugar del desembarco, y semanas después participó en el encuentro de la Cuaba a unos diez kilómetros de Holguín. Llovía copiosamente cuando los insurrectos se lanzaron al ataque del fuerte de la Cuaba. Otras secciones de las tropas se situaban en el camino para impedir la llegada de refuerzos a la guarnición. A los pocos días, en el mismo sitio, se produce un nuevo encuentro, el 27 de mayo, en el que Reeve cae prisionero junto con otros compañeros. Son sometidos a la pena de fusilamiento en masa. Lo dieron por muerto pero los cuatro impactos de

---

[23] Manuel Sanguily: Brega de Libertad» La Habana 1950.

bala que recibió no fueron mortales por lo que después de deambular durante dos días llegó a un campamento en el Mijial donde se encontraban las fuerzas del entonces General de Brigada Luis Figueredo.

Recuperado de sus heridas, el 13 de junio (1869) recibió el grado de sargento segundo. Solicitó que lo trasladaran a Camagüey para pedirle personalmente a Carlos Manuel de Céspedes que lo reintegrasen a las fuerzas de Jordan. En los primeros días de octubre fue nombrado ayudante de Jordan que recientemente había sido designado jefe del Estado Mayor General del Ejército Libertador[24].

Luego que Jordan renunció a esa posición en marzo de 1870, Reeve ingresó en un escuadrón de caballería de la Brigada Norte de Camagüey bajo el mando del venezolano General de Brigada Cristóbal Acosta. Ese año (1870) participa en los combates de Tana[25] –cuando aún servía bajo las órdenes de Jordan– que infringieron una seria derrota a una columna española de 2,000 hombres comandada por el Mariscal Eusebio Puello al que antes nos hemos referido, en Imias y la Jagua (Noviembre 18, 1870) cerca de Santa Cruz del Sur, Camagüey, donde emboscaron a una fuerza contra la cual habían combatido dos días antes y estaba reforzada con tropas salidas de Santa Cruz del Sur; en esta acción resultó herido el entonces Capitán Henry Reeve.

El General en Jefe del Ejército Libertador, el Mayor General Manuel de Quesada, nombra a Thomas Jordan jefe de la Segunda División del Departamento Oriental con el grado de Teniente General. El Presidente Céspedes lo nombra Jefe de Operaciones del Estado de Oriente y luego el de Mayor General. Esto ocasionará frustrantes fricciones personales entre Quesada y Jordan quien ya ha combatido en La Cuaba (7 de junio, 1869) y Las Calabazas, mientras se preparaba para las acciones de la Aurora (22 de julio de

---

[24] Sólo tres combatientes recibieron este altísimo cargo: Thomas Jordan, Manuel de Quesada Loynaz y Federico Fernández Cavada.

[25] Tana, conocida también como Minas de Juan Rodríguez, Minas de Guáimaro y Palo Quemado.

1869) y en el Sitio enseña tácticas militares a los combatientes. Son éstos los primeros pasos de Jordán este brillante militar norteamericano cuyas acciones –a veces acertadas otras dictadas equivocadamente por su susceptible personalidad– las iremos narrando en próximas páginas.

Mientras estas diferencias se planteaban Jordan libraba los combates de la Cuaba y las Calabazas a los que ya nos hemos referido. El 19 de diciembre de 1869 sustituía Jordan a Quesada como Jefe del Estado Mayor General del Ejército Libertador. Operó en Camagüey con la división que se encontraba al mando del Mayor General Ignacio Agramonte. En la acción de Tana (o Minas de Juan Rodríguez) logró Jordan imponer la mayor disciplina militar a las fuerzas que comenzaban a organizarse y el localismo que fraccionaba a las fuerzas insurgentes ocasionó profundas diferencias entre el oficial norteamericano y los jefes locales, tanto orientales como camagüeyanos. Estas tensiones forzaron a Jordan a presentar su renuncia, con carácter irrevocable el 26 de febrero de 1870. El día antes de su partida la Cámara de Representantes consignó un voto de agradecimiento por los servicios que él prestó a la causa independentista[26].

Pasa Reeve, el Inglesito, a las órdenes del bayardo Agramonte.

En marzo de 1871 ya estaba el Inglesito subordinado directamente al Mayor General Ignacio Agramonte en la caballería camagüeyana resultando herido, el 28 de mayo de 1871, en el encuentro de Hato Potrero (Hato Nuevo). Participa en los combates de la Entrada, a unos 30 kilómetros de Puerto Príncipe, y El Mulato, poblado camagüeyano defendido por un fuerte el 30 de septiembre de 1871. Poco después tomaría parte el Inglesito en el rescate del entonces General de Brigada Julio Sanguily (8 de octubre, 1871). No había terminado el año y ya había participado también, en los combates de el Plátano, la Redonda, San Román de Pacheco, San Tadeo, la Matilde y Sitio Potrero donde vuelve a ser herido nuevamente. Estos últimos combates (la Entrada, Hato Potrero, El Mulato y la Redon-

---

[26] Thomas Jordan, un norteamericano que ofreció su desinteresado aporte a la independencia de Cuba murió en Nueva York el 27 de noviembre de 1895.

da) serán los últimos en que participa en 1871 cerca del Mayor Ignacio Agramonte hacia quien siente, cada día, una mayor identificación.

En el combate de El Carmen el 29 de noviembre de 1872 fue herido nuevamente y la consecuencia de esa herida la estuvo padeciendo hasta su muerte. No obstante, participa en los combates de Ciego Najasa, Soledad de Pacheco y Cocal del Olimpo.

El 6 de febrero de 1873 estuvo junto a Agramonte cuando su campamento fue atacado por una columna española. En Soledad de Pacheco, el 3 de marzo de aquel año (1873) vuelve a estar con el Mayor Agramonte cuando el campamento es atacado por tropas del Regimiento del Príncipe bajo el mando del Capitán Ortega. Según el parte español sus muertos fueron 30 y resultaron prisioneros un oficial y un soldado; por su brillante participación en el combate Reeve fue ascendido a teniente coronel en el campo de batalla.

Meses después, el 7 de mayo, luego de haber combatido contra la guarnición del Fuerte Molina, las tropas de Ignacio Agramonte fueron atacadas por una columna dirigida por el teniente coronel Leonardo Abril. Derrotadas las fuerzas españolas con la pérdida de 46 muertos, entre ellos el teniente coronel Abril y tres oficiales, se acercaban las horas finales del bayardo camagüeyano. Acompañaba Reeve a Agramonte cuando éste muere en el combate de Jimaguayú. Al caer el Bayardo, asume Reeve el mando de la división para entregarlo, ocho días después, a Julio Sanguily.

La lucha continúa. Reeve participa en la acción de Yucatán el 11 de junio enfrentándose con la columna del Comandante Romaní que muere en la acción con seis de sus oficiales y cinco de sus soldados. Está ahora el Inglesito bajo las órdenes del nuevo jefe de Camagüey, el Mayor General Máximo Gómez quien el 27 de julio lo nombra Jefe de la caballería Primera División. Combatirá en Las Yegüas[27] el 17 de agosto, encuentros dirigidos por el entonces Coronel José González Guerra.

---

[27] En esa región de Camagüey se van a producir media docena de encuentros.

HISTORIA
DE LA INSURRECCION Y GUERRA
DE LA
ISLA DE CUBA.

Escrita en presencia de datos auténticos,
descripciones de batallas, proporcionadas por testigos oculares, documentos oficiales,
y cuantas noticias pueden facilitar el exacto conocimiento
de los hechos.

POR D. ELEUTERIO LLOFRIU Y SAGRERA.

EDICION ILUSTRADA
con los retratos de los principales personajes que figuran
en dicha guerra, vistas de batallas, de poblaciones, campamentos, etc., y cuanto pueda
contribuir á dar interés á esta notable obra.

MADRID:
IMPRENTA DE LA GALERÍA LITERARIA,
calle de la Colegiata, 8.
1870.

Estará Henry Reeve en el combate de la Luz que fue el primero de Máximo Gómez desde que Reeve había quedado al frente de los camagüeyanos. En cada encuentro se acrecienta su arrojo. En el de Atadero el 12 de agosto cuando su caballería atacó a una columna que le salió al frente desde el fuerte de ese nombre, situación que se repite el próximo mes, cuando fuerzas dirigidas por Máximo Gómez atacan el fortín defendido por un batallón del Regimiento de Talavera produciéndole 31 bajas, por muerte, al batallón español. El prestigio del Inglesito sigue creciendo bajo Gómez como antes bajo Agramonte.

El 28 de septiembre (1873) fuerzas de Máximo Gómez, descansando en la caballería del americano Henry Reeve, atacan al pueblo de Santa Cruz del Sur, en las costas de Camagüey. La ciudad contaba con varios cuarteles de tropas de línea y voluntarios, algunos fortines exteriores y trincheras, además de tres piezas de artillería que dominaban las entradas del poblado.

El plan de ataque concebido por Gómez consistía en realizar el asalto por tres direcciones simultáneas: tres de infantería dirigidas por el Coronel Gregorio Benítez; el segundo por tropas del Coronel José González Guerra; otro frente estaría a cargo del Teniente Coronel Bernardo Montejo que avanzaría por el lado opuesto hasta llegar al Playazo, lugar lleno de mangles; el tercer frente estaría bajo las órdenes de los coroneles Manuel Suárez y Henry Reeve. En el ataque asignado a Reeve, con sus cincuenta jinetes enfrentó a un cañón en su posición de fuego, y en ese instante el artillero español disparó su carabina hiriendo gravemente al intrépido Reeve que es retirado de la acción y trasladado al hospital de sangre de Ciego de Najasa.

Le tomará seis meses de convalecencia reincorporarse a las filas. El 20 de junio de 1874 estaría de nuevo al mando de la primera división. A las dos semanas, el 4 de julio (1874) volvería Reeve a ser herido, esta vez en la mano y el pecho durante el combate de San Antonio de Canujiro cerca de la capital de la provincia.

El 6 de enero (1875) apoyó con fuego la trocha de Júcaro a Morón para facilitar el paso de la columna invasora del dominicano

Gómez que se dirigía a Las Villas. Queda el Inglesito forzado a pasar a la provincia central para incorporarse a las fuerzas de Gómez.

En julio de 1875 Henry Reeve, al frente de sus tropas combate a las fuerzas españolas en Ciego Montero, en las cercanías de Cienfuegos.

El 5 de noviembre (1875) se une en Ciego Potrero, Sancti Spíritus a las fuerzas de Gómez. El 30 de aquel mes de noviembre cruzaba el Río Hanábana para penetrar en la provincia de Matanzas convirtiéndose, así, en la avanzada del contingente invasor. A fines de aquel año 75, libra el americano Reeve los combates de los Cupeyes, Santa Isabel de las Lajas, los Abreus, Cocodrilos, Quemado Grande, Santa Teresa, Espinal, Lagunillas, Orbea y otros, y entrado el año 76 combatirá en Aguacate, Guanal Grande, Zacatecas y Río Hanábana donde es herido nuevamente, pero el 4 de agosto de aquel año (1876) es herido mortalmente en Sabana de Yaguaramas. Perdía allí la vida aquel glorioso norteamericano a quien todos sus compañeros mambises llamaban «el Inglesito».

h) OTROS NORTEAMERICANOS

Son varios los norteamericanos en nuestras guerras de independencia que se unieron a las fuerzas cubanas. Entre ellos Frederick Funston, Henry Reeve, Charles Gordon y Thomas Jordan. Este último que había llegado al frente de la expedición del Perrit en mayo de 1869. Ya antes, en marzo de aquel año organizada por el Comité Revolucionario de Nueva York, bajo la dirección de Francisco Javier Cisneros ha partido Jordan, hacia Cuba, con 46 expedicionarios[28] material bélico suficiente para armar una fuerza de más de 3,000 hombres aunque por diversas dificultades no pudo desembarcar en la isla.

---

[28] Entre los 46 expedicionarios se encontraban el General Thomas Jordan, Francisco Payrol, Rafael La Rúa, Manuel Pimentel, N. Norris, Oscar Céspedes (hijo de Carlos Manuel de Céspedes), José Urioste, J. Hidalgo, Eduardo Hidalgo Gato, A. Odio, Alberto Goicuría (sobrino del General Domingo Goicuría), E. Mola, Francisco Javier Cisneros, Varona y Castillo.

El fracaso de la expedición del Mary Lowell no desanimó, como vemos, a Thomas Jordan que llegaba el 11 de mayo a bordo del Perrit.

Thomas Jordan, nacido en Luray, estado de Virginia, Estados Unidos, educado en la Academia Militar de West Point, como antes dijimos, combatió contra los indios Seminoles en la Florida durante los años 1841-1842. Cuatro años después participaría en la invasión a México en la que terminó con grado de capitán.

De 1848 a 1850 estuvo el norteamericano Jordan en la segunda campaña de pacificación de los seminoles. En 1861 renunció al Ejército de la Unión para ingresar en el de los Confederados del Sur, en Virginia donde recibió el grado de teniente coronel y participó en las principales batallas y combates de la Guerra de Secesión. Tuvo a su cargo la defensa de Charleston a finales de la guerra civil. Terminada aquella guerra civil pasó a organizar, junto con Francisco Javier Cisneros la expedición del Mary Lowell a que hemos hecho referencia. Luego, habrá de desembarcar en el Perrit[29].

Llegan en el *Perrit*, lo hemos y seguiremos señalando, hombres que habrán de distinguirse en la guerra emancipadora. La primera acción de ellos es la del combate de el Canalito, recién desembarcado.

Al desembarcar por la península de el Ramón, en la Bahía de Nipe, comienzan los combates con el adversario español, uno de los primeros el de Canalito el 20 de mayo de aquel año dirigido por el General en Jefe del Ejército Libertador, Mayor General Manuel de Quesada, Jefe de la Segunda División del Departamento Oriental, que produce el disgusto que en páginas anteriores hemos relatado.

i) CONFLICTO ENTRE THOMAS JORDAN Y JULIO GRAVE DE PERALTA. AURRECOECHEA SUSTITUYE A GRAVE DE PERALTA

---

[29] Amplia narración sobre éstas y sucesivas expediciones aparece en la obra «Céspedes, de Yara a San Lorenzo» del autor.

Ha habido, mientras tanto, un grave conflicto entre Thomas Jordan, General en Jefe de las fuerzas cubanas y el General Julio Grave de Peralta, valiente, amable, querido de sus tropas, pero incapaz de mantener la necesaria estricta disciplina militar. Se hace necesario sustituir al joven holguinero y el General Máximo Gómez que, tras la repentina muerte de Donato Mármol, acababa de ser nombrado Jefe de la División Cuba designa al digno y altamente calificado militar venezolano, José María Aurrecoechea, para reemplazar a Grave de Peralta. Comenzará en ese momento a destacarse la gran figura de este venezolano que habrá de prestigiar a su país y a todos los que luchan en la manigüa cubana.

José María Aurrecoechea cuando llegó a Cuba entró en relación con los conspiradores habaneros que formaban parte de la llama *Conspiración de las Centurias* que dirigía José de Armas y Céspedes y en la que también militaban los hermanos Ignacio y Enrique Agramonte. Posteriormente Aurrecoechea trabajó en la empresa Ferrocarril del Oeste que al 31 de agosto de 1867 le adeudaba la suma de $418 por lo que se vio obligado a reclamar mediante un juicio declarativo del que fue su abogado Ignacio Agramonte el 29 de octubre de aquel año[30].

En el ejército venezolano Aurrecoechea tomó parte de la Campaña de Oriente en 1858 contra el General José Gregorio Monagas y viajaría a La Habana donde ya residía su primo hermano Cristóbal Acosta que era vicedirector del Colegio «El Salvador». Cuando Aurrecoechea llega a Cuba va a formar parte de la conspiración que dirigía José de Armas Céspedes y en la que participan los hermanos Ignacio y Enrique Agramonte y Loynaz.

Aurrecoechea se había formado militarmente en las guerras civiles que habían ensangrentado su tierra nativa y será en julio de 1869 que el Presidente Céspedes le confiere el grado de General de Brigada destinándolo a Oriente como segundo al mando de la División Cuba y a las órdenes de Donato Mármol. Aurrecoechea, de inmedia-

---

[30] Información que apareció en el periódico La Patria, de Nueva Orleans el 20 de marzo de 1871 y aparece en el libro de César García del Pino «José María Aurrecoechea».

to, pasa revista a todas las fuerzas a su mando. Hace los cambios necesarios. Ya, en ese momento, el General Manuel de Quesada está de regreso en Cuba y, al frente de sus tropas ataca la ciudad de Tunas penetrando hasta el centro de la misma pero, inesperadamente, se retira.

Recibirá Manuel de Quesada muy severa crítica por esa decisión.

Aurrecoechea, nacido en Puerto Cabello, Venezuela, llega a Cuba participando en el primer alzamiento de la Guerra del 68 en la zona occidental junto a Mariano Loño[31]. Peleará, con poca suerte en La Salud, en Soroa, en Itabo y Las Mangas, estas últimas en Pinar del Río. No logra conseguir recursos y decide embarcarse hacia Nueva York. Será uno de los gloriosos hombres que llegarán a las costas cubanas en el *Perrit*.

En junio de 1869 el Presidente Céspedes le confirió el grado de General de Brigada a Aurrecoechea y lo designó a Oriente como segundo al mando de la División Cuba a las órdenes de Donato Mármol.

En carta de fecha 29 de octubre el General Donato Mármol informa al Presidente Céspedes lo siguiente: «*Salgo mañana para el Centro; volveré dentro de pocos días, lo más 15; queda al frente de todas mis fuerzas mi segundo en el mando el Brigadier General José María Aurrecoechea, valiente venezolano que viene sirviendo a mi lado hace algún tiempo*».

Máximo Gómez, ya nombrado Jefe de la División Cuba, realiza varios cambios a los mandos militares y reemplaza en julio de 1869 al esforzado y abnegado Julio Grave de Peralta por el joven venezolano Aurrecoechea que tanto se ha distinguido, designándolo en Oriente como segundo al mando de la División Cuba, a las órdenes de Leonardo Mármol.

Aurrecoechea fue un guerrero excepcional. Tuvo, como jefe del Estado Mayor del General Donato Mármol, a grandes figuras como

---

[31] Mariano Loño, holguinero, expedicionario del *Perrit*. Participó en las batallas de Blanquizal, La Jidonia y otras.

los hermanos Antonio y José Maceo, Guillermón Moncada, Quintín Banderas, Policarpo Pineda (Rustán), y Juan Luis Pacheco, aquel cubano designado por el Presidente Céspedes para traer a costas cubanas tantas expediciones.

Aurrecoechea combatirá el 5 y el 6 de febrero (1870) en el ingenio Tempú; el 16 de ese mes rechaza un ataque contra el cuartel general de su división. Ya en marzo de 1870 cuando es organizado el Ejército Libertador Aurrecoechea se encontraba entre los generales de brigada que brillaban en la provincia de Oriente. El 22 de junio de aquel año (1870) estaba a cargo de la División de Holguín sustituyendo al General Julio Grave de Peralta. Sigue combatiendo. El 2 de mayo ocuparía el ingenio fortificado Armonía y en agosto es designado jefe de la División de Holguín.

Pero poco le quedará de vida a este valioso venezolano. El 9 de diciembre de 1870[32] es delatado y una patrulla española asalta la casa que le sirve de cuartel general, y, herido, es conducido a Holguín donde, junto a varios de sus compañeros, entre ellos, Facundo Cable será fusilado dos días después.

Escribe el venezolano General Aurrecoechea esta carta a su padre:

> *«Cárcel de Holguín, Diciembre 11 de 1870.*
> *Padre Mío: Son las dos de la tarde; dentro de dos horas debo morir.*
> *En estos momentos os dirijo mis respetos y mis afectos. Abrazad a todos mis hermanos, no os aflijáis, muero como cristiano y por una causa justa. Si mis enemigos publican contra mí hechos que me manchen, ya saben que no deben creerlo. Un recuerdo para Victoria Smith.*
> *Adiós querido padre mío. J.M. Aurrecoechea».*

---

[32] Ocho años después, el 18 de mayo de 1878, el General Vicente García descubre entre sus tropas al traidor que denunció al General Aurrecoechea. Se trataba del Sargento Antonio Balta. Pagará con su vida la traición. El delator será juzgado y ejecutado por las tropas cubanas. El Consejo de Guerra al que había sido sometido fue presidido por el Mayor General Vicente García.

Perdía Cuba con la muerte del venezolano José María Aurrecoechea Irigoyen a un valioso combatiente.

No será José María el único de los Aurrecoechea que ofrece su vida a la causa redentora cubana. Su hermano menor, Henrique, recibe del General Manuel de Quesada el grado de comandante del Ejército Libertador y parte hacia la isla.

El 11 de diciembre de 1870 muere ante un pelotón de fusilamiento José María, el digno y valeroso venezolano que se había ganado el respeto y admiración de todos los que compartieron con él los riesgos de aquella histórica contienda. Seis meses después, desde su tierra natal, partía hacia Cuba en el primer viaje del *Virginius*, su hermano Henrique quien, al desembarcar el 15 de junio (1871) por Caraballo, será designado asistente de Carlos Manuel de Céspedes, el Presidente de la República en Armas, pero, poco después, muere por complicaciones de una úlcera que se le había presentado. Perdía la familia Aurrecoechea, sirviendo a Cuba, a sus dos hijos mayores. Aumentaba para la patria de Céspedes y Martí la deuda contraída con los hijos de la patria de Bolívar.

El 24 de febrero de 1870 la Cámara de Representantes daba su aprobación a los cambios que se han realizado en las fuerzas del territorio de Oriente. Se los confirman a cubanos gloriosos: Francisco Vicente Aguilera, Donato Mármol, Luis Figueredo, Francisco Javier de Céspedes. Junto a ellos, emigrantes hispanos que con su valor y coraje contarán en las fuerzas de las filas insurreccionales: Modesto Díaz, Luis Marcano, José María Aurrecoechea.

j) HOMBRES DE OTRAS TIERRAS

El pueblo cubano, en su lucha por lograr su independencia de la metrópoli española, encontró aliento y respaldo de muchos hombres nacidos en otras tierras.

Antes de iniciarse nuestras guerras redentoras que tuvo en el insigne Máximo Gómez la mejor representación de esa foránea generosidad con un pueblo esclavizado teníamos ya, como nación que se está formando, el libre concurso de hombres como Narciso López que nos legó la bandera de la patria, y del catalán Ramón Pintó, quien, desde la presidencia de la Junta Revolucionaria de La Habana, organizó una conspiración para liberar a la tierra que con tanto amor lo había recibido.

k) ALBERT RYAN. UN ESFORZADO COMBATIENTE

Había nacido Claudio Albert Ryan (algunos historiadores mencionan su apellido como O'Ryan y el nombre como William) en Canadá y al emigrar su familia a los Estados Unidos participó en la Guerra de Secesión como miembro del Ejército del Norte donde alcanzó el grado de capitán.

En junio de 1869 se enrola en una expedición que partía en el vapor *Katherine Whitting* que fue detenida por las autoridades norteamericanas. Finalmente llega a Cuba como miembro de la expedición del yate *Anna* el 19 de enero de 1870[33].

Entre sus compañeros se iba a encontrar otro joven, éste norteamericano, Henry M. Reeve, al que nos referimos extensamente en este libro.

Una de las principales operaciones del ya Brigadier Ryan es la del encuentro con una columna española, el 18 de junio de 1870, que había partido de Puerto Príncipe (Camagüey) en el Puente Carrasco en las afueras de aquella ciudad. El encuentro fue desastroso para las tropas coloniales que perdieron más de 90 hombres entre muertos y heridos. Participará también en los encuentros de Iguará, Jicotea, Santa Brianda de Altamira, con fuerzas bajo el mando del Mayor General Ignacio Agramonte, en los meses de junio y julio de 1870.

Debido al deterioro de su salud parte hacia los Estados Unidos el 6 de agosto de 1870 con una alta recomendación del Jefe del Estado Mayor del Ejército Libertador, Federico Fernández Cavada dirigida al presidente de la Junta Cubana de Nueva York: «*El General Ryan ha prestado grandes servicios; el Cuerpo de Caballería a sus órdenes ha hecho el mes de mayo más bajas al enemigo, y le ha ocu-*

---

[33] Su nombre aparece entre los expedicionarios del primer viaje del vapor *Salvador* el 15 de mayo del año anterior (1869).

pado más armas, pertrechos y cabalgaduras, que ningún otro cuerpo de Camagüey». Regresa a Cuba ya algo recuperado en el vapor *Hornet*[34] el 17 de enero del año 71 pero no puede desembarcar porque no se encontraban fuerzas cubanas esperándolo y vuelve a enrolarse en el *Fanny*, que a las órdenes del Mayor General Julio Grave de Peralta llegó a la costa norte de Oriente pero Grave de Peralta no pudo desembarcar porque no había tropas cubanas esperando. Participa William O'Ryan en más de 200 combates.

El incansable canadiense forma parte de la última expedición del *Virginius* que ha partido de Jamaica el 24 de octubre de 1873 con el fatal desenlace que todos conocemos. Apresado el *Virginius* por el buque de guerra español *Tornado* y, llevado a Santiago de Cuba morirá fusilado Alberto Claudio Ryan junto con Bernabé (Bembeta) Varona, Pedro de Céspedes, Jesús del sol y otros patriotas.

l) EL NORTEAMERICANO CHARLES GORDON: MÁRTIR DEL 95 Y FEDERICO FUNSTON

Otro norteamericano, Charles Gordon, será ayudante de campo del Mayor General Antonio Maceo, cuando éste era lugarteniente general y jefe del Sexto Cuerpo de Pinar del Río. Acompañaría a Maceo en el paso, por mar, de la trocha de Mariel a Majana el 4 de diciembre de 1896.

Charles Gordon había nacido en los Estados Unidos. Se integró al Ejército Libertador como expedicionario del cuarto viaje del Vapor *Three Friends*[35]. Se embarcó por la playa de Boca Ciega en La

---

[34] Las dificultades en la contratación y el desembarco del *Hornet* y las posteriores del *Katherine Whiling*, el *William* y otras son ampliamente comentadas en el libro «Carlos Manuel de Céspedes y Quesada» de Manuel de Quesada y Loynaz. Imprenta Siglo XX, La Habana 1925.

[35] La primera expedición del *Three Friends* (marzo 17, 1896) fue dirigida y financiada por la Organización Cubana y comandada por el Comandante Enrique Collazo; la segunda (30 de marzo, 1896) dirigida por la Delegación Cubana con el Coronel Rafael Portuondo Tamayo como jefe de mar y tierra: la tercera expedición (23 de junio, 1896) dirigida y financiada por la Delegación Cubana con el Coronel Francisco Leyte Vidal como jefe de mar y tierra, y la

Habana el 7 de julio de 1896, bajo el mando del Comandante Juan R. Cowley[36].

El norteamericano Charles Gordon fue herido en el combate de San Pedro donde murió el 7 de diciembre (1896) el Mayor General Antonio Maceo pasando, después, al Cuartel General del Ejército Libertador en Sancti Spíritus el 18 de febrero de 1897 en el que hostilizó a una columna del destacamento de Trilanderitas. Cinco días después el Mayor General Máximo Gómez le recomendó la misión de organizar el Regimiento de Infantería Francisco Gómez. El 6 de agosto fue ascendido a Coronel, y enviado a Las Villas y al pasar la línea militar entre Camajuaní y Hormiguero tuvo un encuentro con la guerrilla de Cartagena, en el que cayó prisionero y fue asesinado, sin ser sometido a juicio.

Otro norteamericano aparece en nuestra historia.

La expedición del vapor *Dauntless* que hacía su primer viaje a Cuba, organizada por el Coronel Emilio Núñez, jefe del Departamento de Expediciones, tenía como Jefe de Tierra al cienfueguero Coronel Rafael Cabrera[37]. Junto a él venía el norteamericano Federico Funston y, entre otros, los cubanos Coronel Rafael Cabrera, Miguel Salinas, José Martínez Amores, José Abreu y Alejandro Rodríguez, desembarcando por Nuevas Grandes, en la costa norte de Camagüey el 16 de agosto de 1896.

Frederick Funston establece contacto con el Coronel Rafael Cabrera que dirigirá la primera expedición del vapor *Dauntless* y habrá

---

cuarta (siete de julio, 1896) tendría al General de Brigada Joaquín Castillo Duany como jefe de mar y al Comandante Juan R. Cowley como jefe de tierra.

[36] Juan Ramón Cowley nacido en la ciudad de La Habana ingresó en el Ejército Libertador en abril de 1895. Participa en acciones en la Brigada de Cárdenas, murió en la acción de Tierras Negras el 28 de enero de 1898.

[37] Rafael Cabrera López-Silvero, abogado, nació en Cienfuegos, Las Villas, el 5 de mayo de 1846, participó en el alzamiento de aquella provincia el 7 de febrero de 1869. Al terminar la Guerra de los Diez Años ingresó en el Partido Autonomista, pero al conocer los preparativos de una nueva guerra viajó a París buscando fondos para sufragar los gastos de un barco para una expedición que estaba organizando. (Sería el *Dauntless* que desembarcó por Nuevas Grandes el 10 de agosto de 1896).

de desembarcar por la costa norte de Camagüey el 16 de agosto de 1896. De inmediato participa Funston en el encuentro de Cascorro que iniciado en los primeros días de agosto se prolonga, intermitentemente hasta fines de ese mes, y en El Desmayo, cerca de Cascorro bajo el mando del General en Jefe Máximo Gómez combatiendo la columna del General Jiménez Castellanos.

Frederick Funston se incorporó al Cuartel General del General en Jefe quien lo nombró jefe de una dotación de norteamericanos que contaba con dos cañones. Participó en el sitio de Cascorro y en el combate del Desmayo (8 de octubre de 1896), por los cuales fue ascendido a capitán.

Hablemos de estos encuentros, Cascorro y el Desmayo, en que sobresale la figura de este norteamericano que venía de combatir junto a Antonio Maceo.

Cascorro era entonces un pequeño poblado al sur de Camagüey que contaba con una guarnición de 170 soldados comandada por el Capitán Francisco Neyla. Las fuerzas cubanas contaban con un cañón de 12 libras que lo había traído la expedición del Coronel Rafael Cabrera. La pieza estaba servida por una dotación de jóvenes norteamericanos bajo el mando de Funston quien el 21 de septiembre abrió fuego con el cañón sobre las edificaciones de la ciudad produciéndolos pocos daños.

No obstante, Máximo Gómez intimó al jefe de la guarnición a rendirse pero éste se negó por lo que por varios días se mantuvo sitiada la plaza hasta que el 4 de octubre vino en su auxilio una columna de 3000 hombres del pueblo de Minas, comandada por el General Adolfo Jiménez Castellanos cuyo avance Gómez trató de impedir hostigándola continuamente. El asedio de Cascorro duró 17 días y al retirarse la columna Gómez siguió combatiéndola hasta el Desmayo, el segundo encuentro en que participan Frederick Funston y su dotación de jóvenes norteamericanos[38].

---

[38] La descripción de algunos eventos ha sido tomada de diversos diarios y publicaciones.

El 8 de octubre de 1896 los 300 hombres de Máximo Gómez con su caballería vuelven a enfrentarse en El Desmayo a la columna del General Jiménez Castellanos que se dirigía a Nuevitas.

El 4 de noviembre, Funston, este poco conocido norteamericano, vuelve a tomar parte en el combate de Lugones, también en las cercanías de Cascorro, dirigido por Máximo Gómez contra la misma columna española del General Adolfo Jiménez Castellanos. En este encuentro participan las tropas del Brigadier José Manuel Capote. Partirá de allí Gómez para reunirse con Calixto García en La Conchita donde sostendrá un nuevo enfrentamiento con las fuerzas de Jiménez Castellanos.

Dos días después quedaba Funston subordinado directamente al Mayor General Calixto García y, tras formar parte en el ataque a Guáimaro y en el combate de Lugones, fue ascendido al grado de comandante el 12 de noviembre de 1896. El norteamericano Funston, intervino en los ataques a Jiguaní y Samá así como en la acción del Desquite. Posteriormente por su destacada participación en el ataque a las Tunas recibió el ascenso a Teniente Coronel.

Al tratar de abandonar Cuba Funston fue capturado por los españoles que lo sometieron a un juicio en el que fue absuelto con la condición de que retornara a Estados Unidos; lo que hizo, enrolándose después en una de las misiones que partían a la isla de Luzón en el Archipiélago de Filipinas[39].

---

[39] Frederick Funston se vio forzado a salir de Cuba pero al iniciarse la guerra de Estados Unidos contra España se enroló en el Batallón de Voluntarios del estado de Kansas peleando en la isla Luzón, en las Filipinas, donde participó en la captura del dirigente Emilio Aguinaldo. En 1906 regresó a los Estados Unidos, estuvo brevemente allí y en 1914 fue designado gobernador militar en Veracruz dunrante la breve ocupación americana en ese estado mexicano.

APUNTE HISTORICO

DE LOS

CHINOS EN CUBA

POR

ANTONIO CHUFFAT LATOUR

1927
Molina y Cía.
Impresores y Papeleros
Riela 55 y 57
Habana

CAPÍTULO III

TEMPRANA INCORPORACIÓN DE LOS CHINOS EN LA LUCHA EMANCIPADORA

a) ARRIBAN DE AMOY LOS PRIMEROS CHINOS

El 3 de junio de 1847 arribaba al Puerto de La Habana la fragata «Oquendo», conduciendo la primera expedición de chinos contratados. Se componía de 206 chinos procedentes del Puerto de Amoy, en la provincia de Fu King, China. Todos desembarcaron en Regla, donde se habían construido barracones para su alojamiento.

Esa primera expedición había salido de Amoy el día 2 de enero. Una segunda expedición arribaba el día 12 de junio de 1847, en la fragata «Dupecoaibareuire», conduciendo 365 chinos en las mismas condiciones que la anterior.

El periódico «Diario de La Marina», en su edición de martes 8 de junio daba la noticia del arribo de aquellos asiáticos informando que a los pocos días de haber arribado en Regla los chinos eran solicitados por los hacendados, dueños de ingenio, con previo pago anticipado de 70 pesos, por cada uno, según contrato celebrado por la Real Junta de Fomento de La Habana, por los señores Zulueta y Compaña de Londres. El pago era de 70 pesos de contado y el resto quedaba a lo que conviniese el hacendado con Don Joaquín Arrieta, único y exclusivo representante de los señores Zulueta y Compañía de Londres[40].

Coincidía la llegada de estos dos primeros contingentes de chinos a La Habana con la celebración de la fiesta con motivo del matrimonio de Isabel II, que será destronada cuando se iniciaba el 10 de octubre de 1868 la Guerra de los Diez Años.

Seguirán a estas dos expediciones de chinos contratados muchas más. Cada una con centenares de estos asiáticos que participarían

---

[40] Antonio Chuffat Latour: «Apunte Histórico de los Chinos en Cuba», Molina y Compañía, La Habana, 1927.

fundamentalmente en actividades agrícolas. La Demajagua representará la libertad para muchos de estos chinos «contratados» y representará, junto a los cubanos nativos y a los negros esclavos africanos, los mayores contingentes de los que se lanzarán a la manigua en busca de la libertad que ninguno de ellos había disfrutado.

Muchos adoptaban nombres hispanos: Juan Sánchez (Lam Fu Kin); Liborio Wong (Wong Seng); José (Bu) Bartolo Fernández; Andrés Cao (Lion Kao); Crispín Rico y muchos otros cuyos nombres aparecen en los diarios de guerra que llevan altos oficiales cubanos del Ejército Libertador.

«En Oriente, el General Modesto Díaz tenía de ayudante al Capitán Wong, que se batió en Cauto Embarcadero, Mina de Tuna y Guaiba; el General Napoleón Arango tenía 400 soldados chinos, el General Maximiliano Ramos[41] 180, y el General Calixto García 200 soldados chinos»[42].

El capitán o comandante Juan Díaz, murió después del Pacto de Zanjón. En Marajigua operaba el capitán Francisco Moreno, chino que vino joven a Cuba, y murió por la causa cubana en el campo de batalla. En Las Villas estaba el capitán José Cuan, que estuvo con el coronel Francisco Carrillo, pasando después a las fuerzas del General Adolfo Fernández Cavada en la Brigada de Cienfuegos.

El 7 de febrero de 1874 decretó el General Joaquín Jovellar[43] la creación de las milicias blancas y de color. No hubo ningún chino que aceptara semejante deshonor. Jovellar sería luego sustituido co-

---

[41] Maximiliano Ramos González, nacido en Camagüey, combatirá en las tres guerras emancipadoras alcanzando el grado de General de Brigada. Este valeroso miembro del Ejército Libertador, prácticamente ignorado en las páginas de nuestros libros de historia, fue herido en seis encuentros, participando, entre otros, en los combates de La Sacra, Palo Seco, Las Guásimas, Naranjo-Mojacasabe y Loma de Jíbaro. Formó parte de la vanguardia de la columna invasora comandada por Henry Reeves (El Inglesito) en 1875. En la Guerra de Independencia, ya con el grado de General de Brigada, tomó parte en los encuentros de Lugones, la Purísima, El Rosario, Los Claveles y muchos más, junto al también olvidado General camagüeyano Lope Recio Loynaz.

[42] Testimonio del chino contratado Bartolo Fernández al doctor Antonio Chuffat.

[43] Joaquín Jovellar es nombrado gobernador en noviembre de 1873, sustituyendo a Cándido Pieltrain.

mo capitán general por José de la Concha que asumía su segundo mandato.

El 21 de octubre de 1876 los cubanos atacaron el pueblo de Abreus en cuyas fuerzas iban los chinos Cuan y Pedro Lau.

b) LA CONTRATACIÓN DE CHINOS (CULÍES)

La contratación de estos culíes se realizaba en Macao, Amoy y Hong Kong. Los que llegaron en el «Oquendo» lo hicieron por vía de Manila (Filipinas) lo que popularizó la frase «chino manila»[44]. El chino destinado para Cuba era llamado culí y firmaba un contrato cuyo texto estaba redactado en español y en chino.

Después de firmado el contrato el culí era retenido hasta la salida del buque. Por el contrato el culí se comprometía a viajar hacia la isla de Cuba, trabajar a las órdenes de los señores que le ofrecían el contrato o de cualquier otra persona (que empezaba a ser su patrono) a quien se le traspasara dicho contrato y quedaba obligado a trabajar durante ocho años para su patrono y por una faena «ya sea en el campo, o en la población (casas particulares para el servicio doméstico o en cualquier establecimiento comercial o industrial); o en ingenios, vegas, cafetales, potreros, etc.[45]«

Debía trabajar un promedio de doce horas o más en el servicio doméstico. El contrato establecía que el patrono debía suministrar a cada chino contratado «ocho onzas de carne salada y dos y media libra de boniatos y de otras viandas sanas y alimenticias», así como proporcionar a éste la asistencia médica y demás auxilios necesarios, en caso de enfermedad. También dos mudas de ropa al año, una frazada y una camiseta de lana[46].

En ese documento quedaba pactado el adelanto de doce pesos fuertes en oro o plata por parte del patrono para que el colono (el chino contratado) pudiera invertirlo en aquellas cosas que eran nece-

---

[44] Raymond Leslie Bruel: «Problemas de la Nueva Cuba», Nueva York, 1935.

[45] A. Chuffat. *Obra citada.*

[46] Juan Jiménez Pastrana, *obra citada.*

sarias para realizar el viaje comprometiéndose a devolver ese dinero en La Habana donde le harían el descuento de un peso mensual de su salario hasta liquidar su deuda. Al concluir el contrato se le concedía al culí 60 días para volver a su país pagando por su propia cuenta. Este último punto, tan extremadamente abusivo, fue posteriormente modificado. El patrono era el que quedaba obligado a pagar el regreso a China del culí contratado. Si el culí decidía no regresar a su país, quedaba en Cuba en libertad de trabajar en la forma que le resultase más conveniente[47].

Por facultad excepcional concedida por el Real Decreto del 26 de noviembre de 1867, tenía el gobernador superior civil de la isla de Cuba, el Conde de Valmaseda dejó sin efecto el cumplimiento del Real Decreto del 14 de diciembre de 1870 por el cual se permitía permanecer en la isla a los chinos que se habían libertado, después de cumplir los términos de su contrato: Valmaseda puso en vigor, nuevamente, en octubre 18 del 71 la ordenanza del 31 de diciembre de 1868 firmada por el General Leonardo Lesunchi que permitía recontratar a los colonos asiáticos que, habiendo llegado a la isla después del 7 de julio de 1860 no habían renovado su contrato a los dos meses de haber terminado su compromiso, haciendo salir del país a los que se nieguen a renovrlo[48].

Se aprovechaban los representantes de Zulueta y Compañía del Tratado de Nanking firmado por Inglaterra con los mandatarios de China que abría los puertos de esta última nación (Cantón, Fucheu, Amoy, Ninggon y Shangai) al comercio.

Entre los prestamistas que adquirieron lotes de chinos del bergantín «Oquendo» se encontraban el capitán general de la isla Leo-

---

[47] El gobierno de Isabel II decretó dos reglamentos en relación con los colonos chinos (22 de marzo de 1854 y 6 de julio de 1860). El primero autorizaba la introducción en la isla de colonos españoles, chinos o yucatecos, por particulares. En la práctica se aplicaba a colonos chinos y yucatecos.

[48] A. Chuffat. *Obra citada.*

poldo O'Donnell, el Conde de Peñalver, el Conde de Bainoa, el Marqués de Villalba y otros[49].

Esta era la situación existente para esta población asiática cuando se inicia, el 10 de octubre de 1868, la Guerra de los Diez Años. Aunque el chino contratado tenía una situación distinta a la de los esclavos africanos, los dos grupos étnicos mostraron su apoyo, de inmediato, a lo expresado en la Demajagua.

c) THOMAS JORDAN Y LOS CHINOS

Cuando el General Jordan se unió a la batalla de Las Minas de Tana o Guáimaro, los chinos defendían una de las trincheras, la de la izquierda. Al intentar los españoles un movimiento hábil de flanco con el objeto de forzar la posición, los chinos avanzaron contra el enemigo saltando la trinchera y peleando cuerpo a cuerpo[50].

El General Thomas Jordan poco después de desembarcar estaba al frente de las tropas mambisas que contaban con cerca de 400 chinos entre éstos se destacaban el Comandante Sebastián Sian, el Capitán Pablo Jiménez, el Sargento Quintín Rico y otros. El General Jordan hace constar en su parte de guerra de Minas de Juan Rodríguez un interesante episodio:

«Se dieron repetidas y sangrientas cargas al machete; el chino Sebastián Sian, del Batallón del Norte, dio muerte a tres soldados españoles con la culata de su carabina».

No solo reconocía la labor de Sian sino que también mencionaba la importante participación de chinos en aquella batalla:

«A este puesto pertenecieron chinos como el Capitán Juan Díaz, el Apolo de todos ellos, de piel casi blanca y chinos como Pancho Moreno, que después de la toma de Mayaji-

---

[49] Además de los mencionados adquirieron lotes de chinos que llegaron en el «Oquendo» el Conde de Fernandina, el Marqués de La Cañada y distintas personalidades. Esta información la ofrece Juan Jiménez Pastrana en su libro «Los Chinos en la Historia de Cuba (1847-1930)» con datos tomados del Archivo Nacional, Junta de Fomento, año 1847, Legajo 147, número 7278.

[50] Gonzalo de Quesada, *obra citada*.

gua, cuando los españoles se atrincheraron en una casa de la plaza, era el sitiador más atrevido. Cargaba su trabuco con doble munición, y de día y de noche, aquel hombre, él solo, los retaba».

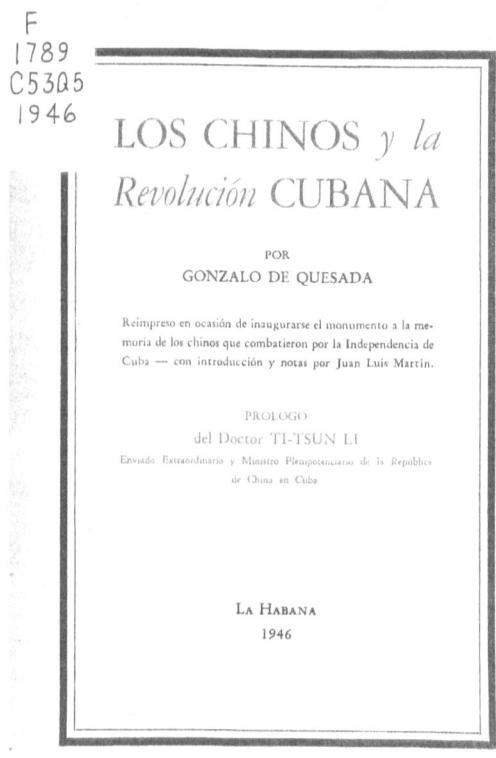

En los dos primeros años de guerra la provincia de Matanzas, rica zona azucarera, formada de negros esclavos y chinos contratados, estaba rabiosamente vigilada por la soldadesca española. El martes 2 de abril de 1870 el *Diario de La Marina* publicaba la siguiente nota:

«El Teniente Gobernador de Colón, Don José Vílchez, con la ilustración y actividad que le distingue, hizo recorrer muchas fincas de aquella jurisdicción, exigiendo a los colonos y chinos libertos, por Autoridad Competente, los documentos de policía, dando un resultado satisfactorio se han preso a centenares de chinos.

»Sólo en Majulíes y Banaguises, se han recogido la mayoría de los chinos que andaban huyendo por los cañaverales, ocasionando incendios»[51].

Y dice orgulloso de la acción:

«En Bolondrón, Cabezas, Alacranes, Guamacaros y Corral Nuevo, la acción de los voluntarios entregados a la cacería de los contratados y esclavos, tuvo todas las características de una tremenda matanza.

»El movimiento de la insurrección se hallaba esta vez en aumento y los directores habían hecho contacto con las dotaciones de las fincas azucareras de Las Villas y hasta parte de La Habana.

Se extremó la dureza del procedimiento con fanáticas ejecuciones, hasta en parajes en los cuales no había nadie concertado para la rebelión»[52]

José Cuan es un corajudo miembro de las filas del Coronel Francisco Carrillo y, después peleará con las de Adolfo Fernández Cavada. Participará en los encuentros de Rancho Veloz, Quemados de Güines, Ceja de Pablo y otros.

---

[51] Juan Jiménez Pastrana, «Los Chinos en la Historia de Cuba: 1847-1930». *Obra citada*.

[52] *Diario de La Habana* (Santo), 2 de abril de 1870.

En la batalla de Las Guásimas, a la que antes hemos hecho referencia, fuerzas españolas integradas por más de 6,000 soldados fueron derrotadas por 1,300 soldados mambises entre los que se encontraban unos 500 chinos. En ese contingente se encontraba el valiente capitán chino Juan Sánchez (Lan Fu Kin) hombre de clara inteligencia que había sido soldado en China cuando la insurrección de Hong Chan Chong, y conocía la guerra. Le seguía el teniente chino José Pedroso y los sargentos Andrés (Kao-Lion), y José Fog; a Bartolo Fernández (José Bu) que lo habían contratado en Camagüey, participó en las batallas de Las Guásimas, Guáimaro y Cascorro. Con él tomaron parte en esos y otros encuentros Juan Sánchez (Laos Fukim), que había obtenido el grado de capitán y había sido soldado en China, el teniente chino José Wu y un sinnúmero más...» todos pertenecían a las fuerzas del General Máximo Gómez[53].

d) INCORPORACIÓN DE LOS PRIMEROS CHINOS EN LAS GUERRAS EMANCIPADORAS

Los primeros chinos que se incorporaron a la Revolución Cubana fueron los del área de Manzanillo. También se alzaron en la manigua los que llevaron más tarde para la construcción de las trochas locales y las trochas transversales[54]. *«En el ejército de Camagüey pelearon mandados por oficiales chinos hasta el grado de comandante, formando parte de la brigada del sur a las órdenes del Coronel Lópe Recio. Estuvieron en todas las acciones que se dieron en ese territorio».*

En la toma de Nuevitas y en Santa Cruz los chinos prestaron gran servicio por su habilidad para hacerse de rifles y municiones, pero fue en el ejército de Las Villas en el que el número de chinos era mayor, y donde se distinguieron personalmente[55]. En Las Villas

---

[53] Gonzalo de Quesada, «Los Chinos y la Revolución Cubana», La Habana, 1946.

[54] Gonzalo de Quesada: «Los Chinos y la Revolución Cubana», La Habana, 1946.

[55] El mayor número de chinos en Las Villas se encontraba en Placetas, Camajuaní y Remedios, en las haciendas de Julián de Zulueta.

los chinos combatieron a las órdenes del General Máximo Gómez, de Maceo, Roloff y Fernández Cavada.

Antonio (Pancho) Moreno, el chino que tanto se distinguió en la toma de Mayajigua, cargaba su trabuco con doble munición y murió de las heridas con las que había conquistado el grado de comandante. Se producen escenas impresionantes. Una de ellas la del chino Tancredo que cayó prisionero en Santa Rosa y no permitió el insulto de un oficial que lo hizo prisionero. Tancredo que *«no pudiendo el tenerse en pie por sus heridas, al oír el oficial español que lo calificaba de «chino manila» saca del pecho, donde lo guardaba como su único bien y título de orgullo, su diploma de oficial cubano; frente a frente miró a su adversario, y con voz vibrante le replicó: «!No es un chino manila; no; es un teniente del Ejército Libertador de Cuba! ¡Fusílenme!*[56].

En la provincia central otro chino, Juan Anelay, «el loco», fue el encargado por las fuerzas de Las Villas de quejarse ante los miembros de la Cámara y del gobierno por la mala distribución que se había hecho de las armas desembarcadas en distintas expediciones. Cuando expresó esta queja en un lenguaje sencillo, pero convincente, fue aclamado *«en medio de exclamaciones y un entusiasmo arrebatador. Por el campamento lo pasearon en triunfo miles de brazos fraternales»*[57]. Poco después Tancredo cayó prisionero en Santa Teresa y, amarrado lo mataron, a palos, mientras gritaba «!Viva Cuba Libre!».

Se distinguirá en aquellos combates el Comandante Siam, el chino más viejo de la revolución, que sirvió de reclutador entre los miembros de su raza. Otro valeroso miembro de aquel grupo era el teniente Pío Cabrera quien en las Nuevas de Jogosí fue uno de los oficiales que con 60 hombres atacaron y desalojaron al enemigo que se había refugiado en Cayo de Monte y fue herido en el brazo. Participaría Pío Cabrera en la Guerra Chiquita tomando parte en la ac-

---

[56] Gonzalo de Quesada, *obra citada*.

[57] Gonzalo de Quesada, *obra citada*.

ción de Buena Vista que tendrá a su cargo proteger la retirada con algunos soldados; el grueso de las fuerzas estaba ya a salvo; sus compañeros le advirtieron que era hora de abandonar la posición; el enemigo se acercaba cada vez más; dentro de poco se le haría imposible escapar. Pío le dice al grupo que lo acompañaba: *¡los que quieran, que se retiren!*. Pocos lo hacen. Pío ve a las tropas españolas que avanzan y dispara, una y otra vez, a los cincuenta soldados españoles que se le enciman. Muere así combatiendo el chino Pío Cabrera.

d) DESTACADOS COMBATIENTES CHINOS

Hubo figuras brillantes entre los chinos que se incorporaron al Ejército Libertador y cuyas acciones han sido ignoradas o injustamente poco reconocidas. Una de ellas, en Oriente, era el capitán Liborio Wong (Wong Seng), quien había sido médico botánico de una dotación cerca de Manzanillo, y se batió en Cauto Embarcadero, Minas de Tunas y Guáimaro.

Julio Sanguily contaba en sus fuerzas con batallones completos de chinos; quienes integraban una importante porción de la infantería. Cuando Ignacio Agramonte, General en Jefe de las tropas camagüeyanas, organizó su famosa caballería, los infantes que apoyaban la acción de esas fuerzas, que eran los rancheadores de los escuadrones camagüeyanos, eran cantoneses y fukineses, y constituyeron más tarde algunas compañías compactas que participaron en las campañas invasoras organizadas durante la Guerra de los Diez Años por el propio Máximo Gómez[58].

Siguen transcurriendo los meses; va decayendo el entusiasmo en las filas de la insurrección. Estamos en 1877. Se comenta que hay entabladas conversaciones de paz sin independencia. Son, todavía, sólo rumores pero pronto serán realidades. El 10 de febrero de 1878, en el campamento de San Agustín, en la provincia camagüeyana, el Comité del Centro y el General en Jefe español Arsenio Martínez

---

[58] Juan L. Martín, «Los Chinos en la Revolución Cubana», periódico El Mundo, La Habana, mayo 31 de 1940.

Campos, acordaron y firmaron el acuerdo que habrá de constituir el Pacto del Zanjón. Semanas antes Máximo Gómez había dejado en su Diario sentada esta afirmación: *«Me abandonan. Me estoy quedando solo!»*. El Comité del Centro lo componían: el Brigadier Rafael Rodríguez, Ramón Trujillo Pérez y Juan Spotorno, ex-diputado; el Brigadier Manuel Suárez, el Teniente Coronel Ramón Roa y el Coronel Enrique Mora.

«El comité redacta las proposiciones –que leídas y explicadas a todos los que se encuentran aquí presentes–, dijeron que estaban conformes. La copia se encuentra en hoja suelta»[59].

En el tercero de los artículos de Pacto de Zanjón quedaba garantizada la libertad a los contratados o colonos asiáticos que se hallen hoy en las filas insurrectas[60].

Hubo activa presencia de culíes chinos en nuestras guerras redentoras. Era, como vemos, hora de ofrecerles el debido reconocimiento.

---

[59] Diario de Campaña de Máximo Gómez, febrero 7 de 1878.
[60] Ramiro Guerra: «Guerra de los Diez Años», Volumen II.

Españoles é Insurrectos.

RECUERDOS DE LA GUERRA DE CUBA

POR EL

CORONEL RETIRADO

D. Francisco de Camps y Feliú.

SEGUNDA EDICION.

HABANA.
Establecimiento Tipográfico de A. Álvarez y Compañía.
1890.

CAPÍTULO IV

ESPAÑOLES EN LAS FILAS INSURRECTAS

Volvamos a recordar al precursor –y permanente luchador– Julián Santana.

Pocos hombres participaron en tantas batallas como este español, Julián Santana, que unió sus destinos al de la independencia de Cuba. Pasados dos meses ya forma parte de las fuerzas del Ejército Libertador, esta vez, bajo el mando superior del Mayor General Máximo Gómez, que enfrentan en Naranjo-Mojacasabe el 10 de febrero (1874) una columna compuesta de los batallones de infantería Rayo, León, Aragón, Cortés y Libertad del Regimiento de Caballería Pizarro que contaba con piezas de artillería de montaña, una sección de contraguerrilla a pie, denominada Los Jíbaros y varias secciones de contraguerrillas montadas. Las fuerzas españolas tendrían, en total, 2,000 hombres bajo el mando de los brigadieres Báscones y Manuel Armiñán.

A esa batalla que la había comenzado Gómez se le incorpora la infantería oriental bajo el mando de Antonio Maceo, entonces Brigadier. Batalla narrada también por Benigno Souza «Máximo Gómez. El Generalísimo».

No hay descanso para este combatiente nacido en Tenerife, porque al mes siguiente, ya está envuelto en otro de los grandes enfrentamientos de aquella guerra heroica. Mediaba el mes de marzo (1874) cuando las fuerzas al mando del Mayor General Máximo Gómez, integrada por 900 infantes de Las Villas y Camagücy y 300 jinetes camagüeyanos de las que forma parte Julián Santana, libraron en Las Guásimas una de las más importantes batallas de nuestras guerras emancipadoras contra una columna de más de 3,000 efectivos dirigida por el Brigadier Manuel Armiñán compuesta por los batallones León, Rayo, Cortés, Aragón y Libertad; 700 jinetes de los

Regimientos de Caballería Pizarro y Colón; dos contraguerrillas y cuatro piezas de artillería.

a) CARLOS AGÜERO GARCÍA. LAS GUÁSIMAS

Esta acción se libró en la finca conocida como Las Guásimas de Machado, ubicada a unos 36 kilómetros al suroeste de Puerto Príncipe (Camagüey), El campo de la acción lo formaron dos potreros rodeados de frondosa vegetación.

En la dirección Jagüey-Cachaza existía un camino que se bifurcaba hacia ambos potreros. La batalla que hubo de tener lugar en este escenario no estaba prevista en los planes de Gómez, ya que el gran dominicano quería evitar en lo posible un enfrentamiento de envergadura que comprometiera al contingente invasor, el cual debía cumplir misiones decisivas para la guerra.

Cuando Gómez, informado en detalles de los movimientos del enemigo por su exploración, tuvo la certeza de que el encuentro con la columna de Armiñán era inevitable, decidió tomar la iniciativa, adelantándosele y ocupar una posición ventajosa aprovechando las características del terreno. Su plan para el combate incluía como idea principal, atraer al enemigo hacia una emboscada previamente preparada y aniquilarlo con el fuego de la infantería y un golpe sorpresivo de la caballería.

Para lograr este objetivo concentró sus esfuerzos en el potrero grande, de frente a la represa, donde tomaron posiciones las fuerzas principales de infantería de Las Villas y Camagüey, bajo el mando del brigadier Antonio Maceo. Al resto, bajo las órdenes del Coronel Ricardo Céspedes, les indicó el momento preciso de abrir fuego sobre el enemigo. Detrás de la infantería fue situada la caballería, bien enmascarada por los frondosos árboles y lista para actuar cuando cesara el fuego de la infantería. El Coronel Gabriel González fue designado por Gómez para dirigir un destacamento de demostración, integrado por 50 jinetes que tendrían la importante misión de provocar al adversario y atraerlo hacia la emboscada a través del carril que unía a los dos potreros[61].

Las bajas provocadas por el fuego insurrecto fueron numerosas y después Gómez, aprovechando la confusión de los colonialistas, ordenó el cese del fuego y la entrada en combate de la caballería, la cual protagonizó la famosa «carga del carril». En ella el enemigo sufrió grandes pérdidas y los sobrevivientes se vieron obligados a buscar refugio detrás de las líneas del Bon El Rayo, dirigido por el Teniente Coronel Camps y Feliú[62].

En la batalla de Las Guásimas, donde Santana resultó herido, se producen distintos encuentros. Uno de ellos cuando Gómez ordenó al entonces Capitán Carlos Agüero García[63] hostilizar el campamento enemigo para impedirle el descanso y hacer más lento el avance de la columna española. El Capitán Agüero García llegó a Cachaza donde Báscones se disponía a pasar la noche y darle descanso a sus tropas para continuar la marcha al día siguiente por lo que Agüero decidió hostilizar el campamento enemigo durante toda la noche con el doble propósito de no permitir el descanso a los españoles y hacer más cautelosa su marcha al día siguiente. Los disparos alertaron a Gómez quien cambió sus planes y ordenó preparar una emboscada en el camino de Jimaguayú a Las Guásimas.

Tomó parte Agüero García en el ataque a Las Tunas y combatió en Jimaguayú, el 11 de mayo, donde cayó el brigadier Ignacio Agramonte. Luego, bajo el mando de Máximo Gómez, participó en los ataques de Nuevitas y Santa Cruz del Sur y en los combates de la

---

[61] Datos tomados del Diccionario Enciclopédico de Historia Militar de Cuba. (*Obra citada*).

[62] El Coronel Retirado Francisco de Campos y Feliú en su libro «Españoles e Insurrectos» publicado en La Habana en 1890 hace referencia a distintas batallas con gran mesura a varios combates y figuras de la Revolución Cubana sin énfases al encuentro de Las Guásimas.

[63] Carlos Agüero García, nacido en Puerto Príncipe en 1843 llegará a ser General de Brigada. Al iniciarse el levantamiento en armas en Camagüey (4 de noviembre de 1868) se unió al grupo liderado por Napoleón y Augusto Arango. Luego de la muerte de Augusto participó, como simple soldado, en el combate de Paso de Lesca. Con grado de cabo combatió en Ceja de Altagracia y en el asalto a Puerto Príncipe (20 de julio de 1869).

Sacra (9 de noviembre de 1873) y Palo Seco (2 de diciembre de 1873). Intervino con el grado de comandante en las acciones de Naranjo-Mojacasabe y las Guásimas con instrucciones de que con una compañía de infantería del Regimiento Caunao, hostilizara cualquier tropa española que viniese en ayuda.

b) OTRA VEZ JULIÁN SANTANA

Del 15 al 19 de marzo se produjo este muy importante encuentro porque los españoles querían detener el avance de los insurgentes hacia occidente e impedir el paso de la trocha de Júcaro a Morón. Julián Santana venía con las fuerzas de Gómez, mientras las tropas principales de infantería de Las Villas y Camagüey quedaban al mando del entonces brigadier Antonio Maceo. El resto de las fuerzas quedaban bajo las órdenes del entonces Coronel Ricardo de Céspedes[64].

Recuperado de sus heridas, toma Santana parte en julio de 1874 del ataque a Las Tunas del 23 al 26 de septiembre de 1874[65]. Con espíritu inquieto, Santana[66] apoyó activamente las sediciones de Lagunas de Varona (26 de abril de 1875) y de Santa Rita (mayo 11, 1877) y respaldó la Protesta de Baraguá (15 de febrero 1878) termi-

---

[64] Ricardo de Céspedes Céspedes nació en Manzanillo en 1848, era hijo del Mayor General Francisco Javier de Céspedes, sobrino de Carlos Manuel de Céspedes y yerno del Mayor General Pedro Figueredo. Conspiró junto con su tío Carlos Manuel formando parte de los hombres que se alzaron el 10 de octubre, participó en el frustrado ataque a Yara y en la toma de Bayamo. Meses después al caer en combate el General Henry Reeve (4 de marzo de 1876) Ricardo de Céspedes fue designado para sustituirlo al frente de la Brigada de Colón.

[65] Hubo cerca de una docena de encuentros en la región de Las Tunas. La primera se produjo el 13 de octubre del 68 bajo las fuerzas del Mayor General Vicente García que con unos doscientos hombres atacó aquella ciudad. La guarnición estaba integrada por tropas a las órdenes del Comandante José Navarro, una compañía de voluntarios y un destacamento de hombres que venían de Cabaniguán. La segunda se produjo el 16 de agosto de 1869 bajo el mando del General en Jefe Manuel de Quesada.

[66] Participa en la Guerra Chiquita pero al capitular su jefe, el Brigadier Francisco Varona, Santana abandonó la isla clandestinamente y se enroló en la frustrada expedición que a bordo del vapor *Santo Domingo*, salió de Puerto Plata, República Dominicana el 2 de julio de 1880 bajo el mando del Mayor General Antonio Maceo pero la expedición se frustró. Participaría después en la guerra del 95.

nando la Guerra de los Diez Años con el grado de teniente coronel. Pero Santana no descansaba en su inquietud de ver a la isla independiente.

Aquel canario, participa en la Guerra Chiquita uniéndose al General Francisco Varona[67].

Al iniciarse la Guerra de Independencia del año 95 se incorpora a las fuerzas del General José Manuel Capote, en Las Tunas con el grado de General de Brigada. El 31 de octubre de aquel año se une a la columna invasora que avanzará hacia la trocha de Júcaro a Morón, pero ahora el Mayor General Antonio Maceo le dió la misión de regresar a Las Tunas y reincorporarse al mando de su brigada como jefe titular de ella.

Vuelve a sobresalir Julián Santana en los ataques a Guáimaro que se extienden desde el 17 al 28 de octubre de 1896, y en el de Las Tunas que se realiza del 28 al 30 de agosto de 1897. Este admirable español que sentía como pocos la causa de la libertad de Cuba murió en Las Tunas el 31 de julio de 1931 a los 101 años de edad.

Vamos a hablar, ahora, de otro español. De Matías Vega Alemán. El valeroso canario que sirve también en las tres guerras de independencia de Cuba.

Matías Vega Alemán nació en La Palma, Islas Canarias el 24 de febrero de 1841. Pronto se trasladará a Cuba, y se unirá al Ejército Libertador.

Ya para noviembre de 1869 tenía el grado de comandante y dos meses después el 30 de enero de 1870 rechazó un fuerte ataque enemigo a su campamento en Tempú, a sólo 40 kilómetros de Santiago de Cuba. En abril era Matías Vega quien el 9 de aquel mes atacaba el campamento enemigo de Santa Elena, situado en las inmediaciones de Victoria de las Tunas. Poco después acompañará a las tropas

---

[67] Francisco Varona González nació en 1832 en Las Tunas, Oriente, fue combatiente de las tres guerras. En la de 1868 había participado en la reunión conspirativa de el Mijial, se alzó junto con las fuerzas de su primo Vicente García, combatiendo en Playuelas y en la Cuarentena y varios otros encuentros. Estuvo activo en rechazar el Pacto del Zanjón Participa en la Guerra Chiquita pero depuso sus armas en la región de Manzanillo. Volverá a pelear en la Guerra de Independencia.

del Mayor General Calixto García en un nuevo ataque a Guisa, en la jurisdicción de Bayamo, posición que ya antes había sido atacada por fuerzas al mando conjunto del Mayor General Máximo Gómez y el entonces Brigadier Calixto García.

c) GUISA: OBJETO DE CONTINUOS ATAQUES

Guisa, cercano a Bayamo, fue una de las primeras poblaciones atacadas y tomadas por las fuerzas cubanas al inicio de la Guerra de los Diez Años. El primer ataque que recibió esta pequeña población se realizó el 13 de octubre de 1868 por un grupo insurrecto dirigido por el abogado Francisco Maceo Osorio. Cuatro meses después, el 15 de febrero, es nuevamente atacado por fuerzas comandadas por el Mayor General Modesto Díaz en cuya acción el refuerzo que enviaban los españoles fue detenido por la caballería que comandaba el entonces Coronel Calixto García. Y vuelve a ser Guisa teatro de otra importante operación militar cuando el 4 de enero de 1872 lo atacan fuerzas bajo el mando conjunto de Máximo Gómez y Calixto García en una operación que forzó a los voluntarios que la defendían a refugiarse en el fuerte junto con los soldados regulares. Habían pasado unos pocos meses y volvía a ser atacada por una fuerza, de nuevo comandada por Calixto García e integrada por la Segunda Brigada de la División Cuba Holguín.

No era Guisa un poblado indefenso. Contaba con varios fortines rodeados de fosos y trincheras y una guarnición integrada por una compañía del Regimiento Antequera y un número crecido de voluntarios. Además, en el segundo ataque realizado por Matías Vega junto con tropas de Calixto García, el 17 de octubre de 1872 volvió Calixto García, con tropas adicionales de Flor Crombet y del Comandante Mariano Torres a atacarla y en esta ocasión ocuparon aquel poblado fortificado. Volverá Guisa a hacer teatro después de ese encuentro en la Guerra de Independencia cuando es atacado por el Mayor General Calixto García el 28 de noviembre de 1897 con fuerzas combinadas del Brigadier Saturnino Lora, el Coronel Víctor Ramos y la infantería de Baracoa comandada por el Coronel Adriano Galán. Volvamos a Matías Vega.

Luego de su ataque a Guisa acompañando a Calixto García, el español Matías Vega es ascendido a teniente coronel y posteriormente, el 27 de junio del 73, a coronel al ser trasladado a Camagüey para subordinarse al Mayor General Máximo Gómez. Fue herido de gravedad en el combate de Naranjo-Mojacasabe el 10 de febrero de 1874 cuando fuerzas integradas por la infantería oriental y la caballería camagüeyana, bajo el mando superior del Mayor General Máximo Gómez, combatieron contra una columna española compuesta de los batallones de infantería Rayo, León, Aragón, Cortés y Libertad.

Gran importancia tuvo esta batalla, a la que recientemente nos hemos referido, en la que participaron tropas cubanas comandadas por Antonio Maceo, Máximo Gómez y Julio Sanguily frente a fuerzas españolas dirigidas personalmente por los brigadieres Báscones y Armiñán y a la que volveremos a mencionar en distintas partes de esta obra cuando hablemos de algunos de sus participantes.

Sigamos con Matías Vega Alemán quien, de regreso a Oriente se va a identificar con los sediciosos de Lagunas de Varona el 26 de abril de 1875. Se une brevemente a las fuerzas de Vicente García pero pronto se incorpora a las de Antonio Maceo.

Recién había desembarcado en La Habana Martínez Campos (3 de noviembre de 1876) cuando Maceo se estaba dirigiendo a su campamento de la Anguila para iniciar la concentración de fuerzas y comenzar, cuanto antes, su proyectada invasión de Baracoa. Para esto contaba con el español Matías Vega. Como primer paso ataca la guarnición de Sagua de Tánamo mientras otras tropas se apoderaban de los caseríos de Cedro, Juan Díaz y Zabala.

d) LA DERROTA DEL PRÍNCIPE FRANCISCO DE BORBÓN

Van avanzando los mambises por las tierras vírgenes de Moa. El 22 de diciembre (1876) se encuentran Maceo y Vega Alemán en los alrededores de Baracoa. El 23 de aquel mes (diciembre) atacan el poblado de Sabanilla apoderándose del mismo y aniquilando a la guarnición pero tienen una dolorosa pérdida: el Coronel Emilio Nogueras[68] ha sido gravemente herido y muere al día siguiente. Es herido también en ese ataque Guillemón Moncada. Quien se encontraba en Baracoa como Comandante Militar era Francisco de Borbón, un príncipe de la Casa Real de España a quien habían colocado en aquel sitio aislado para que no corriera mayores riesgos en las otras regiones de Oriente donde continuamente se combatía. Mientras se luchaba en los alrededores de aquella ciudad, este Borbón se veía forzado a mantenerse encerrado en Baracoa.

Pero, desobedeciendo las prudentes instrucciones del general español Sabas Marín, comandante general del Departamento Oriental, de mantenerse a cubierto de cualquier ataque de los cubanos, en los primeros días de enero (1877) el Príncipe de Borbón, al frente de sus tropas se decidió a avanzar hacia donde creía que las fuerzas mambisas habían abandonado el antiguo cuartel general español. En ese momento, el 7 de enero, le avisan a Maceo de la fuerte columna comandada por el Príncipe de Borbón. De inmediato traza el general cubano su plan de ataque.

La Segunda Brigada, al mando de Guillermón Moncada, ocuparía el centro; desplegadas en las vías se situaron las fuerzas de la Primera División al mando del Coronel A. Valton, y el Regimiento Holguín con el puertorriqueño Rius Rivera al frente. El ataque lo inició el Comandante Torres que murió en el combate. Maceo ordena una carga general y, en menos de un cuarto de hora, el Borbón y sus tropas fueron arrollados violentamente sobre sus reservas y, arrojados de sus últimas posiciones, fueron perseguidos por la caballería cubana hasta dentro de la ciudad de Baracoa, perdiendo la vida 52 militares, entre ellos un capitán y un teniente (José L. Franco describe en detalle esta acción en su obra ya citada).

---

[68] El Coronel Emilio Nogueras nació en Bayamo y, desde los inicios de la Guerra de los Diez Años, formó parte de la División Cuba bajo las órdenes de Donato Mármol, Máximo Gómez, Calixto García y Antonio Maceo. Participó en distintos combates, entre ellos el Yanal, Sabana de la Piruela, y el Zarzal. En 1874 estuvo a cargo de la Brigada de Santiago de Cuba y, posteriormente, de la de Guantánamo. Estuvo junto a Maceo en el ataque a Fray Benito y en el de Yabazón Abajo. Herido en el ataque al Fortín de Sabanilla, murió el 23 de diciembre de 1876.

A los pocos días, el 9 de enero (1877) estando Maceo solo con las fuerzas del entonces Coronel Matías Vega se tiene que enfrentar a una columna española de más de 2,000 hombres pero Maceo se limitó a hostilizar la columna para continuar hacia Sagua de Tánamo. Son los días en que Estrada Palma ocupaba la presidencia. En la Cámara de Representantes, el 6 de mayo se hacía público el ascenso a Mayor General del Brigadier Antonio Maceo. Coincide con las noticias de que en Santa Rita, Camagüey, se había amotinado Vicente García. Era lo que el Mayor General Vicente García planteaba como un programa político-social. Hablaremos sobre ellos en otras páginas y, ampliamente, en mi próximo libro.

Pero Matías Vega, el intrépido canario, no deja de luchar.

Estuvo posteriormente combatiendo junto al Mayor General Vicente García. Meses después, en enero de 1877 incursiona en la región de Baracoa junto al Mayor General Antonio Maceo. Al siguiente año (10 de febrero, 1878) se acoge Matías Vega al Pacto de Zanjón.

Tomará parte en la Guerra Chiquita, en la provincia de Oriente. Al iniciarse la Guerra de Independencia ingresa al Ejército Libertador el 15 de marzo de ese año. Poco después se incorpora al Estado Mayor del Mayor General José Maceo quien lo coloca al frente de la Brigada Sagua-Mayarí. Atacará Mayarí el 8 de mayo de 1896 y participará Matías Vega en el combate de Loma del Gato el 5 de julio de ese año donde murió José Maceo y pasa a subordinarse a Calixto García[69].

Mencionemos ahora a otro español, también canario.

e) UN ESPAÑOL DE PADRE VENEZOLANO Y MADRE CUBANA

Nacido en Santa Cruz de Tenerife, Canarias, el 20 de junio de 1837 el Mayor General Manuel Suárez Delgado, de padre venezolano y madre cubana, había ingresado, a los quince años en la Acade-

---

[69] Le correspondió al General de División, el español Matías Vega Alemán, el honor de izar la bandera cubana en el Morro de Santiago de Cuba el 20 de mayo de 1902.

mia Militar de Toledo, donde conoció al cubano Enrique Collazo quien, luego, sería su compañero de armas en Cuba.

Será en 1855 cuando, muerto el padre[70] pidió ser trasladado al ejército en Cuba, para acompañar a la madre quien deseaba regresar a su patria. No marchará solo, vendrá con su hermano José que llegará a ser capitán del Ejército Libertador. De regreso temporal en su patria nativa, España, pide a fines del año 1861 su baja definitiva y el 10 de octubre del 68 viaja hacia Nueva York y se pone en contacto con las figuras de la Junta Revolucionaria Cubana y formará parte de la compañía que bajo el nombre de Rifleros de la Libertad llegaba a la Bahía de Nipe el 11 de mayo de aquel año en la histórica expedición del *Perrit* bajo el mando del General Thomas Jordan a quien nos referiremos con frecuencia.

Este español, Suárez Delgado, de padre venezolano, fue asignado a las órdenes de Ignacio Agramonte quien lo nombra Jefe de la Brigada de Caonao.

En junio (1870), es herido cuando fuerzas del Brigadier Bernabé Varona atacan el fuerte Lázaro López de Ciego de Ávila; combatirá después en el Mijial y participará, a las tres semanas (junio 22) en la toma del poblado de Bagá, jurisdicción de Trinidad, y en la destrucción de su ingenio, dirigido por el Brigadier Manuel Peña (quien en abril de 1872 cayó prisionero y murió fusilado). Algunos historiadores afirman que la toma de Bagá ocurrió en abril de 1871.

En junio de ese año fue designado Juárez Delgado jefe de la Brigada Este de Camagüey y en 1872 toma parte de las acciones de Sebastopol y Cascorro[71].

---

[70] Su padre, Joaquín Suárez, natural de Cunaná, Venezuela, era teniente general del ejército español y gobernador de las Islas Canarias, y la Reina Isabel II le había otorgado el título nobiliario de Marqués de las Palmas.

[71] En la región de Cascorro se celebrarán cerca de 10 encuentros desde 1869 a 1896. Los más destacados el librado por Henry Reeves en 1874 y el dirigido por Máximo Gómez en 1896, a los que haremos referencia en este libro. El canario Suárez Delgado participará en el encuentro de Las Yeguas (Camagüey) con fuerzas de Las Villas donde intervinieron tropas de José González Guerra y Julio Sanguily. Tomará parte en los combates de Nuevitas, La Luz, La Sacra y Palo Seco, a los que hacemos mención en otras páginas.

Y habrá de destacarse en Naranjo Mojacasabe este español que tan valerosamente luchó por la independencia de esta tierra que tan generosamente lo recibió. Y en Las Guásimas, su contribución fue notable para que las tropas mambisas pudieran pasar la trocha de Júcaro a Morón en su marcha hacia Las Villas (enero 1875), bajo el comando de Gómez.

Extraordinaria confianza tenía el General Máximo Gómez en este valeroso combatiente que lo acompañó al cruzar Camagüey para su entrevista con el General Vicente García el 20 de julio de 1876 con el fin de viabilizar las diferencias que aún existían luego de Lagunas de Varona y que no pudieron evitar la sedición de Santa Rita (mayo 11, 1877).

Firmado el Pacto del Zanjón marchó Manuel Suárez Delgado a los Estados Unidos desempeñándose como agente clandestino del Comité Revolucionario Cubano durante la Guerra Chiquita[72] y fue de los primeros alzados en Las Villas al iniciarse la Guerra de Independencia en 1895 cuyas fuerzas comandó hasta la llegada de Carlos Roloff y Serafín Sánchez el 24 de julio de aquel año. Cuando fue nombrado jefe de la Segunda División, inmediatamente libra los combates de Loma del Ternero, Las Nueces, donde una columna española atacó el campamento del Teniente Coronel Juan Bruno Zayas; Manajanabo, en las que sus fuerzas combinadas con las de J. B. Zayas hostilizaron por horas al enemigo.

---

[72] Luego de Zanjón se había organizado en Nueva York el club «Hijas de la Libertad» con múltiples delegaciones. En Jamaica se crean tres que presiden Díaz de Villegas, Barrastro y A. Duany y un club juvenil presidido por J. Mainer Hijo.

    El objeto de aquellos clubes creados por el Comité de Nueva York es trabajar por la libertad de Cuba, buscando recursos pecuniarios y elementos de guerra un grupo de emigrantes se reúnen en Jacksonville, el 11 de noviembre de 78 en la casa de Antonio María González, con José Gómez y Gómez constituyeron una mesa provisional siendo elegidos Gabriel Hidalgo, Presidente; Antonio María González, Secretario; (Casasús, obra citada). En Cayo Hueso, el 8 de noviembre de 1878 se reúnen en el Club San Carlos un número crecido de cubanos. Lo preside Rafael Sal Luna, Secretario José Dolores Hoyos y constituyen un centro patriótico que denominarán Club Revolucionario Cubano Número 25. Se ha constituido en los Estados Unidos otro club de emigrados formado por Leandro Rodríguez, el polaco Carlos Roloff, Rius Rosado, Leoncio Prado, presidido por Calixto García.

En el potrero Saratoga que está en la zona de Najasa, del 9 al 11 de junio de 1896 las fuerzas del Ejército Libertador al mando del General en Jefe Máximo Gómez, sostuvieron un continuado ataque a una columna española de 2,000 hombres dirigida por el General Adolfo Jiménez Castellanos[73]. Al amanecer del 10 de junio Gómez marchó con sus fuerzas hacia Saratoga para reiniciar las acciones pero al auxilio del General en Jefe no concurrió Suárez Delgado, aunque estaba con sus fuerzas muy cercanas a la acción, lo que le ocasionó ser depuesto por el más alto oficial del Ejército Libertador. Situación que se superó meses después. Tras participar en distintas acciones Suárez Delgado fue ascendido al grado de Mayor General[74].

Si antes sus tropas ejecutaban frecuentes acciones junto a las de Juan Bruno Zayas, ahora, en 1897 Suárez Delgado, el español de sangre venezolana, las realiza con las de Francisco Carrillo tomando brevemente, a fines de enero, el pueblo de Arroyo Blanco. En Quemados Grandes, en la zona de Sancti Spiritus, fue Suárez Delgado atacado por numerosas tropas en los primeros días de abril de 1897 cuando se encontraba en el campamento de los mayores generales Mayia Rodríguez y Francisco Carrillo. Rechaza el ataque y sobrevive la guerra pero no participará en la vida pública de la República.

f) EL MAYOR GENERAL FRANCISCO VILLAMIL: «EL GALLEGO HEROICO»

Debemos honrar al Mayor General Francisco Villamil como uno de los españoles que comandaban las tropas cubanas en los esfuerzos de los insurrectos de la isla para independizarse de la metrópoli. Era Villamil uno de una quincena de hombres nacidos en la penínsu-

---

[73] La columna española estaba integrada por los regimientos Tarragona y María Cristina, escuadrones del Regimiento de Caballería Hernán Cortés y dos piezas de artillería.

[74] Durante la intervención militar norteamericana este español-venezolano ocupó los cargos de Gobernador Civil de Camagüey e Inspector de Bienes del Estado pero durante la República se mantuvo alejado de la vida pública.

la ibérica que se incorpora al Ejército Libertador y alcanzará los más altos grados militares.

Llega pequeño a Cuba y establece estrechas relaciones de amistad con jóvenes del pequeño Cafetal de González de la Villa y ya profundizadas esas relaciones y, juntos, forma Villamil parte del primer levantamiento en la provincia de Las Villas que se produce el 6 de febrero de 1869 organizado por la Junta Revolucionaria de La Habana dirigida en aquel área por Salvador Machado, Miguel Jerónimo Gutiérrez y Antonio Lorda.

Aquellas fuerzas, que se habían concentrado en Manicaragua, se dirigirán a distintas regiones. Villamil toma el pequeño Cafetal de González. Poco después sigue hasta el pueblo de Esperanza, y, ahora junto a su amigo, el polaco Carlos Roloff, combate en Potrerillo[75] el 26 de marzo, y el 21 de abril el gallego Villamil subordinado al cienfueguero Federico Fernández Cavada ataca Trinidad. Ha participado en otros encuentros. En julio era ya General de Brigada y participa con el venezolano Salomé Hernández Villegas en acciones que lo acercan, aún más, al General Fernández Cavada con quien tras planes extensamente estudiados ataca la ciudad de Cienfuegos, entrando por la calle Reina, sorprendiendo al enemigo, apoderándose del polvorín y tomando la ciudad que fue apresuradamente abandonada por los voluntarios comandados por el gobernador Meras, bajo la Capitanía General de Caballero de Rodas[76].

El 4 de noviembre participa con el dinámico venezolano Salomé Hernández en la acción de Villa del Suazo.

Marchan con frecuencia las columnas de ambos generales, Villamil y Fernández Cavada, pero muchas más separadamente, en la amplia región de Las Villas que pronto la extenderá hasta Cama-

---

[75] Las fuerzas españolas que se enfrentaron a Villamil y Roloff estaban comandadas por el Coronel Morales de Los Ríos (Fuente: Enrique Ubieta «Efemérides de la Revolución Cubana» *obra citada*). El Potrerillo, pequeño poblado en las cercanías de Cienfuegos, L ,V, fue escenario de varios encuentros en distintas fechas: 3 de febrero de 1875; once de enero de 1876, primera semana de marzo de 1896 y el 22 del propio mes y año.

[76] El gobernador provincial Meras fue destituido y sometido a un juicio, junto a otros oficiales, que fueron condenados a pena de cárcel.

güey. En septiembre de 1869 el General Francisco Villamil ataca al poblado de Jobosí, situado a unos 40 kilómetros de Sancti Spíritus y en el mismo mes penetran sus fuerzas en la ciudad de Remedios, en Las Villas. Ataca, sólo para hostilizar y distraer las fuerzas españolas, a la entonces pequeña población de Ranchuelo (de atacarlo y tomarlo se ocupará el General Máximo Gómez, nacido en otras tierras al igual que Villamil, cuando el 17 de enero de 1875 fuerza a la guarnición del pueblo a rendirse a las fuerzas insurrectas).

En los primeros meses del 70 Villamil está atacando las tropas en el Naranjo y, años después (1875) este fortificado poblado, a pocos kilómetros de Sancti Spíritus, es tomado y destruido por el dominicano Máximo Gómez.

En 1870 Villamil amplía su jurisdicción y su acción hacia la provincia de Camagüey pero, antes, va a librar distintas batallas, entre ellas, las de Naranjo y Limones. A principios del 71 ha sido designado jefe de la División de Sancti Spíritus y allí celebra el combate de La Ceniza. Un mes después, en marzo de 1871, Villamil ha cruzado la trocha de Júcaro a Morón encabezando el grupo de villareños que peleará a las órdenes del Mayor General Ignacio Agramonte. En junio resulta gravemente herido en un enfrentamiento con fuerzas españolas en Trinidad de Olano, cerca de Ciego de Ávila. Recuperado, y siempre subordinado al mandato de Agramonte, siguió operando. El 8 de agosto de 1872 combate en El Quemado. Y luego los dos amigos unen esfuerzos para enfrentar las tropas españolas el 10 de agosto de aquel año.

De «*gallego heroico enamorado de la causa cubana*» lo calificó Luis F. del Moral en su obra «Serafín Sánchez: Un Carácter al Servicio de Cuba», cuando Agramonte, nombrado Jefe del Ejército Las Villas, eleva al General Villamil al rango de su segundo en el mando de los hombres allende la trocha.

Leyendo esta detallada biografía del Mayor General Serafín Sánchez, tan unido a Villamil, podemos apreciar mejor el generoso aporte que a la causa cubana ofreció este «gallego heroico» desde que, uniéndose a Roloff, toma el mando de la División San Diego, y Honorato del Castillo lo trae a su lado cuando asume el mando de la

División de Sancti Spíritus y, más tarde José Payán deposita su confianza en *«el gallego Villamil y el andaluz Dorado»* que integrarán su estado mayor, y será Villamil quien habrá de sustituir a su renunciante superior, que será víctima de infundadas intrigas.

Resulta Villamil gravemente herido cuando combatía una columna española en Trinidad de Olano, cerca de Ciego de Najasa, en julio. Sobre este hombre, Villamil, nacido en Galicia, escribía Manuel de la Cruz en su obra «Episodios de la Revolución Cubana»:

«El General Francisco Villamil, natural de Galicia, uno de los militares más activos y tenaces entre los que primeramente pisaron en Las Villas, convaleciendo de una herida grave en el Camagüey, en aquella sazón bajo la jefatura del Mayor General Ignacio Agramonte, dijo a su secretario Julio Díaz:
"La felonía de los Boitel está más clara que el agua. Redacte una orden para que, sin más formalidad que la identificación, sean ejecutados el comandante y el capitán".

Al objetar Díaz esas instrucciones que no estaban de acuerdo con la Constitución de la República ni las ordenanzas, anota de la Cruz la respuesta de Villamil:

«¿No está probada la traición?. Pues que lo maten sin más ni más. Si el Mayor Agramonte me hace pasar por un Consejo y me fusilan; que importa, quede Cuba limpia de traidores, y nada importa un gallego menos[77]».

Y destaca el biógrafo del Moral la habilidad de Villamil en agilizar el inaplazable retiro a la región villareña y el respaldo que recibe, en tan crítico momento, del propio Serafín Sánchez que era, entonces, su ayudante, y como, superadas las diferencias localistas, de regreso a Camagüey, este «audaz gallego» se incorpora nuevamente a las fuerzas villareñas. Será en ese momento, cuando el Mayor

---

[77] Manuel de la Cruz: «Episodios de la Revolución Cubana», *obra citada.*

Agramonte es nombrado Jefe del Ejército de Las villas, que Villamil —como antes habíamos señalado— lo designa como su segundo en las inquietas Villas distinción que se ha ganado «por su valentía y por sus hechos» aunque pronto caerá herido de muerte.

Mientras permanece en Las Villas, el «gallego Villamil» tendrá a su lado a «Pancho» Jiménez, valeroso y pintoresco combatiente espirituano que se vio envuelto en pintorescos encuentros con otro cubano que ocupaba una alta posición en las fuerzas armadas españolas. Veamos algunos de esos episodios.

Las últimas batallas comandando sus respectivas tropas el español Villamil y el cubano Fernández Cavada (quien morirá en 1871) tendrán como escenario Remedios y Sancti Spíritus. El último combate lo realizará el 8 de agosto de 1832 el admirado Francisco Villamil atacando el Fuerte en El Quemado y dos días después el de La Vega. En 1873 ya postrado, moriría el español Villamil que luchó con valor y limpieza por la libertad de Cuba.

g) VERSIONES OPUESTAS DE DOS CUBANOS EN LOS PRIMEROS CUATRO AÑOS DE LA GRAN GUERRA

Francisco Jiménez Cortés, más conocido como Pancho Jiménez, había nacido en Sancti Spíritus, alrededor de cuya zona, como miembro del Ejército Libertador peleó siempre bravamente. Su valor, que todos reconocían, no iba, necesariamente, unido a su conducta y comportamiento personal.

Francisco de Acosta y Alvear había nacido también, como Pancho Jiménez, en la isla. Pancho, con sus virtudes y defectos, amaba la tierra en que lo vio nacer. Acosta y Alvear se sentía más atado a las tropas que ocupaban a la isla como colonia, y tenía a su cargo la comandancia de Sancti Spíritus, Remedios y Morón. Ambos chocarían, militarmente, con frecuencia una y otra vez en aquella región vinareña.

Veamos tres o cuatro episodios narrados, separadamente por ambos personajes.

A Pancho Jiménez su carácter indisciplinado no le impedía librar combates en Guayabal, Ciego Potrero, Nuevas de Jogosí, la Caridad, y otros puntos que rodeaban Sancti Spíritus, ni el pundonoroso militar cubano de Acosta y Albear se sentía avergonzado de ser el comandante del Batallón de Orden, compuesto por presidiarios y por la más repulsiva escoria de las fuerzas españolas. Existió, entre estos dos hombres que vivían en Sancti Spíritus, mutua repulsión. Nos referiremos tan sólo a uno de los muchos incidentes ocurridos en la villa espirituana.

Transcurre el año 1874. Hay fiesta en la entonces pequeña ciudad. Pancho Jiménez avanza, con sus tropas insurrectas, hacia la Calle Amargura donde se encuentra la residencia del flamante Comandante del Batallón del Orden, don Francisco de Acosta y Alvear. Toca en ella, repetidamente y logra entrar y –repetimos las palabras del biógrafo Luis F. del Moral– *«Pancho Jiménez, con su inesperada cortesía fuerza la inmersión del connotado personaje en el depósito de estiércol de sus caballerizas».*

Veamos la descripción que de esta afrenta, sobre él cometida, relata Acosta y Alvear:

Hablando en tercera persona el militar que comanda orgullosamente las tropas españolas afirma que: *«Unos de los 150 hombres llegaron a la casa del Brigadier de Acosta la que trataron de allanar, aunque no lo efectuaron».* Pero todo el pueblo conoció el penoso incidente que no fue el único ocurrido entre estas dos personas bien conocidas en aquella comunidad. El segundo le costaría su posición al militar cubano al servicio de España.

En su libro «Pasado y Presente de Cuba» publicado en Madrid en 1875 se refería, en ocasiones con respeto hacia los insurrectos. Luego de narrar este episodio con Pancho Jiménez, que antes mencionaba, terminaba en estos términos la descripción de aquel, para él bien desagradable incidente:

«En los tres cuartos de hora que permanecieron en la ciudad respetaron personas y efectos, pagando lo que tomaron y dejando en libertad a muchos jefes y oficiales que quedaron en la calle en dirección a los puestos que todos tenían señalados en la orden general, a los cuales no acudieron las fuerzas de voluntarios ni bomberos, ascendentes las pri-

meras a más de 800 hombres y unos 200 la segunda, dispersándose sus retenes, guardias y patrullas por la sencilla razón de no querer nadie singularizarse contra un enemigo que todo lo respetaba y a nadie dañaba, especialmente cuando la opinión pública persistía en la idea de que grandes fuerzas enemigas pronto invadirían el distrito».

Este coronel e historiador, Francisco de Acosta y Albear lamenta públicamente la inoportuna presencia en la isla del señor Ministro de Ultramar que realizó, hasta cierto punto, la *expedita acción del gobernador y capitán general tan apremiantes, que hubiese motivado excitaciones altamente inconvenientes.* Esta crítica le costaría su posición.

No todo era negativo en las afirmaciones del cubano de Acosta y Albear que comanda tropas españolas al hablar de los mambises:

«*A los insurrectos, con apasionada injusticia, se les negaba valor e idoneidad para la guerra, cuando les sobraban estas cualidades y una abnegación sin ejemplo. Aunque no pudiesen utilizarla mientras no llegaron a tener buenas armas, municiones suficientes y organización, que, al fin con nuestros errores y negligencias, lograron poseer*» (Página 33 de la obra citada).

h) OTROS ESPAÑOLES JUNTO A LOS MAMBISES

Llegan de la península ibérica otros hombres. Algunos españoles que habían servido en las fuerzas militares de su país que al ser licenciados pasaron a Cuba, crearon familias, sólidas amistades y llegaron a sentir como propia la tierra que los había recibido con afecto y aprecio.

Este es positivamente el caso de Quirino Reyes el joven madrileño que habiendo nacido en 1847 viajó a Cuba y terminó la Guerra de los Diez Años con grado de Teniente del Ejército Libertador luego de tomar parte en varios encuentros. Participará Quirino Reyes Piedra en las tres guerras emancipadoras.

En la Guerra Chiquita se alzó en Cifuentes, Las Villas, en noviembre de 1879 al tiempo que Emilio Núñez[78] lo hacía en la cercana Sagua la Grande y, muy distante de su área, se levantaban Francisco Carrillo en San Juan de los Remedios y Serafín Sánchez en Sancti Spíritus. Fue el de Las Villas un alzamiento algo demorado porque ya, en agosto se habían pronunciado en Oriente distintos dirigentes: José Maceo y Quintín Banderas, en Santiago, y en Holguín Belisario Grave de Peralta (su hermano Julio había muerto combatiendo en 1872). Desorganizada, y sin recursos, terminó muy pronto aquella insurrección.

Pero Quirino Reyes, como otros muchos, estuvo presto en el nuevo, y definitivo intento, que dio inicio a la Guerra de Independencia en 1895. El madrileño Reyes se alza en Sancti Spíritus junto con una docena de patriotas a las órdenes del Coronel Joaquín Castillo López, participando en el combate de Mal Tiempo con las fuerzas del Mayor General Serafín Sánchez, acompañando poco después a la columna invasora por las provincias de Las Villas y Matanzas hasta el primero de enero de 1896 en que regresó a Las Villas. En octubre formaba parte del Estado Mayor del espirituano Sánchez.

Parecido fue el caso de Eduardo Cordón Arallona, nacido en el pequeño pueblo de Bujolousa, Granada, España, en 1826. Era oficial del Ejército Español cuando fue trasladado a Cuba y después de ser licenciado se radicó en Cacocum, Oriente. Ya tenía 40 años cuando el 14 de octubre del 68 se alzó junto con Julio Grave de Peralta a quien lo unía una estrecha amistad. Ya, desde antes, Julio, amable, afectuoso, había establecido las más cordiales relaciones con Carlos Manuel de Céspedes y otros, en los pasos previos que condujeron al levantamiento del 10 de octubre. Uno de ellos, la llegada del Perrit que comenzó a desembarcar hombres y materiales el 11 de mayo, responsabilidad que unió más al español amigo Eduardo Cordón con el cubano Julio Grave de Peralta[79].

---

[78] Emilio Núñez Rodríguez nació en Sagua la Grande y combatió en las tres guerras.
[79] El 30 de diciembre de 1868 ataca a Holguín.

Ya, desde el inicio de aquella lucha permanecieron vinculados Julio, Eduardo Cordón y Pedro María Mercier los que pudieron con prontitud asistir al desembarco del *Perrit*[80].

Como vemos, el español Eduardo Cordón es uno de los primeros en acudir en auxilio de los expedicionarios del vapor *Perrit*. Su vida fue lamentablemente muy corta porque poco después, cuando se encontraba acampado convaleciendo de una enfermedad, fue sorprendido por tropas enemigas y brutalmente asesinado a machetazos.

José Callejas, nacido en España, se había asentado en Esperanza, cerca de Santa Clara y a los pocos meses de comenzar la Guerra de los Diez Años el Presidente Carlos Manuel de Céspedes lo designó en marzo del 69 Jefe de la División de Sagüa la Grande y participará en el ataque al pueblo de Guaracabuya el 4 de septiembre de 1869 pero morirá el español Callejas en el encuentro de Manajanabo, a unos pocos kilómetros de Santa Clara el 14 de mayo de 1869[81].

Este español, José Callejas, se había unido en Las Villas, a la causa cubana.

Como dijimos, poco tiempo de vida le quedará a este joven español que había alcanzado el grado de coronel cuando en el combate de Manajanabo, al este de Santa Clara, peleando junto a las tropas del Mayor General Federico Fernández Cavada muere en aquel encuentro contra una columna constituida por los Voluntarios de Cádiz.

i) LOS HERMANOS HERNÁNDEZ VARGAS

---

[80] José Abreu Cardet «Julio Grave de Peralta». *Obra citada*.

[81] Días después se produce otro encuentro en este mismo sitio cuando tropas del Comandante Gastón de Foix, de las tropas del Mayor General Federico Fernández Cavada vencen a la columna de los Voluntarios de Cádiz. Volverá a pelearse en esa pequeña población en la Guerra del 95 cuando fuerzas comandadas por el Coronel Juan Bruno Zayas se enfrentó en combate de más de nueve horas a tropas españolas. Volverán a producirse otros dos encuentros en el mismo sitio en el año 96 por tropas cubanas dirigidas por el General Serafín Sánchez (8 de febrero, 1896) y por Máximo Gómez (14 de junio, 1896).

Dos españoles hermanos nacidos en Las Canarias se incorporan a las fuerzas insurrectas cubanas. Uno de ellos Jacinto Hernández Vargas nacido en Tenerife el 12 de mayo de 1865 y que a los doce años viajó a Cuba para reunirse con sus padres, ya establecidos en el poblado habanero de San Antonio de las Vegas donde comenzó a desempeñarse como juez municipal, contrayendo matrimonio con la cubana Florinda Pérez.

Jacinto Hernández Vargas, era ya alcalde de aquella población habanera y tras conversación con Máximo Gómez[82], cuando la columna invasora llegaba a aquella provincia, subordinándose al entonces Teniente Coronel Adolfo del Castillo, y días después al Mayor General Antonio Maceo. El canario Hernández Vargas asumió el mando de la brigada que, hasta su muerte, dirigía el General de Brigada Adolfo del Castillo el 25 de octubre del año 1897. Participará en varios combates; entre ellos el de el Plátano, el Navío, la Güira y Flor de Mayo.

Como decíamos, Jacinto Hernández se incorporó a las tropas comandadas por el General Adolfo del Castillo, junto con otros miembros de la comunidad de San Antonio entre los que se encontraban Daniel Perea, Agustín Valle, Clemente Acosta, Nano Valderrama, Felipe y Braulio García y otros insurrectos[83]. Inmediatamente participa en el asalto a Bejucal, San Felipe, San José de las Lajas y otros.

Hernández Vargas, alcalde de San Antonio de las Vegas cuando llegaron a la provincia de La Habana las fuerzas invasoras, se compromete en una entrevista con Máximo Gómez para levantarse en armas. Se elabora un plan de alzamiento entre Jacinto y su hermano Faustino que, como expresamos, tenían a su cargo el Cuartel de Voluntarios. Fue jefe de la Brigada Centro de la Segunda División del Quinto Cuerpo sustituyendo al Brigadier Adolfo del Castillo. Su

---

[82] Bernabé Boza en «Mi Diario de la Guerra» anotaba que «según me dicen es ibero, pero tiene acento y tipo de criollo».

[83] *La Enciclopedia de Cuba*, Miami, Florida, Cap. VII.

zona de operaciones abarcaba los poblados de Bejucal, San Felipe, Quivicán, Güines, San José de las Lajas y Melena del Sur.

Antes de asumir el mando ya el español Jacinto Hernández había participado, bajo el comando de Mayía Rodríguez y Alejandro Rodríguez, protegidos por el Teniente Coronel Rosendo Collazo, en la batalla de Flor de Mayo (14 de mayo de 1896) contra los batallones de los Regimientos Barbasro y Albuela que estaban el mando del Coronel Francisco Rodríguez. En el encuentro murió el Alférez Alberto Collazo, hermano de Rosendo[84].

Vuelve Jacinto a servir a las órdenes José María Aguirre cuando este campamento de El Plátano es atacado el 3 de diciembre de 1896 en cuyo encuentro muere el Teniente Coronel Verdecia.

Su hermano, Faustino, siendo jefe del Cuartel de Voluntarios se apropió de 64 fusiles que allí se encontraban y de 188 fusiles Remington y 14,000 cápsulas que habían solicitado al general español Arsenio Linares para movilizar a los vecinos y enfrentar la invasión. El 10 de febrero de 1898 los dos hermanos Jacinto y Faustino se alzaron con 384 hombres obteniendo el grado de comandante otorgado por Máximo Gómez.

Al morir el Brigadier Adolfo del Castillo[85], Jacinto[86], repetimos, ocupó la jefatura del Centro de la Segunda División del Quinto Cuerpo que tenía como centro de operaciones los poblados de Bejucal, San Felipe, Quivicán, Güines, San José de las Lajas y Melena del Sur.

---

[84] Los coroneles Rosendo y Emilio Collazo García, nacidos en Las Mangas, Pinar del Río, sobrevivieron la guerra. Su otro hermano, Aurelio, nacido en Bejucal, murió en el combate de la Cuna, en Güira de Melena, el 8 de mayo de 1896, luego de participar, entre otros, en los encuentros de Mi Rosa, Peñalver, Bufau, Chirigota, Río Blanco y Los Catalanes.

[85] El General de Brigada Adolfo del Castillo Sánchez había sido herido el 12 de febrero del 96 en el ataque a Madruga y, nuevamente, en el combate de Loma del Hambre el 4 de abril de 1897, combatiendo a tropas de la columna del Regimiento Caballería de Villa Viciosa dirigida por el Teniente Coronel Zabalsa y vuelve a ser herido en el de Santa María del Rosario el 28 de junio de aquel año y en el de Colmenar el 25 de julio de ese año, hasta morir, macheteado, como antes su hermano, por fuerzas enemigas el 25 de octubre de 1897.

[86] Su hermano Faustino murió en la Guerra de Independencia macheteado por una guerrilla.

Finalizando la Guerra de Independencia Hernández Vargas tomó el poblado de Güines y el 16 de julio de 1900 fue elegido alcalde de esa ciudad y poco después participó activamente en la política. En 1908 resultó electo representante. Murió el 8 de mayo de 1951.

Su hermano Faustino, se incorpora a los insurgentes atacando el fuerte de la Loma Vista Alegre en San José de Las Lajas (15 de Junio de 1897). Posteriormente murió macheteado por una guerrilla.

Al terminar la guerra Jacinto participó políticamente en Güines donde fue electo alcalde de aquella ciudad y respaldó el levantamiento que se produjo en agosto de 1906 en la inscripción de reelección de Don Tomás Estrada Palma.

Pero otros peninsulares también se unen a la causa cubana. En Cádiz, España, nacía Diego Dorado a quien sus amigos llamaban «el andaluz». La familia se trasladó a Cuba y, pronto comenzó el jovial Diego a crear estrechos lazos de amistad con muchachos de su misma edad. Juntos se hicieron hombres. Los unía el innato sentimiento de rebeldía y de rechazo a la opresión. Junto a muchos de sus mejores amigos, en los primeros meses del 68 comenzó a colaborar con la Junta Revolucionaria de Sancti Spíritus preparando con Marcos García Castro[87] el alzamiento de los hombres de aquella región que se realizó el 20 de febrero de 1869. Recibiendo el ascenso a coronel el 15 de noviembre del siguiente año estando subordinado al General de Brigada Marcos García.

Participa en las acciones de Paso del Castaño y Santa Elena formando parte de la División de Sancti Spíritus, y muere en la acción de Las Varas (Pozo Azul) combatiendo a las guerrillas de Castilla[88],

---

[87] Marcos García Castro fue uno de los severos críticos del Presidente Carlos Manuel de Céspedes. Al terminar la Guerra de los Diez Años se afilió al Partido Liberal (autonomista y en la Guerra del 95. Insistió en que los cubanos abandonaran la lucha armada. En 1897 aceptó la posición de gobernador civil de Las Villas.

[88] No confundir estos encuentros de Paso del Castaño y Santa Elena con otros de los mismos nombres que se efectuaron en lugares y fechas distintas; ni el de Pozo Azul (Las Varas) con el que se libró también en Arroyo Blanco, Sancti Spíritus, el 23 de septiembre de 1895 bajo el mando de Carlos Roloff y parte de la escolta de Serafín Sánchez.

en la finca Las Varas, también conocidas como Pozo Azul; precisamente el mismo sitio en que 24 años después se producirá una intensa batalla dirigida por el entonces Mayor General Carlos Roloff y el General Serafín Sánchez que ocasionaría grandes bajas a ambas partes.

Hablemos de otro español.

José Sabino Caillet Barrantes, español, era alférez del Segundo Regimiento de Lanceros de la Reina cuando pidió su licenciamiento en La Habana el 4 de mayo de 1852.

Se traslada a la jurisdicción de Bayamo donde contrajo matrimonio con una joven cubana. Pasa luego a Las Villas. Había tenido relaciones de amistad con el Presidente Carlos Manuel de Céspedes y al iniciarse la Guerra de los Diez Años le ofreció sus servicios al ya Presidente Céspedes quien, por su capacidad militar lo ascendió a brigadier en reconocimiento, también, a sus labores conspirativas. Participó en varias acciones y al morir en combate, Carlos Manuel de Céspedes le escribe a su viuda el 5 de julio de 1871 expresando lo siguiente:

> *«Apreciable amiga: Con harto sentimiento he sabido la irreparable pérdida que ha hecho de su querido esposo, y de mi fiel amigo y de la Patria, de uno de los más leales, decididos y ardientes defensores de su independencia, por lo que estamos de pésame, y tengo el imprescindible deber de manifestar a usted mi aguda pena, y mi disposición a ofrecerle mis servicios en cuanto está en mis facultades, y no los menos sagrados de fraternidad y patriotismo con el malogrado amigo Caillet»*[89].

Nacido en España pero asentado desde muy joven en la provincia central cubana, José Caillet se unió a los comienzos de 1869 a los insurrectos cubanos en La Esperanza y en el mes de marzo el

---

[89] Fernando Portuondo y Hortensia Pichardo: «Carlos Manuel de Céspedes. Escritos», *obra citada*.

Presidente Céspedes lo nombró jefe de la División de Sagua la Grande con grado de coronel. Fue muy corta la vida militar de este hombre que participa en el ataque a Guaracabuya el 4 de septiembre de 1869 y muere en el combate de Manajanabo (también conocido como Manajuabo)[90], al este de la ciudad de Santa Clara sirviendo en las fuerzas del Mayor General Federico Fernández Cavada al alistarse a una fuerza de Los Voluntarios de Cádiz.

También adquiere la finca Corralito, en Cauto Embarcadero y al iniciarse la Guerra de los Diez Años, como sabemos, ofreció al Presidente Céspedes sus servicios.

En junio de 1871 cayó combatiendo durante un enfrentamiento con la contraguerrilla del Segundo Regimiento de Caballería del Rey.

j) JOSÉ ÁLVAREZ PÉREZ, «EL GALLEGO» Y ÁLVARO CATÁ JARDINES

De la Coruña, Galicia, llega José Álvarez Pérez en 1874 cuando contaba tan sólo 3 años de edad. Su familia se radica en Matanzas y creciendo y haciéndose hombre junto a los jóvenes de aquella región no resulta sorprendente que «el Gallego», como todos lo conocían, se alzara el 2 de junio de 1895 junto a aquel amplio grupo de amigos en Alacranes, incorporándose a las fuerzas del entonces Coronel

---

[90] Se conoce de tres encuentros distintos en el área de Manajanabo. En el que muere el español Callejas, el que se produce el 28 de noviembre del 95 con fuerzas del Coronel Juan Bruno Zayas; el de La Solapa, sostenido el 8 de febrero de 1896 por fuerzas del Regimiento Máximo Gómez y la escolta del Mayor General Serafín Sánchez enfrentándose a la columna del general español José López Amor en cuyo encuentro participó el entonces Coronel José Miguel Gómez. Otro combate de igual nombre se produce tres meses después en mayo 14 cuando tropas bajo la dirección del General en Jefe Máximo Gómez se trabó en combate tras prepararle una emboscada a las fuerzas españolas.

Eduardo García Vigoa[91], formando parte de la Columna Invasora junto a la que participa en los combates de Coliseo y Calimete.

En el primero, Coliseo, participa en el asalto a esa población cuando se han unido las fuerzas del General Máximo Gómez y del Lugarteniente General Antonio Maceo en el mes de diciembre de aquel año. La población estaba protegida por tropas españolas que formaban parte de los batallones Regimiento de Asturias y Regimiento de Navarra. Participarán en este combate fuerzas del Mayor General Serafín Sánchez comandadas por el Comandante Loynaz del Castillo y la mayor importancia de este encuentro fue la de impedirle a Martínez Campos, que dirige personalmente las tropas, detener la marcha de la columna invasora.

Terminaba octubre (1895) cuando cruza Gómez la provincia por la trocha de Júcaro a Morón y ya en territorio villareño sostiene los combates de Las Delicias, La Campaña, Monte Oscuro y otros, y habrá de encontrarse con Maceo el 29 de noviembre (1895) en el potrero Lázaro López, en Sancti Spíritus donde analizan los puntos para continuar la invasión hacia Occidente. Juntos, Gómez y Maceo, librarán los combates de Iguará, Casa de Tejas, el Quirro, Mal Tiempo, La Colmena y Coliseo, comenzando, semanas después su quinto encuentro en la provincia de La Habana para atraer las tropas enemigas y facilitarle a Maceo el pase de sus tropas para culminar con la invasión en Mantua.

Volverá Álvarez Pérez a encontrarse con Maceo el 19 de febrero de 1896 en Casoto, cerca de Jaruco y las acciones de Socorro, Navajas, Alhambra, El Agrabo, Algarrobo y El Asiento donde se separan nuevamente, ya por última vez, en El Galerón, Matanzas, el 11 de marzo de 1896.

---

[91] Eduardo Apolonio García Vigoa había nacido en San Cristóbal, Pinar del Río, el 9 de febrero de 1862. Llegará a General de División, luego de participar en distintos combates entre ellos Sabanilla del Encomendador el 22 de enero de 1896, en el de Hato, el poblado de Roca, el de Majuaní, Palma Sola, Ceja de Pablo y otros. Al terminar la guerra ocupó la alcaldía de Los Agrabos se enfrentó a la reelección de Tomás Estrada Palma y en 1920 fue electo gobernador de la provincia de Matanzas.

La otra batalla mencionada, Calimete, en la que participa el Gallego Álvarez Pérez, se produce poco después, el día 29 (1895) cuando las tropas de Gómez y Maceo, junto con las de Serafín Sánchez, se enfrentan a batallones de los Regimientos Navarra y María Cristina. Fue otro intento de impedir la incontenible marcha de las tropas invasoras.

Ya para entonces Álvarez Pérez marchaba con las fuerzas del Mayor General Antonio Maceo acercándose a Güines y participa en los ataques a Jaruco y Nueva Paz. Esta acción de Nueva Paz en la que toman parte fuerzas cubanas de distintas provincias (Oriente, Camagüey y Pinar del Río) bajo el mando superior de Antonio Maceo, demoró el avance de la columna invasora que enfrentó las tropas del batallón de Almanza.

Álvarez Pérez es herido en el encuentro de Hato de Jicarita (el mes de julio de 1896), lo que no le impidió tomar parte en los encuentros de Cabezas y Bolondrón.

Sólo intervino en la actividad política de la república, enfrentándose, bajo las órdenes de Roberto Méndez Peñate, a la lucha que se originó por la reelección del General Gerardo Machado.

Nacido también en España llega a Cuba Álvaro Catá Jardines que ya el 28 de agosto de 1895 se incorpora al Ejército Libertador, por parte de la Brigada de Holguín, pasando luego al Cuartel General que operaba en Las Tunas y Puerto Padre y, posteriormente, era ya Jefe del Estado Mayor del Segundo Campamento que operaba en la región de Bayamo, terminando la guerra con el grado de coronel y ocuparía la posición de representante a la Cámara en el Primer Congreso de la República por la provincia de Oriente del 5 de mayo de 1902 al 19 de febrero de 1904.

De débil constitución física, Catá Jardines ocuparía luego la posición de sub-inspector de aquel cuerpo que es la posición que mantendría al terminar la Guerra de Independencia.

De Asturias llegaba a Cuba en años anteriores Valentín Menéndez que en mayo del 96 ya tenía la graduación de teniente coronel y jefe de un regimiento en la provincia de Matanzas. Dirige tropas del sur de aquella provincia y morirá combatiendo en Aguada de Pasajeros con el grado de Teniente Coronel.

k) JOSÉ FERNÁNDEZ MAYATO

En la misma época que se desempeñaban José Álvarez y Álvaro Catá arribará de Tenerife, Islas Canarias, José Fernández Mayato que alcanzaría el grado de Teniente Coronel luego de incorporarse al Ejército Libertador el 9 de agosto de 1895 como simple soldado con las fuerzas que estaban al mando del General de Brigada Agustín Cebreco, en la región de Cambute, aquella zona donde tanto se distinguió en la Guerra de los Diez Años José de Jesús Pérez que con tanta lealtad había servido al entonces Presidente Carlos Manuel de Céspedes.

Una de las primeras acciones de Fernández Mayato fue la de asistir al desembarco de la expedición del vapor *Horsa* que había tratado de atracar por Cabañas, cerca de Santiago de Cuba el 15 de noviembre del 95 y venía comandada por los Generales Francisco Carrillo y José María Aguirre. En esta expedición venía el coronel venezolano Fernando Álvarez, que fue capturado junto con cuatro expedicionarios. Tras severos accidentes en el desembarco pudieron desembarcar arreando pequeños botes cerca del Morro de Santiago de Cuba.

Pasaría después Fernández Mayato a la Brigada de Cárdenas bajo las órdenes del cardenense Carlos María Rojas[92], que estaba incorporado a las fuerzas del General de Brigada José Lacret.

Por el arrojo mostrado en distintos combates este valeroso español fue nombrado Jefe del Regimiento de Infantería Cárdenas de la

---

[92] Carlos María Rojas había nacido en Cárdenas el 14 de marzo de 1862 e ingresó en el Ejército Libertador el 26 de enero de 1896 incorporándose a las fuerzas del General de Brigada José Lacret. Participó en distintos combates entre ellos el de Santa Ana, sirviendo en el desembarco del vapor *Comodoro*, bajo el mando del entonces Comandante Ricardo Trujillo. Sostuvo los combates de Cajuaní, Piedras de Camariocas, Santa Amalia, La Guinda, Tierras Nuevas y otros. Sobrevivió aquella guerra y ocupó distintas posiciones en la República.

Brigada del mismo nombre. Herido en uno de estos encuentros le quedó inutilizado su brazo izquierdo.

l) COLISEO Y CALIMETE

Algunos de estos españoles sevirán en dos importantes encuentros a las órdenes de Serafín Sánchez. El combate de Coliseo se produce el 23 de aquel mes cuando volvieron a unirse en aquella población las tropas comandadas por Máximo Gómez con las dirigidas por Antonio Maceo. Participarán en aquel combate la escolta del General Serafín Sánchez, bajo el mando del Comandante Loynaz. Fue intenso el combate aunque de breve duración pero representó una derrota personal para Martínez Campos que comandaba las fuerzas españolas. Por el combate de Coliseo, el *Diario de Cádiz*, solamente insertaba una noticia de agencia en la que se aseguraba que había habido un combate en el Barrio de Coliseo del término de Guamacaro con muchas bajas por ambos bandos, pero que no se conocían cifras exactas (edición de *Diario de Cádiz* mencionada por Barajas Montaña). Continuarán avanzando las fuerzas cubanas que ahora se dirigen hacia Calimete.

Será el 29 de aquel mes de diciembre que las fuerzas de las máximas figuras del Ejército Libertador, Máximo Gómez y Antonio Maceo vuelven a vencer en Triunfana, cerca de Calimete a tropas españolas. Esta vez con batallones de los regimientos de Navarra y María Cristina que llegaban en tren procedentes de Real Campiña y estaban bajo el mando del Teniente Coronel Emilio Perera, cuya vanguardia estaba dirigida por el Capitán Cabello. El encuentro de Calimete le produjo a los españoles una baja de 22 muertos y 75 heridos y las de los cubanos serían 16 muertos y 69 heridos. Tiene, el Gallego Álvarez Pérez importante participación en este combate porque, unido a las tropas del Mayor General Maceo, entra a la provincia de La Habana hasta llegar a Güines, combatiendo en esa provincia en los ataques a Jaruco y Nueva Paz. En el primero, Jaruco, las fuerzas cubanas toman el poblado y obtienen un abundante botín de fusiles, cartuchos, víveres y otros efectos. En el de Nueva Paz, la columna en que milita el Gallego Álvarez Pérez se enfrenta a una columna integrada por un batallón del Regimiento de Almanza y el encuentro se produce cerca de la zona pantanosa de Guanamón.

Ahora regresa Álvarez Pérez a su provincia donde en Hato de Jicarita es herido (3 de julio, 1896), pero no le impide al mes siguiente tomar parte en el ataque al poblado de Cabezas en el que participa junto con las fuerzas comandadas por el Brigadier Pedro Betancourt en los varios que se producen en Bolondrón en los meses de julio y agosto de aquel año 96; el primero de éstos estará dirigido por el Comandante Pío Domínguez y los de agosto por el teniente coronel Benito Socorro y el teniente coronel Alfredo Gould.

En la fase final de la Guerra del 95 el Comandante José Álvarez, el Gallego, se distinguirá al dirigir 200 efectivos cubanos contra una columna española dirigida por el Coronel Avía. Fue un encuentro prolongado que se extendió por dos días[93].

Hay un español cuyo lugar de nacimiento aún se discute. Para muchos, los más, Álvaro Catá Jardín nació en España en 1866; para otros historiadores había nacido en Guantánamo.

Los datos ciertos son que Álvaro Catá ingresó en el Ejército Libertador el 25 de agosto de 1895 incorporándose como un simple soldado en la Brigada de Holguín pasando posteriormente al Cuartel General de la Tercera División que operó en Las Tunas y Puerto Padre; más tarde pasó a la Segunda División que operaba en la región de Bayamo llegando a ser, el 4 de octubre de 1897, el Sub-Inspector del Segundo Cuerpo de aquella División con cuyo grado terminó la Guerra de Independencia.

Al constituirse la República fue miembro de la Cámara de Representantes por la provincia de Oriente desde el 5 de mayo de 1902 al 19 de enero de 1904.

---

[93] José Álvarez Pérez, el Gallego, terminó la guerra subordinado, como lo hizo desde el principio de la contienda, al Coronel Eduardo García Vigoa.

m) JOSÉ MIRÓ ARGENTER. COMBATIENTE E HISTORIADOR

Es José Miró Argenter, nacido en Sitges, Cataluña, España, el 4 de marzo de 1851 el español de más renombre en nuestra guerra emancipadora.

Había sido miembro del ejército carlista en España donde alcanzó el grado de teniente y el cargo de jefe de compañía. En mitad de la Guerra de los Diez Años embarcó en 1874 hacia Cuba y se estableció en La Habana, trasladándose, dos años después a Santiago de Cuba donde conoció al Mayor General Antonio Maceo en el almuerzo de despedida que se le ofrecía antes de abandonar la isla después de concluida su participación en la Guerra del 68.

José Miró Argenter, catalán, graduado de bachiller en Barcelona se incorpora, en unión de varios amigos, a un levantamiento en armas bajo la bandera carlista.

A mediados de 1874 llegaba Miró Argenter a Cuba y conoce al Mayor General Antonio Maceo en el almuerzo mencionado que se le ofreciera el 8 de mayo del 78 antes de abandonar la isla al terminar la Guerra del 68. Trabajaría después en el Ingenio Río Grande, propiedad de la familia Casasús, también catalanes, marchando luego a Santiago de Cuba para dedicarse al periodismo, estableciéndose después en Holguín donde fundó el periódico *La Doctrina*.

Al llegar luego Maceo a Santiago de Cuba en 1890 se puso Miró a sus órdenes y expulsado Maceo por el entonces Capitán General Camilo García Polavieja y del Castillo, se retiró Miró a Manzanillo poniéndose en contacto con Bartolomé Masó, Jesús Calvar, Guillermón Moncada y otros.

El catalán Miró colaboró con el plan Gómez Maceo, en la provincia de Oriente que no llegó a cristalizar.

n) LA CONSPIRACIÓN DE LA PAZ DEL MANGANESO

Poco se conoce, porque de ella apenas se ha escrito, la extensa conspiración que bajo ese nombre «La Paz del Manganeso» se fraguó en Cuba en los años que siguieron al otro poco conocido «Plan

Gómez-Maceo» que trata de realizarse al concluir la Guerra Chiquita.

Fracasada esta última de tan breve duración y actividad surge en la mente de antiguos combatientes desterrados la idea de combinar un alzamiento armado con la toma de las principales fortalezas de Santiago de Cuba y el desembarco de expediciones armadas. El plan se llevaría a efecto cuando el gobierno español autorizase la presencia en La Habana de Antonio Maceo quien, supuestamente, vendría a la isla para liquidar propiedades familiares.

En los planes participan hombres de prestigio y, muchos, de probado valor: Manuel y Julio Sanguily, Juan Gualberto Gómez, Juan Bruno Zayas, Francisco Carrillo, Serafín Sánchez, Bartolomé Masó, Guillermón Moncada, el dominicano Félix Marcano y el antiguo General de Brigada Esteban Tamayo, entre otros muchos. Uno de los que toma parte activamente en esta conspiración es el bayamés Mayor General José Manuel Capote Sosa, quien luego de caer prisionero y ser trasladado a las prisiones de Chafarinas, al quedar libre toma parte en esta fallida conspiración de La Paz del Manganeso.

Muchos fondos se habían recaudado y tenían asegurada la participación de gran número de personas responsables en la comunidad cubana. Ya habían fijado la fecha para el alzamiento cuando se da a conocer el nombramiento del General Camilo Polavieja como el nuevo Capitán General quien, siempre temeroso y sospechoso de Maceo, dió órdenes inmediatas de desterrarlo. Las órdenes fueron cumplidas de inmediato. El 29 de agosto Maceo –a cuyo alrededor se reunían los más sobresalientes jóvenes en La Habana y en Santiago–, era embarcado en el vapor *Cienfuegos* rumbo a Jamaica. Quedaba, así, liquidada por la experiencia e intuición de Polavieja, la Conspiración de la Paz del Manganeso, gestada en aquellos años.

Hagamos un paréntesis para hablar del Plan Gómez-Maceo y de La Paz del Manganeso, tan estrechamente relacionados. Comentemos, antes de continuar con la valiosa participación de José Miró Argenter junto a Maceo, por bosquejar en pocas palabras el poco conocido «Plan Gómez-Maceo».

General Antonio Maceo Grajales

o) PLAN GÓMEZ-MACEO

Los años que transcurren de 1894 al 1896 los pasan estas dos grandes figuras de nuestra historia estudiando planes y sugerencias ofrecidas por aguerridos dirigentes de la pasada contienda mientras Máximo Gómez, desterrado en San Pedro Sula, Honduras, elabora un programa que centraliza la dirección política-militar de quien habrá de conducir la guerra en un general en jefe (la idea original de Carlos Manuel de Céspedes en el 68) auxiliado por una Junta de cinco miembros. La idea la comparte Antonio Maceo que trata de atraer a ella la numerosa, y siempre combativa emigración que habita en el destierro (Nueva York, Cayo Hueso, Nueva Orleáns, Kingston, Filadelfia, Santo Domingo, Colón)[94], en busca de los fondos y apoyo necesarios para la empresa. Muchos lo respaldan. Otros se oponen[95].

Máximo Gómez había comenzado a cultivar añil en San Pedro Sula.

En aquel momento Félix Govín promete un generoso aporte de $100 mil pesos y otra cantidad igual de varios amigos. Esto alienta a aquellas figuras que tanto habían luchado en la Guerra de los Diez Años. Flor Crombet y Eusebio Hernández, junto con Gómez y Maceo parten para Nueva York, pero la promesa de Govín no se cumple. No importa la decepción. Todos se asignan el trabajo a realizar.

Pero surge una discrepancia de criterios que todos conocemos. Es en ese momento que, reunidos en Nueva York, un joven, entonces poco conocido, discrepa de estos dos generales de tanto prestigio, dirigiéndose a Máximo Gómez:

---

[94] ¿Quiénes están en el destierro? ¿Qué hacen?. Muchos, en Honduras. Maceo es Comandante en Tegucigalpa; Flor Crombet, gobernador de un estado; Roloff, administrador de un banco; Eusebio Hernández, director de un hospital (Ramón Infiestas: «Máximo Gómez»), Gómez cultiva añil en San Pedro Sula. Otros participan desde varios sitios: Francisco Carrillo, Mayía Rodríguez, Rius Rivera, José Maceo, José Rogelio Rodríguez, Fernando López Queralta.

[95] ¿Quiénes se oponen por considerar que no contaban todavía con las bases suficientes para iniciar otra contienda: Carlos Agüero, Ramón Leocadio Bonachea, Limbano Sánchez.

«General, un país no se gobierna como se funda un campamento».

La frase, repetida en una delicada carta del joven Martí a su admirado Máximo Gómez, puso fin a aquellos planes.

Fracasado el Plan Gómez-Maceo hablemos de otra operación concebida cuatro años después.

Volvamos a Miró Argenter. En la Guerra del 95 se alzó Miró desde el primer día, al frente de un contingente de patriotas, en Holguín con el grado de coronel.

Al iniciarse la Guerra del 95 luchó Miró contra una columna española en Ciego la Rioja el 14 de abril de 1895. Dos semanas antes, luego de la llegada de Maceo a Cuba, le ratificó el grado (1º de abril de 1895) incorporándolo a su estado mayor.

Miró se distinguirá en el Combate de Peralejo (13 de julio de 1895) y marchó junto a Maceo durante la invasión participando en toda la campaña de occidente. Sobresale en el enfrentamiento de Jiguará, en Sancti Spíritus, el 3 de diciembre de 1895; y en Pinar del Río participa entre otros encuentros en el de La Lechuza, Cacarajícara, Rubí y Bejerano (también conocida como Gobernadora).

Tres meses después, como dijimos, se destacará en el Combate de Peralejo que le permite al Consejo de Gobierno otorgarle el grado de General de Brigada, pasando a los pocos días al cargo de Jefe del Estado Mayor de la Columna Invasora. En diciembre del 95 el «catalán criollo», –como lo nombró Bernabé Boza, jefe del Estado Mayor de Máximo Gómez, en *«Mi Diario de la Guerra»*– Miró Argenter va a sobresalir en el ataque de Iguará, diciembre 12, 1895, en las cercanías de Sancti Spíritus combatiendo una columna de 650 infantes y 60 jinetes dirigida por el Coronel Enrique Segura.

Iguará era un pequeño poblado en las cercanías de Sancti Spíritus que tendría que atravesar la columna invasora donde habían pernoctado las tropas españolas la noche anterior. Al frente de las fuerzas cubanas se encontraban Gómez y Maceo, junto a ellos estaría el «catalán criollo» Miró Argenter, observando como las fuerzas cubanas tendrían que acelerar el cruce del río Jatibonico que sólo había sido cruzado por la mitad de la columna mambisa.

Gómez tomó una altura desde donde podía impedir el avance español mientras Maceo, a cuyo lado se encontraba Miró, reunió a 350 de sus jinetes para atacar al centro español que respondió con intenso fuego, causándoles a los cubanos fuertes pérdidas, pero la infantería española fue aniquilada. Ambos bandos sufrieron grandes bajas. Fue para Miró una dura experiencia. Marcharía, ahora, hacia occidente. Hacia Pinar del Río, en la zona de Tapia[96].

Y, ya en Pinar del Río, se distinguiría Miró en los primeros días del 96 en Cacarajícara, uno de los más importantes combates de la campaña de Maceo en aquella provincia en cuyo encuentro, que se prolongó por tres días, recibió Maceo el apoyo de las fuerzas del Coronel Juan E. Ducasse, combate que se extendió a Las Pozas, en la jurisdicción de Bahía Honda, y a Loma Redonda donde murió, combatiendo, el Teniente Coronel Carlos Socarrás.

Había participado en el Combate de Dos Ríos (19 de mayo de 1895) donde cayó el Apóstol cubano. Tres semanas después cruzaba el río Jobabo para levantar en armas a la provincia de Camagüey y dar inicio a la Campaña Circular en la que dirige las acciones de Altagracia, La Ceja, El Mulato, La Larga, Cascorro, Guáimaro, Jobabo y Jimaguayú.

Y nuevamente va a sobresalir en El Rubí, el 20 de marzo del 96, cerca de Cabañas y, en el mismo mes de marzo, atacando a una columna en Bejerano, cerca de la ciudad de Pinar del Río. Tras el combate de Mal Tiempo (15 de diciembre de 1895) el Gobierno en Armas había propuesto ascender a Miró al grado de General de División. Luego de la muerte del Mayor General Antonio Maceo pasa Miró al Departamento Oriental bajo las órdenes directas del Presidente de la República de Cuba en Armas, Bartolomé Masó.

---

[96] Dos encuentros se producen allí en los primeros meses del 96. El 17 de febrero donde es herido el Teniente Coronel Adolfo del Castillo; y el del 27 de febrero bajo las fuerzas del Regimiento Pedro Delgado.

Volverá a combatir este catalán, que tan cerca de Maceo siempre estuvo, en Cacarajícara, cerca de San Cristóbal, Pinar del Río el 21 de marzo de 1896 junto a las fuerzas del antioqueño Coronel Adolfo Peña combatiendo la columna del Brigadier Andrés González Muñoz. Meses después, el 10 de noviembre volverá a enfrentarse contra las mismas fuerzas del ahora ascendido General González Muñoz en el Rubí, en las alturas de Cabaña que, en esta acción estaba protegiendo a las tropas comandadas por el General Weyler. Junto a Miró se encontraban las tropas del Coronel Pedro Delgado, del Brigadier Bermúdez y del Comandante Manuel Piedra, entre cuyos hombres se encontraba Panchito Gómez Toro.

Sigue combatiendo Miró Argenter. El 3 de diciembre de 1896 (dentro de cuatro días habrá de morir el Titán de Bronce) sus tropas se han movido hacia el Mariel en las alturas de Bejerano (Gobernadora), convirtiéndose ésta en la última acción de la Campaña de Pinar del Río.

Escoltó a Maceo en el cruce por el mar de la costa de Mariel a Majana en la noche del 4 de diciembre de 1896 y tres días más tarde resultó herido en el encuentro de San Pedro donde murió Maceo.

Afectado grandemente con la muerte de su maestro en la guerra y su amigo en la vida diaria Miró Argenter marchó a Camagüey, de allí a Manzanillo donde permaneció hasta finalizar la guerra. Terminaba así su vida militar que dió comienzo a su actividad civil y a su recia personalidad como historiador. Murió aquel gran historiador y guerrero el 2 de mayo de 1925 en La Habana.

p) CAMPAÑA DE LA REFORMA

Ha muerto Antonio Maceo cuando terminaba la invasión. Gómez comienza desde Sancti Spíritus su campaña de La Reforma que se prolongará por veinte meses simulando en su inicio una nueva invasión hacia occidente.

Pero la estrategia de Gómez sería hostilizar, no enfrentar, los 40 batallones de Weyler. *«Vencerlos sin combatirlos».*

Varios encuentros se producen en la Campaña de la Reforma (en el que se distingue Marcos del Rosario). Los más destacados toman lugar en el sitio conocido como Marroquí, cerca de ciego de Ávila en el límite entre Camagüey y Las Villas. Era Marroquí un simple caserío cerca de Sancti Spíritus. Dos encuentros toman lugar en aquel sitio. El primero, el 19 de marzo (1897) cuando fuerzas a las órdenes del General en Jefe Máximo Gómez hostilizan una columna española que se dirigía a Sancti Spíritus; y el otro el 21 de julio cuando tropas al mando del Comandante Quiñónez hostilizan una tropa española que, como la otra, marchaba hacia Sancti Spíritus.

No siempre los encuentros resultaban en victoria para las fuerzas mambisas. Con alguna frecuencia se sufrían dolorosas derrotas como las que experimentaron las fuerzas del General Javier Vega Basulto[97] en la Purísima el 23 de julio de 1896 cuando atacaron la vanguardia de una columna que había salido de Camagüey sin lograr derrotar al enemigo. Las bajas cubanas fueron numerosas en este encuentro librado a unos 27 kilómetros de Ciego de Ávila.

Vega Basulto se había unido a fines de enero de aquel año a las fuerzas de Máximo Gómez que libraba la campaña de la Lanzadera en la provincia de La Habana y, dos meses antes de esta acción, había sido gravemente herido en el combate de Manajanabo, en Las Villas lo que no le impidió hacerse cargo del Tercer Cuerpo en Camagüey. El valeroso brigadier, que llegó a alcanzar el grado de Mayor General, recibió meses después graves heridas en la acción de la Redondada (Junio 6, 1896), y en agosto participaba en el ataque de Las Tunas bajo el mando del Mayor General Calixto García que en aquel momento era Jefe del Departamento Oriental. El valioso militar fue herido en combate en seis ocasiones distintas.

---

[97] Nació en Camagüey el 6 de mayo de 1851 alzándose en aquella provincia actuando como ayudante del Comandante Juan Agramonte Recio. Su primer servicio militar lo prestó en el Regimiento Cabonao y formaba parte de la columna dirigida por Agramonte cuando éste cayó en Jimaguaní, pasando entonces a las fuerzas del Mayor General Máximo Gómez en aquella provincia, resultando gravemente herido en el Combate de la Sagra el 9 de noviembre de 1873. Por su carácter impulsivo en la Guerra del 95 con el Consejo de Gobierno éste acordó separarlo temporalmente del mando del Tercer Cuerpo de Camagüey pero luego lo exoneró de culpa reintegrándolo a esa posición.

MÁXIMO GÓMEZ

A sus fuerzas se unieron las del coronel cienfueguero Isidro Acea Gil[98] que había operado en las jurisdicciones de Villaclara y Cienfuegos con las fuerzas del entonces Teniente Coronel Alfredo Rego participando en el combate Mal Tiempo el 15 de diciembre de aquel año 95 bajo las órdenes del Teniente Coronel Juan Eligio Ducasse y sólo una semana después el 23, tomará parte del combate de Coliseo siendo herido a los quince días en un encuentro en las cercanías de Ceiba de Lago. Vuelve a ser lesionado en una pierna en aquella ocasión y unos días después el 9 de enero del 96.

El cienfueguero Acea Gil se distingue en los combates de la Cunga y en el 80, en Güira de Melena; Buena Esperanza, en Alpízar; El Júpiter y Artemisa, el pueblo de El Gabriel, presente en el Combate de San Pedro donde murió el Mayor General Maceo, realizó su última acción el 11 de julio de 1898 para emboscar a una columna española en el Barrio de Guaníbar, en Alquizar. La colonia cienfueguera le debe un homenaje de reconocimiento a aquel heroico Coronel Isidro Acea Gil que fue herido tres veces en combate cuando, desde los 19 años, luchó bravamente en las provincias centrales y occidentales hasta licenciarse el 2 de junio de 1899 como Jefe del Regimiento de Infantería de Tiradores de Maceo. Muere asesinado por la espalda en una estación de ferrocarril de Güira de Melena por controversias políticas de la época.

Actuación parecida fue la de Carlos Aguilar López que alcanzó el grado de Coronel, nacido en Santa Clara actúa al incorporarse a las fuerzas del Teniente Coronel Juan Bruno Zayas formando parte del Regimiento de Caballería Villaclara y uniéndose a las tropas del Mayor General Máximo Gómez en la fase final del Combate de Mal Tiempo, marchando con la columna invasora hasta Mantua regresando dos meses después con el grado de Teniente Coronel a Las Villas. Su actuación junto a las fuerzas del entonces Teniente Coronel Juan Bruno Zayas le permiten alcanzar el grado de Comandante.

---

[98] El Coronel Isidro Acea Gil ingresó en el Ejército Libertador como soldado raso a las órdenes del Teniente Coronel Alfredo Rego pasando luego a las fuerzas del Coronel Juan Leigio Ducasse y del Brigadier Juan Bruno Zayas.

Siendo Jefe del Escuadrón de Caballería de Villaclara y subordinado a Zayas se unió al Mayor General Máximo Gómez recién concluido el Combate de Mal Tiempo avanzando con las Columna Invasora hasta Mantua regresando en abril 96 a Las Villas. A la muerte de Juan Bruno pasó a las órdenes de los generales Jesús Monteagudo y Gerardo Machado, ambos tan conectados con Cienfuegos, participando en la toma de Santa Clara en aquella Guerra del 95. Los últimos meses operó en la zona de Santa Clara.

LA DEMAJAGUA

CAPÍTULO V

LOS DOMINICANOS. SU APORTE ESENCIAL

a) LOS PRIMEROS DOMINICANOS EN INCORPORARSE

Tras muchas reuniones conspirativas (San Miguel del Rompe, La Hacienda Muñoz, Santa Gertrudis, El Rosario) comienza en la Demajagua la lucha por la libertad de Cuba. Han participado en aquéllas y en ésta hombres de gran fervor patrio, reconocido talento y sólidas riquezas pero, todos, carentes de experiencia militar. Pronto se percataron de la necesidad de superar esta peligrosa debilidad. Manos amigas, recién arribadas de una isla cercana, los ayudarán a superarla.

Ha llegado, meses atrás, de la convulsa región de Baní un grupo de amigos con experiencia militar adquirida en las Reservas Dominicanas. Perdida la causa que defendían en su patria nativa, se trasladan estos banilejos con sus familias a Santiago de Cuba en busca de refugio y se ubican, para cultivar la tierra, en la fértil región del Dátil. Pasan los días, y los meses, en que han comenzado las conspiraciones que habrán de culminar en octubre del 68 en la Demajagua. Uno de ellos, Francisco Marcano, el mayor de tres hermanos, ha establecido contacto con Céspedes y los conspiradores cubanos, entre ellos con el bayamés, José Joaquín Palma[99].

Es Donato Mármol, ayuno de hombres con experiencia militar, el encargado de nutrir con ellos su incipiente ejército. Le recomiendan a quien, en su país nativo alcanzó el grado de general. Lo contacta; hay dudas sobre su experiencia militar en este tipo de guerra

---

[99] José Joaquín Palma se había incorporado a la insurrección desde los primeros días como ayudante de Céspedes y redactor del periódico Cubano Libre; emigrando luego a Jamaica e incorporándose a los desterrados cubanos que operaban en Nueva York.

que recién comienza y, para probarle, con el grado de sargento le sugiere Mármol detener las fuerzas españolas que, a las órdenes del Coronel Demetrio Quirós avanzan para reconquistar Bayamo, ahora en poder de los cubanos. Expone Máximo Gómez su plan. Ha armado sus hombres con machetes, preparándolos para un ataque por sorpresa a las tropas españolas que venían, confiadas, a las órdenes del Coronel Quirós Weyler. Prepara una emboscada esperando el paso de la columna. Sus hombres irán armados sólo con machetes. El machete era, para los cubanos, un instrumento de trabajo, necesario para cortar caña, matojos y hierba. Pronto se convertirá en poderosa arma de combate. Las instrucciones son sencillas: *«Nadie haga nada ni me siga hasta que yo salga al camino y grite: ¡al machete!»*.

Ya ha pasado la mitad de la columna, Gómez lanza el grito y aquella veintena de hombres, machete en mano, se lanza sobre la sorprendida columna que queda, en pocos minutos, aniquilada. Se ha producido la histórica batalla de «El Pino de Baire». Gómez le ha enseñado a los cubanos –y a los españoles– el terrible impacto de las cargas al machete.

Primero, los hermanos Marcano, que habían asistido a algunas de aquellas reuniones, y luego Máximo Gómez y Modesto Díaz convertirán en verdaderos guerreros a estos intrépidos hombres. Otros, como los Maceo, Agramonte, Banderas y tantos más ya lo eran.

¿Quiénes son los Marcanos? ¿Quién Máximo Gómez?.

Hablemos de estos dominicanos amigos y de quien nos enseñó en «Pino de Baire» el destructivo efecto de la «carga al machete».

b) LOS HERMANOS MARCANO

Francisco Marcano Álvarez es el mayor de los tres hermanos, todos nacidos en Baní, República Dominicana, que fue Capitán de la reserva dominicana del ejército español y llegó a Cuba, con sus dos hermanos, en julio de 1865 ubicándose en el Dátil participando el 10 de octubre en la toma de aquel pequeño pueblo, en la ocupación de Barranca y en la toma de Bayamo.

LAS
INSURRECCIONES
EN
CUBA.

APUNTES

para la historia política de esta isla en el presente siglo

POR

D. JUSTO ZARAGOZA

SECRETARIO QUE HA SIDO DEL GOBIERNO POLÍTICO DE LA HABANA Y
OFICIAL DE VOLUNTARIOS EN LA MISMA CAPITAL.

TOMO SEGUNDO

MADRID
IMPRENTA DE MANUEL G. HERNANDEZ
San Miguel, 23, bajo
1873

Pasos similares da su segundo hermano, Luis Jerónimo, sobrino político de Modesto Díaz y que había sido ayudante del presidente dominicano General Pedro Santana y miembro de las milicias militares que defendían su suelo natal de invasiones haitianas.

Los primeros pasos de Félix, el menor de los hermanos, no serán distintos: oficial de la reserva del ejército español en su país. Participará como sus hermanos en esas primeras acciones. Modesto Díaz, tío de Luis Jerónimo y amigo de sus hermanos, llega a Cuba, como ellos, en 1865, pero sin los vínculos que los Marcano habían desarrollado con los conspiradores cubanos, tiene a su cargo defender la cárcel de Bayamo cuando la ciudad es atacada por los insurrectos. Rectificará, de inmediato, su posición.

Zaragoza, el escritor integrista que llegó a Cuba acompañando al Capitán General Dulce en su segundo mandato, critica al Gobernador de Bayamo Julián Udaeta por no haber tratado de alentar «*el patriotismo de los buenos españoles, ni se preparó con una defensa formal, ni tomó medida alguna eficaz para impedir que penetraran los desafectos*»[100].

Máximo Gómez, banense como los Marcano, formaba parte del ejército dominicano trasladándose también a Cuba en 1865, solicitando su licencia y radicándose en El Dátil.

Pronto vamos a comentar las acciones de éstos y otros dominicanos al comenzar la revolución cubana el 10 de octubre de 1868.

Son similares los primeros pasos de los hermanos Macano en su nativa pequeña ciudad de Baní de la República Dominicana antes de embarcar, juntos, hacia Cuba en julio de 1865.

Allá, en la lejana Baní, que tantas valiosas figuras aportó a la causa de la libertad cubana, los tres hermanos, Francisco, Luis Jerónimo y Fálix, anduvieron el mismo camino. Sirviendo en la reserva dominicana del ejército español ante el inminente peligro de las agresiones haitianas. Francisco, el mayor, al llegar a Cuba con aquella experiencia militar adquirida en su pequeño pueblo, se une a los alzados el 10 de octubre y, al día siguiente, como ya dijimos, forma

---

[100] Justo Zaragoza, «Las Insurrecciones en Cuba», Madrid, 1873.

parte de los que toman el poblado del Dátil donde su familia se había asentado. Será su hermano Luis, quien dirigirá aquella breve acción. Su próximo paso es la ocupación de Barrancas y la toma de Bayamo.

Ha sido Francisco de los primeros insurgentes con alguna experiencia militar y el 12 de octubre Carlos Manuel de Céspedes le confiere el grado de General de Brigada. Participa en otras acciones, pero será por breve tiempo porque el 23 de enero de 1870, a sólo 13 meses de incorporado al Ejército Libertador este mártir dominicano, convaleciente de una enfermedad, es detenido en El Cobre por las autoridades españolas, bajo el mando del vengativo Comandante Carlos González Boet. Conducido a la cárcel de Santiago de Cuba fue sometido a Consejo de Guerra celebrado el 26 de enero de 1870 y fusilado el 2 de febrero de 1870. El mayor de los Marcano y el primero en morir.

Luis, dos años menor, había adquirido mayor experiencia militar y más alto rango. Había ingresado en las milicias para defender su suelo natal de la invasión del país vecino. Ya en 1855 alcanzaba el grado de teniente y ayudante del Presidente de la República el General Pedro Santana. Cuando los españoles fueron derrotados y abandonaron aquella isla, Luis y sus dos hermanos, parten para Cuba. Notable será su aporte a la causa cubana. Será Luis Marcano Álvarez uno de los 37 que, con Carlos Manuel, se pronunciaron en La Demajagua el 10 de octubre de 1868. Al día siguiente, al frente de 160 hombres, toma Jibacoa y el poblado del Dátil. Sigue a Sabanas de Cabagan y al incorporar a muchos que allí se encontraban aumenta sus fuerzas a 300 efectivos y Céspedes lo nombra jefe de operaciones con el grado de Teniente General.

Su capacidad militar la muestra al dirigir la toma de la ciudad Bayamo y la formación de siete compañías que constituyeron la primera estructura que tuvo el Ejército Libertador. Su talento persuasivo queda probado cuando logra convencer a Modesto Díaz, banilejo, brigadier de la reserva española, que se pasara a las filas insurrectas. Combatió en El Cobre el 21 de noviembre y el 5 de diciembre del 68 sin contar con las armas necesarias para poder tomarla.

El 18 de marzo de 1869 el recién creado Comité Revolucionario de Holguín sustituye a Luis Jerónimo de su posición de jefe de aquella jurisdicción y lo deja bajo las órdenes del Mayor General Julio Grave de Peralta quien organiza dos brigadas, la del Occidente y la Oriental confiándole a Marcano la jefatura de la Oriental con la que éste siguió operando hasta mayo en que pasó a Bayamo cuando auxilió a los expedicionarios del vapor *Perrit*. Para julio de 1869 ostentaba el Grado de Mayor General y estando en las cercanías de la Sierra Maestra fue víctima de un atentado a su vida con arma blanca realizado por dos escoltas vendidos a España del que resultó gravemente herido.

En octubre el estoico dominicano atacaba el poblado de Barrancas y era nombrado segundo jefe del estado de Oriente cuya jefatura ocupaba el Mayor General Francisco Vicente Aguilera y, a los pocos días, el 24 de aquel mes estaba combatiendo en el Macio y el 4 de mayo en la Vicana. No se detiene el Marcano de mayor graduación. El 16 de mayo (1870) ataca el campamento El Congo al sur de Manzanillo y concluidas esas operaciones es asesinado al recibir en la ingle un disparo por un miembro de sus tropas oculto en las malezas. Se sospechó de Juan Hall. Así terminó la vida del segundo de los hermanos Marcano[101].

El más joven era Félix, oficial de la reserva del ejército español en su país. Junto a sus hermanos se alza en Jibacoa y participa en la zona de Barrancas y Bayamo. Activo en los encuentros con tropas españolas se mantiene distante de las tensiones existentes en las filas revolucionarias, por eso se abstiene de votar en las demandas que circulan y conducirán a Lagunas de Varona pero, poco antes del 95, toma parte de la conspiración que será conocida como la Paz del Manganeso, en Oriente y en la que llevará a la Guerra de Independencia en la que no pudo participar por encontrarse inválido. El más

---

[101] Luis Marcano de quien hablamos y seguiremos mencionando en estas páginas, muere asesinado el 16 de mayo de 1870 por su antiguo compañero Juan Hall. Julio Grave de Peralta morirá combatiendo luego del desembarco del vapor *Fanny* el 24 de junio de 1872. Cubriremos ese lamentable episodio.

pequeño de los Marcano morirá en Santiago de Cuba el 17 de abril de 1915.

Existe una relación familiar entre dos prominentes dominicanos que, como veremos, será muy favorable para la causa cubana: Modesto Díaz era tío político de Luis Marcano Álvarez quien como mayor general al iniciarse la guerra del 68 organizó y dirigió, junto a Céspedes el ataque y toma de Bayamo, plaza que era defendida por su tío Modesto Díaz.

Modesto Díaz Álvarez, como hemos dicho, había nacido en Baní, República Dominicana, en 1826. Fue miembro del ejército español en su país y jefe militar de la provincia de San Cristóbal.

Llegó Modesto a Cuba con los últimos militares que salieron de aquella república en 1865, con el grado de brigadier de las reservas dominicanas al servicio de España.

Pronto será llamado nuevamente al servicio, lo que se produce en Cuba por el alzamiento del 10 de octubre del 68 en que es movilizado y recibió la misión de defender el cuartel de Bayamo ante el ataque de los cubanos a esa ciudad. La guarnición de Bayamo se componía de 120 soldados de línea y alguna milicia integrada fundamentalmente por negros y mulatos. El jefe de la plaza era el teniente coronel Julián Udaeta.

Ya desde el día 17 Céspedes había enviado instrucciones a Francisco Vicente Aguilera para que, con sus fuerzas, ocupara el camino de Holguín a Bayamo para impedir el movimiento de tropas enemigas hasta esta última ciudad.

El mismo día, 17 de octubre, los patriotas cubanos, en número cercano al millar, se presentaron frente a la ciudad. Marcano, nombrado jefe de operaciones, organizó el ataque y al día siguiente en horas de la mañana dos columnas de caballería entraron simultáneamente por el norte y el sur, avanzando por las calles principales hasta llegar a la Plaza de Armas, que se encontraba defendida por una compañía de bomberos dirigidos por el jefe dominicano y algunos oficiales españoles.

El plan que había elaborado Udaeta para la defensa de la ciudad era que los irregulares estuvieran en la primera línea defensiva y los regulares concentrados en los cuarteles, lo que resultó un error porque al iniciarse el ataque gran número de milicianos y bomberos de color se unió a los patriotas.

Al tercer día de iniciado este encuentro los insurgentes dispararon a uno de los cuarteles con una pieza de artillería ocupada en Cauto Embarcadero, lo que aceleró la rendición de las tropas que defendían la cárcel contra la que fue dirigido el fuego de la artillería mambisa[102].

c) SE INCORPORA EL DOMINICANO MODESTO DÍAZ

Fue este el momento en que Luis Marcano conversó con su tío Modesto Díaz y lo persuadió de que se pasase a integrar las filas de los insurrectos.

Llevado por Luis Marcano a la presencia de Carlos Manuel de Céspedes, el entonces Brigadier Modesto Díaz dijo: *«Cuente usted que la causa de Cuba tendrá en mí a un fiel servidor, y como prueba de mi buena fe, permítame estrechar su mano»*[103].

James J. O'Kelly en «La Tierra del Mambí» destaca sus cualidades personales. Su reconocida habilidad: *«José Modesto Díaz tenía una astucia natural y una inventiva para las estrategias, mucho más valiosa que cualquier suma de conocimientos de esa clase adquirida en los libros...además, de valiente e indomable sabe perfectamente lo que quiere hacer».*

Acepta Modesto Díaz y el Presidente Carlos Manuel de Céspedes, con la generosidad que mostró siempre en otorgar grados militares, concedió a Modesto Díaz el de teniente general.

De inmediato comenzó Modesto a mostrar su habilidad cuando al frente de un grupo de hombres mal armados emboscó, en el río

---

[102] Diccionario Enciclopédico de la Historia Militar de Cuba, *obra citada*.

[103] José Maceo Verdecia «Bayamo», La Habana, 1941.

Babatuaba[104], a una columna española que se dirigía de Manzanillo a Bayamo forzándola a retirarse.

Días después en el mes de noviembre fuerzas de Modesto Díaz atacan y ocupan la finca fortificada Chapada a orillas de Río Cautillo en cuyo encuentro muere el Capitán Pedro M. Gómez, segundo al mando de las tropas de Modesto Díaz. No se había producido la pacificación anunciada por Valmaseda.

Subordinado ahora al Mayor General Vicente García en el territorio de Las Tunas realiza Modesto dos ataques a la columna del propio Conde de Valmaseda, cuando ésta avanzaba desde Camagüey para reconquistar a Bayamo. El primer ataque se produce en la finca Dolores el 31 de diciembre de aquel año (1868) y, a los dos días en el Rompe[105]. No se detiene el intrépido dominicano. El 15 de febrero (1869) ataca el poblado de Guisa en la jurisdicción de Bayamo, en cuya acción el entonces Coronel Calixto García, cumpliendo órdenes de Modesto Díaz, contuvo en las cercanías al refuerzo enemigo que había sido enviado desde Bayamo.

Cuatro días después (1869), Modesto el valioso dominicano, era nombrado jefe de distrito de Bayamo. En 1870 sobresale en varias importantes acciones: combate en Paso del Cauto y el 13 de marzo ataca y toma el poblado de el Horno a unos 12 kilómetros de Bayamo, y en el Macio, en el sureste de Yara, sostiene dos importantes encuentros en el mes de abril: el primero cuando el día 15 se enfrenta al batallón de San Quintín, y el 24, con las fuerzas combinadas de Luis Marcano, los dos generales dominicanos sostienen cruento combate contra una columna integrada por batallones de los regi-

---

[104] En el Río Babatuaba, cuatro años después, el 7 de enero de 1872, el Brigadier Francisco Vega es atacado por una columna española pero los cubanos rechazaron el ataque causándole numerosas bajas al enemigo forzándolos a retirarse. Era la segunda retirada de tropas españolas en el mismo sitio.

[105] El Rompe, pequeña población de las Tunas una fuerza española, el 16 de febrero de 1877 cayó en una emboscada preparada por las tropas del Mayor General Vicente García forzando el retiro apresurado de las tropas españolas que dejaron abandonados a ocho de sus soldados que cayeron en el combate.

mientos España, Bailén y Matanzas que forzaron a los españoles a retirarse al sufrir numerosas bajas.

El 17 de abril (1871) fuerzas de Modesto atacan y toman el pueblo de Guá, a unos 27 kilómetros de Manzanillo; operación que habrá de repetir, en el mismo sitio, el 26 de octubre del siguiente año cuando Modesto Díaz junto con tropas del Brigadier Manuel Calvar derrotó a la guarnición de voluntarios, 37 de los cuales pasaron a formar parte de las filas independentistas. Muchos civiles se incorporaron también a las tropas insurgentes.

Situación parecida se va a producir el 16 de mayo (1870) en el poblado de Buey donde tropas bajo el mando de Modesto Díaz atacaron sorpresivamente tropas dirigidas por el propio Conde Valmaseda aunque en esta operación no se produjo rendición de voluntarios ni incorporación de civiles. En 1871 este sobresaliente hombre deja la jurisdicción de las Tunas; en marzo del 72 regresa a la jefatura del distrito de Bayamo pero, pronto, pasa a ocupar una más alta posición en el distrito de Manzanillo.

En julio del 69 se habían producido importantes cambios en la composición del Ejército Libertador y se daba a conocer que los dominicanos Máximo Gómez, Modesto Díaz y Luis Marcano, junto con los cubanos Francisco Vicente Aguilera y Donato Mármol, eran designados mayores generales. El venezolano José María Aurrecoechea (pronto sabremos de él) había sido nombrado General de Brigada junto con los cubanos Francisco Javier de Céspedes, Calixto García y Luis Figueredo. Y confirmados sus grados de coroneles, entre otros a Mariano Lono, José de Jesús Pérez, Juan Luis Pacheco y Manuel Calvar.

d) HABLEMOS DE MÁXIMO GÓMEZ. EL GRAN DOMINICANO

Cuando Máximo Gómez nació la parte occidental de la isla se hallaba ocupada por los haitianos. La diferencia de lenguas, intereses y culturas fueron aumentando el distanciamiento entre los dos grupos. En 1844 se organizó la República Dominicana como estado independiente. Pronto recibió ataques haitianos (Dajabón, La Estrelleta, Beller, Cañada Honda, Sabana de Pajonal, Azua, La Caleta, Nelba y Las Matas de Farfán) que continuaron hasta 1855 cuando Máximo Gómez sirviendo al ejército dominicano en la caballería de Baní, se distinguió en el combate de la Sabana de San Tomé, el 22 de diciembre de 1855 que detuvo provisionalmente las invasiones haitianas. Pero surgió el período de la anexión a España.

Al nacer Máximo Gómez en Baní (1836), repetimos, Santo Domingo estaba anexada a la República de Haití y era la haitiana la bandera que ondeaba en toda la isla. Santo Domingo rompió sus lazos con el país vecino en 1844 lo que dio inicio a un difícil período de guerras entre las dos naciones. En 1856 invade a Santo Domingo el Emperador Souloque y Máximo Gómez se alista como soldado contra la invasión haitiana. Los haitianos son derrotados en la Batalla de Santomé, el 22 de diciembre de 1855 en la que participa Máximo Gómez.

En 1855 ante la amenaza de los haitianos de invadir a su país, se enroló en el ejército dominicano con el grado de alférez. Su primera prueba de fuego la recibió en el Combate de San Tomás y por su acometividad fue ascendido al grado de teniente.

En 1863 ocurre la anexión de Santo Domingo a España, Gómez, como muchos militares luchó en favor de la anexión a España. Como medida que detuviera las invasiones haitianas.

Máximo Gómez durante esos años se desenvolvía como Secretario de Administración de San José de Ocoa. Aparentemente no participó en la guerra como militar cuando tropas españolas abandonaron Santo Domingo y muchos banilejos, con sus familias, se refugiaron en Santiago de Cuba.

Gómez, junto con otros muchos antiguos militares, partía hacia Santiago de Cuba donde comienza a conspirar, antes del 10 de octubre, con otros cubanos. Al comenzar la guerra estará sirviendo a las órdenes de Donato Mármol.

GENERAL MAXIMO GOMEZ Y BAEZ

REVOLUCIONES... CUBA Y HOGAR

Bernardo Gómez y Toro

e) MÁXIMO GÓMEZ EN CUBA

Después de la anexión de su país a España, Gómez quedó incorporado a la Reserva del Ejército Español con el grado de Capitán de Caballería y al ser expulsados los españoles de la isla, Máximo Gómez se trasladó a Cuba junto con su familia el 13 de julio de 1865 y quedó destacado en Santiago de Cuba.

En 1866 solicitó su licenciamiento y pasó a residir en El Dátil en la jurisdicción de Bayamo donde se relacionó con los conspiradores a favor de la independencia de Cuba. El 16 de octubre (1868) se incorporó a las tropas insurrectas a las órdenes de Donato Mármol y recibió el grado de sargento.

Mármol comisiona a Gómez para dirigir la vanguardia de una tropa bisoña escogida para defender a Jiguaní, en el camino de Bayamo. Gómez sitúa cerca de la Venta del Pino, a un kilómetro de Baire, varias emboscadas. Avanzaban los soldados españoles, a las órdenes del Coronel Demetrio Quirós, cuando *«saltan al camino, bajo el humo de los disparos, centenares de insurrectos, que caen sobre ellos a machete limpio. El efecto de esta sorpresa fue fulminante; las dos compañías, sin resistencia casi, son aniquiladas; más de doscientos soldados son muertos a machete. Con heridas atroces, profundísimas, impresionantes para estos soldados, que aún no conocían los temibles efectos del machete, blandido por el guajiro cubano»*[106].

La derrota es tan sorpresiva y aplastante que fuerza al capitán general Lersundi a suspender su plan de operaciones y al Conde de Valmaseda a reembarcarse con su columna para Vertientes. Quedan aplazados sus planes sobre Bayamo.

En diciembre de aquel año (1868) ya era Gómez segundo jefe de las tropas comandadas por Donato Mármol, y asumió el mando de la jurisdicción de Jiguaní atacando, el 11 de febrero (1869) a esa población y comandando la Brigada de Jiguaní atacó a Baire el 6 de agosto del 69. Pocos días después se hizo cargo del Distrito de Holguín. Sigue Gómez actuando en toda la región y el 20 de aquel mes

---

[106] Benigno Souza «Máximo Gómez el Generalísimo».

de agosto asumió el mando de la División de Holguín atacando los poblados de Samá y Dos Bocas.

En enero de 1870 el dominicano Gómez volvió a operar en la región de Jiguaní y la zona del Cauto tomando a Santa Rita el 30 de marzo de ese año y en julio, tras la muerte de Donato Mármol, (Junio 25, 1870) ocuparía la jefatura de la División Cuba que abarcaba las jurisdicciones de Baracoa, Guantánamo, Santiago de Cuba y el Cobre. Durante aquel año, 1870, combate en Río Abajo, el Mijial, Pinalito, Majaguabo, El Cristal, Ti Arriba, Nuevo Mundo y La Socapa.

El Departamento Oriental estaba encerrado entre Baracoa, Santiago, Bayamo y Holguín, y al servicio de Gómez *«quedaban los mejores soldados de Oriente: Los Maceos, Moncada, Flor Crombet, Borrero y Jesús Pérez, entrelazados por la miseria, curtidos con la sangre en que había pretendido ahogarlos Valmaseda. Gigantes, y naturaleza gigantesca»*[107].

Comienza el año 71 el dominicano Gómez atacando el 4 de enero a Guisa y ya en julio prepara la invasión y campaña de Guantánamo. El 6 de ese mes combate en Loma de la Galleta y el 12 en La Estacada, campaña que se extiende hasta mayo del siguiente año y donde ha combatido en los cafetales de La Indiana, Dos Amigos y Oasis y en el ataque a Tiguabos.

Su prestigio, su inteligencia, su valor, preocupa a hombres intrigantes al frente de la División Cuba. Algo tendrán que hacer. Habrá que destruirlo.

f) «HOMBRES INTRIGANTES» SEPARAN A MÁXIMO GÓMEZ DEL PRESIDENTE CÉSPEDES

«Hombres intrigantes y miedosos, unos desafectos a mí, quien sabe por qué; pusieron en el ánimo de Céspedes la duda o la creencia de que el movimiento iniciado, tan estupendo lo consideraban, llevaba en sí miras ambiciosas, de

---

[107] Ramón Infiesta: «Máximo Gómez», *obra citada*.

malos fines... puesto que en ese plan (yo) solicitaba darme la mano con Agramonte (su desafecto personal), y, una vez unido con aquel, y al frente de un ejército triunfante, claro está que sería proclamao Jefe Militar de la Revolución...»[108].

Con estas palabras dejaba constancia el Mayor General Máximo Gómez de la «inexplicable sorpresa que, por orden del Secretario de la Guerra», supo de su destitución como jefe de la División Cuba.

No culpa al Presidente Céspedes sino a *«los hombres intrigantes y miedosos»* que actuando como serpientes fueron responsables de la reprobable acción[109].

Ante la injusta medida les dice a jefes y oficiales que rechazaban la medida *«la mejor muestra de simpatía que ustedes pueden darme es marchar callados y contentos a ayudar al gobierno. Yo no soy más que un soldado como lo son ustedes, para servir a la Patria»*[110].

Gómez, dolido pero disciplinado, acata la decisión y entrega el mando al Mayor General Calixto García.

En esos días Carlos Manuel escribe a Ramón Sánchez Betancourt una carta fechada en la «Residencia del Ejecutivo, Junio 18 de 1872" exponiendo las razones para la sustitución de Máximo Gómez. La comenta con fruición Pirala:

«Nadie ha dicho, que sepamos, los principales motivos que impulsaron al Presidente Céspedes, y tenemos la fortuna de ser nosotros quienes los revelemos. Obra en mi poder una carta número 98, dirigida la ciudadano Ramón Sánchez Betancourt, en contestación a otra de abril 9 anterior; está

---

[108] Carta de Carlos Manuel de Céspedes a Tomás Estrada Palma.

[109] Detallada información sobre esta reprobable decisión es ofrecida en nuestro libro: «Céspedes: De Yara a San Lorenzo».

[110] «Revoluciones...Cuba y Hogar», Bernardo Gómez y Toro.

fechada en la «Residencia del Ejecutivo, Junio 19 de 1872"...

Y sigue Pirala exponiendo los detalles de la carta. ¿Quién hizo llegar al historiador español esta importante comunicación?. No es difícil suponerlo.

Pirala, nos dice Manuel Sanguily[111], en sus «Anales de la Guerra en Cuba», *«aprovecha muchos papeles que le facilitaron el Ministerio de Guerra en Madrid, y noticias que les fueron enviadas manuscritas por algunos insurrectos, siendo de ellos...los más extensos que tuvieran a su disposición, los apuntes muy curiosos en que entretuvo sus ocios el Dr. Félix Figueredo, hombre por lo general bien informado».*

g) MÁXIMO GÓMEZ SIGUE COMBATIENDO

Destituido se retira Gómez hacia la región de Guantánamo, pero no abandona la lucha.

Acompaña a las tropas del entonces Coronel Antonio Maceo y del Mayor General Calixto García y, por invitación de éste, participa en el ataque a Holguín el 19 de diciembre de 1872.

Seis meses después, el 24 de mayo de 1873, ataca a una columna española y toma parte en la acción del Zarzal del 4 al 6 de junio de 1873.

Céspedes comprendía –siempre lo supo– que necesita el esfuerzo de ese gran dominicano. Por eso lo nombra Jefe del Departamento Provisional del Cauto (Jiguaní, Bayamo, Manzanillo y las Tunas pero no puede ocupar esa alta posición porque a la muerte del Mayor General Ignacio Agramonte recibe la orden de sustituir al Bayardo asumiento la jefatura del tercer cuerpo de Camagüey posición que ocupa el 3 de julio de aquel año y, junto con las tropas villareñas, lo reorganizó en dos divisiones y una unidad de caballería independiente cuyas fuerzas libran la campaña de Camagüey en la que Gómez se destaca en los combates de La Luz, Atadero, La Sacra y

---

[111] Manuel Sanguily: «Brega de Libertad», Dirección de Cultura, La Habana, 1950.

Palo Seco además de los ataques a Nuevitas y Santa Cruz del Sur. Gómez estaba en favor de mantener la unidad en el gobierno de la República en Armas; por eso se niega a estar presente en Bijagual, en octubre de 1873, donde se ha de aprobar la deposición del Presidente Céspedes. Para Gómez aquéllo era una asonada militar.

El nuevo gobierno, ahora presidido por Salvador Cisneros, realiza una reestructuración de la división territorial del Ejército Libertador a fines de 1873 y el dominicano Gómez quedó como jefe del Departamento Occidental, que comprendía los territorios de Camagüey y Las Villas.

De inmediato comenzó a preparar un contingente para invadir Las Villas. Los días 10 y 11 de febrero (1874) dirige el Combate de Naranjo-Mojacasabe cuando completamente estructurado el contingente invasor del 12 al 14 de marzo comenzaba a librarse la Batalla de Las Guásimas que se extendió hasta el día 19, consumió una gran parte de los recursos con los que contaba aquella columna invasora, forzando a Gómez a posponer su anhelado proyecto, mientras participaba en otras acciones como los ataques a San Miguel de Nuevitas y a Cascorro y el encuentro de Camujiro.

Después de las Guásimas llegaba la estación de las lluvias y los militares españoles se vieron obligados a suspender las operaciones; tiempo que aprovechó Gómez para preparar su aplazado plan de invadir a Las Villas. Al llegar el General Concha, que recién había sustituido a Jovellar, ordena el Capitán General que se escoltara un convoy fuera de la ciudad, Gómez, al conocer el propósito de los militares españoles empezó a hostilizar la columna ocasionándoles 79 muertos y recogiendo un gran botín. En esta acción el Inglesito, incorporado aquel mismo día a las fuerzas del dominicano Gómez mal curado aún de su herida de Santa Cruz, era nuevamente herido[112].

Sabía el Capitán General Gutiérrez de la Concha, que Máximo Gómez insistía en pasar la trocha. A ese efecto el alto mandatario español ordenó que guarecieran la línea militar de la trocha varios

---

[112] Benigno Souza su biografía: «Máximo Gómez, el Generalísimo».

batallones de infantería de línea, una de Milicia de Colón y más de 10,000 hombres entre guerrillas montadas, guardia civil de infantería y caballería. Era un grito de *«¡no pasarán!»;* la prensa, española y norteamericana así lo consideraba.

La Voz de Cuba, periódico español, publicado en La Habana, en su artículo de mayo 24 de ese año 1874, dijo:

«Los insurrectos se baten bien. No hay duda de que Máximo Gómez es hombre que sabe mandar, pero su sueño dorado, que es invadir Las Villas, la Trocha infranqueable se lo impedirá».

La misma manifestación la daba a conocer la Prensa Asociada en La Habana el 5 de enero de 1875:

«No hay cambio en los asuntos militares. El número de tropas útiles es suficiente para impedir que los insurrectos emprendan ningún movimiento de consideración en las cinco villas».

Se equivocaba la prensa hispana y la Prensa Asociada. 24 horas después rompía Gómez la Trocha:

En los primeros días del 75 decidió penetrar en Las Villas sin esperar por los recursos que el Gobierno de la República en Armas le había prometido. Así el día 6 cruza la trocha de Júcaro a Morón, donde es herido[113].

Ya en Las Villas libra los combates de El Jíbaro, Vegas de Castaño, Ranchuelo, Río Grande, Callejón de Camaguán, la Hungría y Arimao, entre otros.

Hay dificultades en la zona oriental de la isla y conflictos con el gobierno; es decir, con la Cámara de Representantes. Por eso el presidente de ese cuerpo pide al General Gómez que regrese a Camagüey para tratar de resolver la crisis surgida en Lagunas de Varona con la que el propio Gómez no estaba de acuerdo.

h) DEMANDAS DEL GENERAL VICENTE GARCÍA

Se pidió que viniese el General Máximo Gómez para que intercediese en la solución del problema, por lo que Gómez tuvo que

---

[113] Fue ésta la única herida recibida por este hombre que, como los Maceo, encabezaba las cargas al machete.

abandonar las tropas de Las Villas desde el primero de junio hasta el 16 de julio dañando seriamente los planes de la invasión.

Por ese motivo Máximo Gómez presidió la comisión que el 25 de junio de 1875 se entrevistó, en Loma de Sevilla, con el Mayor General Vicente García.

El General Vicente García había planteado cinco demandas:

1) Renuncia o deposición del presidente de la república (Cisneros Betancourt).
2) Convocatoria para elecciones generales de diputados y senadores.
3) Elección de un Presidente Interino.
4) Elección de un Presidente en Propiedad.
5) Revisión y Enmienda de la Constitución por la Asamblea.

El 7 de mayo la Cámara acepta las cinco demandas presentadas por García, dejando abierta la designación del presidente permanente.

Vicente García aceptaba renunciar a todas las demandas presentadas, menos dejar en la presidencia a Cisneros. A los tres días, Cisneros renunciaba. Lo sustituiría interinamente, Juan Bautista Spotorno.

Por segunda vez se le demoraba a Gómez el ambicioso proyecto de realizar la invasión hacia el occidente de la isla.

Solucionado aquel conflicto el 15 de julio de 1875 regresó Gómez a Las Villas.

Participa en la provincia central en las acciones de Río Grande, Potrerillo, San Juan y Loma de Gíbaro (Cafetal de González).

Surge en aquella provincia el dañino concepto del localismo. Las tropas de Las Villas no aceptaban a los que no fueran de esa región como hombres que dirigirían la lucha. Gómez tendría que regresar el 16 de junio (1876) a Camagüey para plantearle al gobierno su renuncia que, al no serle aceptada, lo forzó a regresar a Las Villas al mes siguiente.

En diciembre de 76 el Gobierno en Armas lo nombró Secretario de la Guerra cargo que ocupó del 15 de enero al 10 de diciembre de 1877, en que renunció ante los síntomas de capitulación que ya se presentaban.

La Cámara de Representantes lo nombró General en Jefe del EL (Ejército Libertador) el 1º de octubre de 1877, cargo que no aceptó.

Ocuparía ese mando tan sólo por unos pocos meses. Se vio forzado el 1º de octubre a entregar definitivamente esa jefatura al Mayor General Carlos Roloff. Un mes después cruzaba la trocha por sexta ocasión, para ponerse a disposición del gobierno de Camagüey que lo nombró Secretario de la Guerra, cargo que ocupó hasta el 10 de diciembre del 77 que renunció cuando ya se hablaba de capitulación. El 6 de marzo del 78, tras el Pacto del Zanjón, abandonaba Cuba para dirigirse a Jamaica[114]. Ya pronto volvería.

i) EL CUBANO-DOMINICANO FAUSTINO SIRVÉN

Y al hablar, para rendirle tributo a tantos valiosos dominicanos, no podríamos olvidar a quien, de padres cubanos nace en Puerto Plata. Ingresa en el Ejército Libertador el 12 de diciembre del 95 incorporándose a las fuerzas del Mayor General José Manuel Capote. Nos estamos refiriendo al médico, que alcanzó el grado de coronel, Faustino Sirvén Pérez Puelles quien atiende a los muchos heridos que produce la batalla de Guáimaro que se prolonga del 17 al 28 de octubre de 1896 donde, más de dos mil hombres a las órdenes del Mayor General Calixto García Íñiguez atacan y toman aquella importante población del norte de Camagüey. En ese encuentro se habrá de des-

---

[114] En 1879 Máximo Gómez se estableció en Honduras, integrándose en el ejército con el grado de General de División (9 de febrero 1879), ocupando el cargo de Jefe Militar en el Puerto de Anapala en San Pedro Sula y en 1884 elabora un 'Programa de Organización de la Revolución» que al incorporarse Antonio Maceo se transformó en el plan «Gómez-Maceo». En 1891 estableció su residencia en Montecristi, República Dominicana y a partir de 1892 se unió a José Martí en los trabajos de preparación de una nueva guerra, siendo designado, en 1895 como General en Jefe y firmó, el 25 de marzo de aquel año, junto con Martí el Manifiesto de Montecristi. Desembarcará Máximo Gómez con Martí y otros cuatro patriotas el 11 de abril de 1895 por Playita de Cajobabo, en Baracoa. Se reunirá, con Martí y Antonio Maceo el 5 de mayo de 1895 en La Mejorana.

tacar el norteamericano comandante Dana Osgood, que muere de un disparo, quien con un pequeño cañón abre una brecha en el muro de la fortaleza que fuerza a la guarnición española al desalojo del fuerte.

Este cubano-dominicano, Sirvén, presta también su ayuda profesional a los heridos en el encuentro de Jiguaní (20 de marzo, 1897) comandado por el Jefe del Departamento Oriental y Lugarteniente General Calixto García Íñiguez cuyas fuerzas atacaron esta importante plaza. La guarnición estaba constituida por más de 300 soldados de infantería, voluntarios y una sección de la Guardia Civil. Respaldaban a García Íñiguez los Brigadieres Rabí, Pedro (Periquito) Pérez, Cebreco, Saturnino Lora, Enrique Collazo y Mariano Torres. Este último, poco conocido en nuestra historia, nacido en Holguín, había alcanzado el grado de General de División y participará en las tres guerras emancipadoras. Se opuso Torres a la sedición de Lagunas de Varona, destacándose en el combate de Cafetal de González, al que nos hemos referido en el texto de este libro. Trabajó, junto con Carlos Roloff, en la preparación de la Guerra Chiquita, desembarcando, al iniciarse la Guerra de Independencia, por la ensenada de la Mora, cerca de Cabo Cruz; y se batió en Las Tunas, en la Palma, en Holguín; Tarro Alto, en Las Villas y otros encuentros.

En su labor profesional Sirven, aquel joven médico, no descansa y atiende desde el 28 de agosto del año 97 a los muchos heridos que llegan de los encuentros en Las Tunas, importante plaza militar que es atacada por los insurgentes cubanos bajo las órdenes de Calixto García a quien también está asistiendo un hombre nacido en otras tierras, el Teniente Coronel Frederick Funston. Altas fueron las bajas en los dos bandos. 161 españoles pierden la vida y 176 son gravemente heridos. Los mambises dejarán 29 hombres muertos en los campos y 60 heridos que serán atendidos por el médico civil.

j) UN DOMINICANO QUE ASISTE A CÉSPEDES

En Santiago de los Caballeros había nacido el dominicano Manuel de Jesús Peña Reynoso que participa en la Guerra del 68 con grado de coronel.

Peña Reynoso, valioso, tiene más vocación política que militar. De allí que participa como representante del departamento de Oriente en la Cámara Legislativa y se desenvuelve, después, como secretario de este órgano hasta mayo de 1873 en que el Presidente Céspedes lo envía al extranjero para que participe en las interminables discusiones de *aldamistas* y *quesadistas*.

Tres años después está de regreso en su país natal en donde ocupa la posición de Ministro del Interior en 1876. Allá será diputado a la Asamblea Constituyente que se reunirá en 1880 y se envuelve en labores educacionales en República Dominicana sin participar en la Guerra del 95. El dominicano Peña Reynosa volverá a Cuba en 1907 muriendo en La Habana el 2 de agosto de 1915.

Otros más arriban pronto porque los emigrados cubanos en República Dominicana seguían activos en la organización de estas expediciones y las próximas serían comandadas por el Coronel Mayía Rodríguez con 37 combatientes que llegarían en el vapor *George Charid*. Lo siguió ese mes de junio la expedición del barco *James Woodall*, organizada por Carlos Roloff y Serafín Sánchez con 150 expedicionarios, entre ellos –siempre activo y combatiente– el colombiano José Rogelio Castillo y, entre otros, Enrique Loynaz del Castillo y Fermín Valdés Domínguez y el polaco Carlos Roloff[115], arribando a Punta Caney, en la costa sur de Las Villas. Aquel mes de junio también partía en el vapor *Pearl*, el Coronel Mariano Torres Mora en su primera expedición de aquella goleta, con 37 expedicionarios, que tuvo serias dificultades al desembarcar[116].

k) SIEMPRE SURGE UN HOMBRE INDIGNO

De la región de Baní llegaron numerosos hombres que con limpieza, dignidad y valor ofrecieron un valioso y decisivo aporte a la causa cubana. Sobresalen entre ellos, todos lo sabemos, Máximo

---

[115] Llegan también Mayía Rodríguez, Fernando Cortina, Rolando García, Buenaventura Escalón y otros.

[116] Entre sus expedicionarios se encontraba el propio Mariano Torres, los tenientes coroneles Vicente Pujals Puente y Juan Ferrera Cocico (Baracoa y Luis Yera Miniot.

Gómez, los Marcano, Modesto Díaz y tantos otros. Desafortunadamente, hubo uno que traicionó la confianza en él depositada. Francisco Javier Heredia Solá nacido en Baní en 1831 que perteneció, como muchos, al ejército dominicano que luchó a favor de la anexión a España. Fue Heredia Solá Comandante Militar de la ciudad de San José de Ocoa y mantuvo relaciones de amistad con Máximo Gómez.

En 1865 llegó Heredia a Cuba con el grado de coronel de la reserva del Ejército Español. Se encontraba en la defensa de Bayamo cuando esa ciudad fue atacada por los cubanos el 18 de octubre de 1868. Por mediación de Luis Marcano se pasó a las filas insurrectas, junto con Modesto Díaz. Con la generosidad que ofrecía altos grados militares, Carlos Manuel de Céspedes confirió a Heredia Solá el grado de General de Brigada, pero éste, dos meses más tarde, traicionó aquella confianza regresando al Ejército Español donde le reconocieron el grado de coronel que anteriormente poseía. Combatió a los cubanos durante toda la guerra en la provincia de Oriente. Fue un tenaz perseguidor del Mayor General Modesto Díaz, su antiguo compañero de tantos años.

El 19 de febrero de 1877 fue ascendido a General de Brigada del Ejército Español y terminada la Guerra de los Diez Años, aún siguiendo la causa española, murió en Manzanillo el 25 de julio de 1884. Indigna fue, la conducta de Francisco Javier Heredia Solá.

l) **OTROS DOMINICANOS**

Como muchos otros dominicanos Hipólito Aybar García, nacido en Santiago de los Caballeros en 1859, sirvió en el Ejército Dominicano prestando su servicio como oficial. Viene a Cuba y vive en la provincia de Oriente. El 1º de abril del 95 se incorpora al Ejército Libertador sirviendo en Cambute en las fuerzas del entonces Teniente Coronel Quintín Banderas. Aybar forma parte del contingente invasor distinguiéndose en varios encuentros. El 20 de septiembre de aquel año por el coraje mostrado en combates se le reconoció el grado de coronel. Ha avanzado Aybar hacia occidente con la columna invasora y durante seis meses opera en el noroeste de la provincia de Pinar del Río al mando del regimiento de infantería Aguilera. Posteriormente pasa al Cuartel General del Departamento Occidental hasta el final de la Guerra del 95.

Otro dominicano, muy poco conocido, se distingue en la Guerra del 95. Es José Camejo Payents, nacido en Santo Domingo el 14 de marzo de 1865 quien, como muchos de sus compatriotas, se traslada a Cuba. Camejo lo hace el 14 de marzo de 1895. A las tres semanas de haberse iniciado la Guerra de Independencias se alza en el Ingenio Los Caños al frente de 8 hombres.

Se une Camejo Payents a las fuerzas que dirige el entonces Coronel Prudencio Martínez Hecheverría (nacido en Santiago de Cuba en 1844)[117].

Su primera acción militar la realiza el 13 de mayo de 1895 con la toma del tren que transitaba entre Caimanera y Guantánamo; luego participa en cerca de 20 combates unos dirigidos por Antonio Maceo (Majaguabo, Banabacoa, Arroyo de Agua, Sao del Indio, la Casimba, Higuanábano) e integrará la columna invasora que salió el 22 de octubre del 95 de Mangos de Baraguá, bajo el mando del Mayor General Antonio Maceo, llegó a Mantua, en Pinar del Río el 22 de enero de 1896.

Participa el dominicano Camejo, que además de militar era periodista, en distintos combates durante la invasión: Guaramanao, el 7 noviembre; Lavado, el 8 del mismo mes; Iguará, el 3 de diciembre; el Quirro, el 12 de diciembre y muchos más. Este dominicano, tan poco mencionado en nuestros libros de historia, fue un incansable combatiente por la independencia cubana. En la primera campaña de Pinar del Río participó en diez combates tan sólo en el mes de febrero; entre ellos, Paso Real de San Diego el 1º de febrero de 1896, Candelaria (el 5 y 6 del propio mes); Río Hondo el 7 de febre-

---

[117] Prudencio Martínez Hecheverría combatió en las tres guerras. En la del 68 formó parte de las fuerzas subordinadas al Teniente Coronel Policarpo Pineda (Rustán) bien conocido en la historia cubana. En la Guerra Chiquita participó a pesar de antes haber recibido cinco heridas de balas una de las cuales le inutilizó una pierna. En la Guerra de Independencia Prudencio Martínez se alzó el mismo día 24 combatiendo en la toma de Ramón de las Yaguas, Arroyo Mondo, Jobito y otras.

ro y Laborí cuatro días después. El 12 de febrero pasa el dominicano José Camejo junto con Maceo a las provincias de La Habana y Matanzas donde combatirá en Güira de Melena, Jaruco, Moralitos, Santa Cruz del Norte, Nazareno y otras, subordinado al General de Brigada Esteban Tamayo[118].

En octubre del 96 Camejo forma parte de la cuarta brigada al mando del Coronel José María Cuervo operando al sur de la provincia de La Habana a quien sustituye cuando el Coronel Cuervo se presentó al enemigo.

Después se incorpora Camejo a las fuerzas del entonces General Periquito Pérez en la Gloria, Guantánamo.

A los pocos días fue nombrado Jefe del Regimiento de Infantería Pineda con el que participó en los combates de Ramón de las Yaguas, donde se encontraba el Mayor General Antonio Maceo y en el de Sao del Indio a los pocos días de haberse incorporado a las fuerzas cubanas.

En Sao del Indio, cerca de Guantánamo, combatió, junto a los mayores generales Antonio y José Maceo, una columna española dirigida por el Coronel Francisco Borja Canellas. En aquel importante encuentro participó también el Brigadier Agustín Cebreco y el Coronel Pedro A. Pérez (Periquito); en estos dos enfrentamientos tan sólo en Sao del Indio las bajas españolas ascendieron a más de 200, entre muertos y heridos.

Terminó la Guerra de Independencia el dominicano José Camejo Payents con grado de coronel. En la república será alcalde de Nueva Paz en las elecciones del 16 de julio de 1900 y reelegido al siguiente año. Tres años después será electo Consejero de la Provin-

---

[118] Esteban Tamayo nació en Barrancas, Bayamo en 1843. Combatió en la Guerra del 68 junto a los mayores generales Máximo Gómez y Antonio Maceo. Forma parte de la Protesta de Baraguá. Es detenido cuando conspiraba para sumarse a la Guerra Chiquita. En la Guerra del 95 participará en varios combates bajo las órdenes del entonces Coronel Luis de Feni y en las campañas de las provincias de La Habana y Matanzas bajo las órdenes de Antonio Maceo; más tarde se incorporó a las fuerzas del General de Brigada Juan Bruno Zayas combatiendo en la acción de las Carolinas en la provincia de Matanzas el 21 de mayo de 1896. El día primero de ese mes había sido ascendido a General de Brigada.

cia de La Habana[119]. Abandonó la política y fundó y dirigió varias publicaciones[120].

Hay otro dominicano que luchó por Cuba, el Comandante Lorenzo Despradel que aparece en el libro de Gutiérrez Félix «Perfil Militar Dominicano de Máximo Gómez», editado en Santo Domingo, República Dominicana, 1986.

Un historiador cubano, Antonio (Tony) Calatayud, en su documentado artículo «Los Dominicanos en el Ejército Libertador Cubano[121]« nos recuerda, entre otros, al Coronel Manuel Abreu y Romero, al Teniente Coronel Francisco Abreu Licairac, al Comandante Bernardo Delgado y al Capitán Francisco Delgado fusilados en Tio Arriba el 21 de enero de 1869, y la presencia en la manigua cubana de Ignacio, sobrino del valeroso dominicano Modesto Díaz.

Y menciona Calatayud también al Coronel José M. Arzeno, que desembarcó con los Maceo y Crombet en Guaba, y relaciona al numeroso grupo de dominicanos que llegaron en la expedición del General Roloff, entre ellos al Comandante Francisco Vega y Varela, al Presbítero D. J. Domingo Corsino. Al Teniente Francisco Aristi, el Sargento Mauricio Castro, el alférez Juan Pacheco y otros.

Otro dominicano, Gil de la Rosa, se integra luego a la columna invasora que llega a Mantua el 22 de enero de 1896 tomando parte en la Primera Campaña de Pinar del Río y el 12 de marzo (1896) atacó el poblado de Cabañas. Aunque Maceo lo reprende en marzo del 96 por falta de disciplina, lo designó el 22 de octubre del 96 Segundo Jefe de la Brigada Occidental de Pinar del Río, subordinado al Coronel Juan Lorente.

Dionisio Gil de la Rosa, médico, nacido en Concepción de la Vega el 8 de noviembre de 1851, formará parte del ejército de su país alcanzando el grado de General de Brigada durante el gobierno

---

[119] Mario Riera Hernández. «Cuba Republicana: 1899-1958, Editorial AIP, Miami, Florida, 1974.

[120] Diccionario Enciclopédico de la Historia Militar Cubana. *Obra citada.*

[121] Antonio (Tony) Calatayud: «Los Dominicanos en el Ejército Libertador Cubano», Revista *Historia y Mundo*, Año II.

de Ulises Heureaux[122] (1897-1899). Viajó a Cuba e ingresó en el Ejército Libertador el 6 de agosto de 1895, incorporándose al Primer Cuerpo en la provincia Oriental y el 7 de febrero del 96 es asignado al Estado Mayor del General de Brigada Pedro Díaz[123], jefe de la Tercera Brigada de la Segunda División del Quinto Cuerpo en Laguna de Ariguanabo, en San Antonio de los Baños, pasando a los pocos días subordinado al Teniente Coronel Adolfo del Castillo.

En agosto de 1896 comienza de la Rosa a prestar servicio bajo el mando del General Rafael de Cárdenas, participando en el ataque a Guanabacoa el primer día de diciembre de ese año y al iniciarse el nuevo año ocupa la Jefatura de Sanidad de Su División bajo las órdenes del General de Brigada Alejandro Rodríguez.

Durante ese tiempo, este esforzado médico dominicano brindó sus servicios al ejército libertador y a la población por las enfermedades que atravesaban en las provincias de Matanzas y La Habana, lo que no le impidió, junto con su compañero Aranguren, volar un tren en San Miguel, Matanzas, porque Gil de la Rosa sobresalió no sólo como un dedicado galeno sino, también, como valeroso guerrero distinguiéndose en el encuentro de Río Hondo (28 de marzo de 1897) donde cayó prisionero el Mayor General Juan Rius Rivera, y

---

[122] Cinco veces ocupó el General Ulises Heureaux la presidencia de la República Dominicana: 1) 1882-1885; 2) 1887-1889; 3) 1889-1893, 4) 1893-1897; y 5) 1897 a 1899. Murió en un atentado realizado por jóvenes opositores.

[123] General Pedro Antonio Díaz Molina, nació en San Juan de los Remedios, Las Villas, el 17 de enero de 1850. Fue uno de los cubanos que combatieron en las tres guerras independentistas. Se alzó el 20 de abril de 1869 incorporándose a las fuerzas del Mayor General Salomé Hernández uno de los valiosos venezolanos que participaron en nuestras luchas libertarias. Herido en la acción de Abra Grande (1870) pasó a las fuerzas del General de Brigada Francisco Villamil luchando con ellas en la provincia de Camagüey. En la Guerra Chiquita fue herido en el combate de Paso de Cataño; y en la del 95 se unió el 25 de abril de aquel año a las tropas del Coronel Joaquín Castillo López, jefe de las fuerzas villareñas. Siguió acompañando a Maceo por mar de la trocha de Mariel a Majana el 4 de diciembre del 96 y estuvo en el combate de San Pedro el 7 de diciembre de aquel año donde cayó Maceo. El incansable combatiente siguió operando en la provincia de Las Villas ocupando la jefatura de la Brigada de Remedios hasta el 6 de abril de aquel año que pasó a Pinar del Río donde terminó la guerra.

tomó parte en más de 64 acciones combativas, una de las últimas en Santa Elena cuando dirigía el Regimiento.

Terminada la guerra, pero antes de establecerse la república, pereció Gil de la Rosa víctima de la agresión de dos agentes de la policía.

m) HIJOS DE CUBANOS NACIDOS EN SANTO DOMINGO Y COLOMBIA

En Puerto Plata, República Dominicana, ingresa en el Ejército Libertador Faustino Sirvén Pérez Puelles nacido en República Dominicana en 1871 de padres cubanos. El 12 de diciembre del 95 se incorpora el médico Sirvén, de quien antes hablamos, al cuartel general del Mayor General José Manuel Capote sirviendo allí al frente de la Jefatura de Sanidad. Se destaca el médico Faustino Sirvén en la asistencia a los heridos en la toma de Guáimaro (del 17 al 28 de octubre de 1896), los heridos en el encuentro de Jiguaní el 12 de marzo del siguiente año, del 97 y a los de las Tunas del 28 al 30 de agosto de 1897. Como combatiente participa en el ataque y toma de esta ciudad bajo el mando del Mayor General Calixto García.

Hermana de Faustino Sirvén es Mercedes Sirvén Pérez Puelles que nace en Bucaramanga, Colombia e ingresa en el Ejército Libertador el 5 de octubre del 96 en la región de Holguín donde con el grado de comandante fundó una especie de botica en el rancho Palmarito al sur de las Tunas para abastecer de medicamentos a distintos centros de curación de las tropas mambisas. Fue Mercedes Sirvén Pérez Puelles la mujer que alcanzó el más alto grado militar en el Ejército Libertador.

Como vemos, Faustino Sirvén sirvió en el Ejército Libertador, en la Guerra de Independencia subordinado al Mayor General José Manuel Capote. No pudo estar mejor ubicado el joven médico cuando en diciembre del 95 a los 24 años se incorpora al Ejército Libertador. Su superior, el Mayor General José Manuel Capote Sosa, nacido en Bayamo el 16 de septiembre de 1842, se había incorporado a la revolución el 13 de octubre del 68 junto con Luis Figueredo en la región de Holguín.

n) EL GENERAL CAPOTE A CUYAS ÓRDENES SIRVIÓ EL CUBANO DOMINICANO FAUSTINO SIRVÉN

Participó Capote de inmediato en la toma de Bayamo (del 18 al 20 de octubre de 1868) sirviendo a las órdenes del Mayor General Máximo Gómez y combatió en Naranjo-Mojacasabe (febrero 2, 1874) donde fue herido y en la batalla de las Guásimas, del 15 al 19 de marzo de aquel año. Sobresale la figura de José Manuel Capote, en Guáimaro el 3 de enero del año 76 y en Las Tunas en marzo de aquel año. También forma parte de las tropas que toman Guisa en ese año tan duro para las fuerzas insurrectas. No podía José Manuel Capote estar ausente cuando comienza la Guerra Chiquita pero fue capturado por los españoles y, como José Maceo y tantos otros, pasaría a las prisiones de Chafarinas.

En la Guerra del 95 Capote se alzó desde el primer día en la zona entre Cauto el Paso y Bayamo, incorporándose a las fuerzas del General Bartolomé Masó, en Corralillo, cerca de Guisa.

El 12 de marzo de 1895 atacó a una columna enemiga, y el primero de abril (1895) sostuvo un combate en los Moscones.

El primero de junio, Capote al frente de unos 100 hombres, se unió a Gómez en Las Tunas. Luego Gómez cruzaría el Río Jobabo, en dirección a Camagüey, para iniciar la Campaña Circular, en cuya primera etapa participó José Manuel Capote.

Toma parte José Manuel en los combates de Altagracia (junio 14, 1895), la Ceja (junio 16, 1895), el Mulato (19 de junio de aquel año en el que se le unen las tropas del Coronel Victoriano Garzón[124]) y San Jerónimo tres días después, regresando a Las Tunas el primero de julio; cumpliendo órdenes de Gómez.

El bayamés Capote resultó herido en el combate de Sao Claro el 11 de agosto del 95 pero con estas acciones numerosas contribuyó a

---

[124] Victoriano Garzón, nacido en Santiago de Cuba, participó en nuestras tres guerras emancipadoras. En la del 95 tomó parte en los ataques a El Caney, y El Cristo en mayo del 95 bajo las órdenes del General José Maceo. Murió en el ataque de El Escandel de su ciudad natal el 8 de julio de 1895.

que la columna invasora, bajo el mando del Mayor General Antonio Maceo, pasara la trocha de Júcaro a Morón.

Participa en los ataques a Guáimaro que se realizan del 18 al 28 de octubre de 1896, en los que interviene el médico Faustino Sirvén y en el de Jiguaní el 12 de marzo del siguiente año; así como los de las Tunas del 28 al 30 de agosto y el de Guisa el 28 de noviembre. Meses después formó parte en el asalto a Bayamo el 28 de abril de 1898.

Sigue combatiendo sin descanso José Manuel Capote Sosa que llegaría a ocupar el grado de mayor general, cuando toma los poblados de San Miguel, Maniabón y Puerto Padre.

El 24 de junio de 1898, durante el sitio a Santiago de Cuba, embarcó este distinguido bayamés con sus tropas por Aserradero, cerca de la ciudad, para desembarcar en la playa de Siboney, participando en el combate de Auras, el último de la guerra.

o) **CUBANO-AMERICANOS EN NUESTRAS GUERRAS INDEPENDENTISTAS**

Francisco Carrillo Morales nació en San Juan de los Remedios, Las Villas, el 4 de octubre de 1851. Cuando Las Villas se alzaron en 1869 se incorporó al Ejército Libertador en las fuerzas del Mayor General Salomé Hernández de quien hemos hablado en esta obra. Posteriormente marchó con las tropas villareñas a Camagüey. En el campamento de Jimaguayú del Mayor General Ignacio Agramonte, el 10 de mayo de 1873, en la víspera de su caída Agramonte, le entregó al entonces Capitán Carrillo un revólver como estímulo por haber obtenido las mejores calificaciones en la academia que él dirigía.

Subordinado ahora al nuevo jefe de Camagüey, el Mayor General Máximo Gómez, se destacó Carrillo el 28 de septiembre de 1873 en el ataque a Santa Cruz del Sur. Fue herido en el segundo combate de Jimaguayú. Participó en las acciones de la Sacra, Palo Seco y las Guásimas sobre las que hemos hablado en distintas páginas de este libro. Pasó a Las Villas y se unió a las fuerzas del entonces teniente coronel Francisco Jiménez atacando, al frente de 30 hombres el fuerte Tetuán, cerca de Remedios. Carrillo Morales recibió una herida en el combate de Nuevas de Jobosí el 28 de noviembre de 1876. Participó en el combate de Aguada del Tinglado y luego del Pacto de Zanjón tomó parte en la Guerra Chiquita. En esta etapa libró las acciones de Ingenio Viejo, Caraballo, e Itabo, Juan de Vera, Pesquero y Sabanas Nuevas de Jobosí; y en noviembre (1879) tuvo un encuentro con tropas españolas en Sabana de Pedro Barba, cerca de Zulueta.

Mencionaremos ahora el dato de más interés personal de este hombre que llegó a alcanzar en el Ejército Libertador el grado de mayor general.

Al capitular en la Guerra Chiquita, el 30 de septiembre de 1880, marchó a los Estados Unidos donde residió durante 12 años y obtuvo la ciudadanía norteamericana. Al regresar a Cuba en 1892, se incorporó a los trabajos conspirativos convirtiéndose en uno de los principales organizadores de la Guerra del 95. Precisamente en la mañana del 24 de febrero fue detenido en Remedios y remitido a la fortaleza de la Cabaña. El gobierno de Estados Unidos reclamó su expatriación por su condición de ciudadano norteamericano. Salió hacia Estados Unidos el 30 de mayo de aquel año. Regresó al frente de la expedición del vapor *HHorsa*, junto con el entonces General de Brigada José María Aguirre. Se dirigió a la provincia de Camagüey donde le ordenaron pasar a la provincia oriental en la que tuvo la oportunidad de combatir en Holguín y las Tunas. Auxilió con su tropa al cuarto viaje del vapor *Dauntless,* que, bajo el mando de Miguel Betancourt Guerra, desembarcó por el río Hondo en el límite entre Trinidad y Cienfuegos.

Este incansable batallador participó en el combate de Paso de las Lamas donde murió el General Serafín Sánchez (18 de noviembre 1896). Carrillo fue herido. Después atacaba Mayajigua y luego libró el combate de Arroyo Blanco el 3 de diciembre de 1897 y el de las Delicias.

El 9 de abril de 1898 Francisco Carrillo fue enviado a Cayo Hueso donde debía coordinar con el alto mando norteamericano las acciones relativas a la intervención de éste en la guerra. Cumplida la misión Carrillo regresó a Cuba el 12 de mayo de 1898 para seguir combatiendo. Su última acción de guerra fue la entrada a Mayajigua el 21 de agosto de 1898. Sobrevivió en las tres guerras que participó y en la república ocupó cargos electivos en Las Villas. Se convirtió en el Vicepresidente de la República durante la presidencia de Alfredo Zayas de 1921 a 1925. Murió en La Habana el 11 de noviembre de 1926.

CAPÍTULO VI

LIBERTADORES NACIDOS EN OTRAS TIERRAS

a) PRESENCIA Y RESPALDO DE LOS VENEZOLANOS EN NUESTRA LUCHA EMANCIPADORA

Conozcamos, al menos, que tan sólo en una de las expediciones que partían de puertos amigos, más del 80 por ciento de sus miembros eran nativos de la patria de Narciso López a quien debemos nuestra insignia nacional. Aquella expedición, la primera del vapor *Virginius*[125], fue dirigida y organizada por el Mayor General Manuel de Quesada y, al frente de ella llegaba su hermano Rafael, con un número indeterminado de expedicionarios de los cuales tres cuartas partes eran venezolanos[126].

En aquel primer viaje del *Virginius* llegaban 61 expedicionarios: 40 venezolanos, 5 puertorriqueños, 6 cubanos y algunos de otras nacionalidades. Muchos de los venezolanos eran jóvenes militares que habían servido en el ejército de su país y los cubanos habían servido a las órdenes de Manuel de Quesada en sus luchas en México. Entre los militares venezolanos se encuentra el General de División Manuel Garrido Páez, sobrino del General José Antonio Páez uno de los fundadores de aquella república.

---

[125] El General Manuel de Quesada compró el vapor *Virginius* que pertenecía al gobierno federal de los Estados Unidos y había sido utilizado como barco corsario durante la Guerra de Secesión para atacar el tráfico de los barcos del norte.

[126] La expedición fue financiada por el gobierno venezolano con la garantía que ofrecía Manuel de Quesada como agente del Gobierno de la República de Cuba y zarpó de Puerto Cabello el 15 de junio de 1871 desembarcando en Boca Carballo (o Caraballo) (hoy Chivirico) en la costa sur de Oriente.

Al iniciarse la Guerra de los Diez Años, Venezuela se encontraba en una intensa y cruenta lucha, gobernada por el Presidente Juan Crisóstomo Falcón, recién derrocado por el anciano José Tadeo Monagas quien, al fallecer un mes después era sustituido por José Ruperto que al no ser reconocido por el congreso es reemplazado por el General Domingo Monagas. Comenzaría en aquel año de 1870 una intensa rivalidad entre Monagas y el General Antonio Guzmán Blanco con quien Manuel de Quesada establecería una fructífera relación para la causa cubana.

En el intervalo entre la anterior presidencia de Monagas y la nueva de Guzmán Blanco se produce el posible reconocimiento del derecho de beligerancia del pueblo cubano que, para algunos historiadores, lo había así dispuesto Monagas el 11 de mayo de 1869. Similar relación de amistad había comenzado a cultivar con el Presidente Monagas el médico cubano Miguel Bravo Sentíes, en representación de la Junta Central Republicana de Cuba y Puerto Rico. Veremos las coincidencias y discrepancias que unirán y separarán a los activos dirigentes cubanos y a las dos figuras señeras que gobernarán Venezuela aquellos años.

Llegaría Guzmán Blanco al poder en abril de 1870 y lo ocuparía, prácticamente, durante los años que duraría en Cuba la Gran Guerra.

Coincide la ascensión al poder de Guzmán Blanco con la llegada a Caracas del General Manuel de Quesada y Loynaz, recién designado por el Presidente Carlos Manuel de Céspedes, su cuñado, agente especial en el exterior. Recibiría el nuevo presidente venezolano el respaldo de Manuel de Quesada que le ofreció las armas que no pudieron desembarcarse en una de las expediciones que éste había organizado desde Nueva York. Pronto el nuevo mandatario venezolano permitió la salida por Puerto Cabello de la primera expedición del *Virginius* –comprado por el propio General Manuel de Quesada con financiamiento del gobierno de Venezuela– que zarparía el 15 de junio de 1871 desembarcando por Caraballo, en la costa sur de Oriente el 21 de aquel mes. Fue el primer paso exitoso del General Manuel de Quesada.

El inicio de nuestra Guerra de los Diez Años, en octubre de 1868, coincide con una dolorosa lucha interna en la nación de Bolívar cuando el Presidente Juan Crisóstomo Falcón es derrocado por el anciano José Tadeo Monagas quien, al fallecer a los pocos días, envuelve a la nación en un doloroso enfrentamiento entre las fuerzas de los familiares de Monagas y la del General Antonio Guzmán Blanco con quien nuestro Manuel de Quesada había establecido una estrecha relación en favor de la causa cubana.

Había llegado el General Manuel de Quesada y Loynaz a Caracas, designado por su cuñado, el Presidente Carlos Manuel de Céspedes, como agente especial en el exterior. Quesada que ya ha organizado expediciones con suficientes pertrechos de armas que, al fracasar en el primer intento de desembarco de una de ellas, el dirigente cubano los ofrece a su amigo el Presidente Guzmán Blanco para ayudarlo a vencer la oposición interna que enfrenta. Se consolidan, así, las relaciones del máximo dirigente venezolano y las del representante de la República de Cuba en Armas que mantiene, momentáneamente, su sede en Caracas.

Ya ha estallado en octubre del 68 la primera de nuestras guerras libertadoras y Céspedes desde Palmarito, el 5 de agosto de 1872 escribe al abogado venezolano Pedro Bermúdez Cuusin, amigo de la causa cubana, solicitándole esfuerzos para conseguir el respaldo del gobierno de Venezuela en la liberación de Cuba[127].

Al comenzar la Guerra del 68 el Capitán José Tadeo Monagas ha iniciado la llamada «Revolución Azul» contra el Presidente Juan Crisóstomo Falcón y lo había derrocado pero, ya muy enfermo, José Tadeo falleció en noviembre de ese propio año (1868).

Para 1870 tres bien conocidos venezolanos mantienen relaciones estrechas con la diplomacia cubana: Cristóbal Mendoza, Secretario del Exterior del Gobierno de la República de Cuba en Armas, José Antonio Echeverría, Mienbro de la Junta Central Revolucionaria de Cuba y Puerto Rico (a veces sustituido por Morales Lemus) y Flo-

---

[127] Fernando Portuondo del Prado y Hortensia Pichardo «Carlos Manuel de Céspedes. Escritos», La Habana, 1974.

rencio Ribas agente diplomático de Cuba en Venezuela que murió poco después.

El 5 de septiembre de 1870 Miguel Aldama nombró a Francisco Javier Cisneros Representante Oficial de la Revolución Cubana ante el gobierno de Venezuela, con residencia en Bogotá lo que limitaba su influencia ante las autoridades de Venezuela. Poco después llega a Venezuela el Mayor General Manuel de Quesada y Loynaz que había sido nombrado por Carlos Manuel de Céspedes Agente Especial en el exterior.

Céspedes respaldaba la labor de Manuel de Quesada en Venezuela y de Francisco Javier Cisneros en Colombia afirmando en comunicación del 27 de julio de 1871 *«que en Venezuela, el General Quesada tiene abiertos todos los puertos de aquella nación»*[128].

La identificación del General Manuel de Quesada con el pueblo venezolano lo expresaba en estas sentidas palabras:

«En Venezuela, en la Patria de Bolívar, de Sucre, de Mariño, de Bermúdez, de Arismendi y de tantos otros que inmortalizaron sus nombres combatiendo contra el poder español; en esta tierra donde nace ahora la libertad y donde más se admira las costumbres bondadosas, hospitalarias y civilizadas; aquí he hallado para Cuba las simpatías del hermano, la fe del compañero, el entusiasmo del que siente revivir sus glorias pasadas con nuevas y esplendentes glorias. El pueblo de Venezuela es cubano por el amor que nos profesa»[129].

Los dos hermanos Quesada, Manuel y Rafael habían establecido estrechos contactos, también, con el caudillo liberal José Loreto Arismendi quien preparaba una expedición a Cuba de 500 hombres

---

[128] Fernando Portuondo del Prado y Hortensia Pichardo, *obra citada*. Citado por González Barrios.

[129] Mario Briceño Perozo: «Antonio Maceo: La Voz del Huracán», *obra citada*.

que no pudo realizarse al morir el General Arismendi el 21 de septiembre de 1870 en el Combate de Irapa.

Todos sabemos las fricciones que la designación de Manuel de Quesada tuvo con el Agente General de la República de Cuba en Nueva York, Miguel Aldama y, poco después, a petición de uno de los grupos que operaba en Venezuela, le envió una credencial designando al venezolano General Antonio B. Linares[130] como representante de Cuba en Venezuela. Se agrietaban más las diferencias de *Quesadistas* y *Aldamistas*.

b) COMUNICACIÓN DE LINARES PLASENCIA A MIGUEL ALDAMA

El primero de diciembre de 1876 el General Antonio B. Linares de Plasencia escribió, desde La Guaira, a Miguel Aldama, Agente General de la República de Cuba en Armas, solicitándole autorización para constituir una Agencia General o Comité con el objeto de recaudar fondos para la causa cubana y gestionar ante las autoridades nacionales el reconocimiento de la beligerancia de las armas cubanas.

Componían el Comité solicitador, entre otros, el propio Linares de Plasencia, los coroneles Ignacio Arias y Gerardo Urbaneta y el Dr. Fernando Aurrecoechea –dos de cuyos hijos habían muerto combatiendo en la isla.

Aldama accedió a la solicitud enviando una credencial que acreditaba a Linares como representante de Cuba en Venezuela, pero sus gestiones fueron obstaculizadas por las actividades de otro grupo, opuesto a Aldama, que perseguía iguales fines.

c) AMADEO MANUIT. VALIOSO VENEZOLANO POCO CONOCIDO

En abril de 1870 Céspedes había designado a Donato Mármol primer jefe del Distrito Cuba teniendo como segundo al Mayor General Máximo Gómez. Ahora considera Mármol lograr su propósito

---

[130] René González Barrios: «Cruzada de Libertad: Venezuela por Cuba», *obra citada*.

de avanzar hasta Guantánamo pero un mes después de su designación es atacado de viruela y muere (1870). Lo sustituirá Máximo Gómez que queda al frente del Departamento Oriental. En próximas páginas nos referiremos con más detalles a esta atinada sustitución.

Pero otro venezolano continuará la lucha. Es Amadeo Manuit que ya desde 1860 residía en Oriente donde se casó con la cubana Lorenza Ortiz y fue de los primeros en incorporarse a las filas de la guerra del 68 en la jurisdicción de Holguín. El 30 de octubre atacaba infructuosamente la ciudad, repitiendo el ataque, esta vez manteniéndola en asedio durante todo el mes de noviembre. Este intrépido venezolano, Amadeo Manuit, ha peleado desde el primer día junto a Maceo Osorio (no confundirlo con Maceo Grajales) y Julio Grave de Peralta que tantas dificultades tuvo con el norteamericano Thomas Jordan.

Debemos destacar los reiterados esfuerzos de Amadeo Manuit por tomar la plaza de Holguín que contaba entonces con una guarnición de 80 efectivos dirigidos por el Comandante Francisco Feliú. En su primer intento (30 de Octubre, 1868), consumidas sus escasas municiones se vio obligado a retirarse, pero volverían a atacar la ciudad Manuit y Grave de Peralta dos semanas después mejor organizados y con mayores armamentos. En este segundo asalto el Comandante Feliú[131] solicitó un parlamento, tiempo que aprovechó para recibir refuerzos que había solicitado.

Por varios días se mantiene tomada la ciudad hasta que en diciembre los insurgentes se ven obligados a levantar el sitio al llegar una columna española de refuerzo dirigida por el Brigadier Francisco Méndez de Denegassi y el Coronel Marcelino García Obregón[132].

---

[131] Mencionado con alguna frecuencia en distintos libros de historias y autobiografías como «el Comandante Feliú» realmente se trata del comandando Francisco de Camps Feliú quien, luego de participar en la batalla de «la Sacra», que describe con gran detalle, se retira de las fuerzas armadas españolas y escribe, en 1890, su libro «Españoles e Insurgentes» al que hacemos referencia en esta obra.

[132] Francisco de Camps Feliú. *Obra citada*.

Una vez reiniciadas las operaciones llegó desde Gibara una columna española que estuvo permanentemente hostigada por los hombres de Grave de Peralta y Manuit haciendo más difícil el intento de tomar la ciudad por las tropas cubanas que habían ahora quedado al mando de otro gran hispanoamericano, el dominicano Luis Marcano que tan brillantes servicios prestó a la causa cubana.

Participó después el venezolano Manuit en numerosos combates, siendo herido en el encuentro de Melones el 30 de mayo de 1870. Un mes después, en junio la partida de Manuit fue sorprendida en su campamento temporal por una guerrilla del Regimiento de la Corona en el sitio conocido por «Melones», en la jurisdicción de Holguín. En el encuentro Amadeo Manuit fue herido mortalmente.

Continúa la incorporación de valiosos combatientes venezolanos y de muchos que llegarán de otras tierras.

Se une a las fuerzas cubanas otro venezolano, Sandalio Aguado que pronto alcanzará altos grados militares (ascendido a coronel el 11 de septiembre de 1872) con sólo 20 años de edad, y aunque cae enfermo[133] muere combatiendo en campaña. Son éstos: Manuit, Salomé Hernández, precursores de otros valiosos venezolanos llegados en el *Perrit*.

---

[133] Carlos Manuel de Céspedes hace mención en su diario el 18 de agosto de 1872 de la enfermedad del venezolano Sandalio Aguado. Dice así el Presidente de la República de Cuba en Armas en la carta a su esposa Ana de Quesada:

«Se me presentó el coronel venezolano Aguado, hijo del general del mismo apellido, joven de 20 años, en la más triste situación de enfermedad y desnudez; dispuse que se le socorriera, mientras pueda regresar a su país».

Academia de la Historia

RAMON ROA

CON LA PLUMA Y EL MACHETE

COMPILACION, PROLOGO Y NOTAS
DE
RAUL ROA

I

d) SALOMÉ HERNÁNDEZ. VENEZOLANO QUE ASCENDIÓ A MAYOR GENERAL

Salomé Hernández Villegas[134], nació en Calabozo en el estado de Guárico, Venezuela, el 8 de julio de 1841. Después de haber prestado servicios en el ejército de su país, emigró a Cuba antes de iniciarse la guerra del 68 radicándose en Las Villas.

Fue uno de los principales jefes del alzamiento en Las Villas de 1869. En ese año ataca Potrerillo y el Ingenio Dos Hermanos y, bajo el mando del Mayor General Adolfo Fernández Cavada combate en diciembre del 69 en el poblado de Arroyo Blanco al que, sólo cinco meses antes ya lo había atacado apoderándose de más de 70 fusiles. No descansaba este intrépido y casi desconocido insurgente venezolano que en marzo 16 (1869), bajo el mando de dos generales también nacidos en el exterior, Carlos Roloff, polaco y Francisco Villamil, español, combate contra la columna del Coronel Morales de los Ríos en la primera semana del propio mes.

Días después, el 10 de marzo de aquel año atacaba el venezolano Salomé Hernández el caserío de Camajuaní poniendo en libertad a todos los prisioneros. A los tres meses, en julio ataca e incendia el caserío de Arroyo Blanco, presenta armas, y el 3 de septiembre toma el ingenio Santa Rosa y en la próxima semana está combatiendo en Jogosí. Siete días después en Meneses. El 4 de aquel mes ataca Bacanal causando a los españoles más de cien bajas. Días antes había ocupado el poblado de Caguayayón y lo mantiene en su poder hasta el 25 de aquel mes.

No descansa el venezolano Salomé Hernández. El 27 de octubre vuelve a atacar y ocupa el Ingenio Dos Hermanos del que era propietaria la familia de su antigua esposa, y terminaba noviembre cuando une sus fuerzas a las del general gallego Francisco Villamil para enfrentarse en Loma de Suazo a la columna del coronel español

---

[134] Hay duda sobre el segundo apellido de Salomé Hernández; para algunos biógrafos entre ellos Benigno Souza, el segundo apellido era Villegas, mientras que para José Antonio Martínez Fortún en su «Anales y Efemérides de San Juan de los Remedios» el segundo apellido era Hernández.

Fortún. Comenzará el año 1870 defendiendo los campamentos de Cambao y Santa Rosa que eran atacados precisamente por el Coronel Fortún, a quien vuelve a enfrentarse el 12 de abril de aquel mes en Pedro Barba.

Se une a estos extraordinarios foráneos, (Villamil, Salomé Hernández), el dominicano Modesto Díaz quienes, en camino hacia el campamento de Carlos Manuel de Céspedes se enfrentan, cerca de Puerto Príncipe, a una columna española. Sigue su avance Salomé Hernández. Ya está en la provincia Oriental y une sus fuerzas villareñas a las del Brigadier Luis Figueredo. Juntas, atacan y toman el poblado de Yara. Han llegado los villareños al campamento del Padre de la Patria, en Holguín.

Presente estará también Salomé Hernández Villegas, ya convertido en Mayor General, cuando bajo las órdenes de su colega en rango militar, el polaco Carlos Roloff, ataca y toma el poblado de Santa Rosa en las proximidades de Cienfuegos y, nuevamente junto a las tropas del General Francisco Villamil vuelve hacia el este y ataca y toma el poblado de Jobosí, a unos 40 kilómetros de Sancti Spíritus. Participa en muchos otros encuentros[135] este venezolano cuyo nombre apenas vemos aparecer –si es que alguna vez se ha nombrado más de una vez– en las ingratas páginas de la historia.

Salomé Hernández que, repetimos, alcanzó el grado de Mayor General en la Guerra de los Diez Años, no dejó de combatir en aquella gesta. Luego de participar en los combates de Cambao y Santa Rosa (el 22 de enero de 1870), sostuvo un encuentro el 12 de abril en Laguna de Enmedio contra los coroneles Fortún y Bonilla y, una semana después volvió a enfrentarlos en Pedro Barba, Nazareno, Hernando y Placetas.

Luego de aquella intensa acometida contra las fuerzas españolas en Las Villas el Presidente Céspedes ordenó que la División villareña, al mando de Salomé Hernández, se trasladara a Camagüey. Al llegar a aquella provincia describe su llegada el Coronel Ramón Roa:

---

[135] Potrerillo, Taguayabón, Loma del Suazo, El Estero, Meneses y otros.

«Pocos momentos después entraba en el campamento el General Salomé Hernández, hombre serio, de valor estoico, y tomó el mando del mismo como le correspondía. Sumadas todas las personas ascendían a unos 1,200 hombres»[136].

Enfermo, une sus tropas a las del entonces General de Brigada Luis Figueredo para atacar, el 29 de septiembre de 1871, al poblado de Yara[137] que es tomado y destruido completamente. A los tres meses, el 24 de diciembre, moría este valeroso venezolano que combatió en las provincias de Las Villas, Camagüey y Oriente.

Ha muerto el aguerrido general venezolano Salomé Hernández. Para sustituirlo nombra Céspedes a otro coterráneo de aquél, al General Manuel María Garrido Páez pero éste no reúne las imprescindibles condiciones de mando necesarias para esta tarea.

Céspedes sentiría la muerte de aquel venezolano-cubano. Escribe a su esposa Ana en una de sus cartas (enero 1872): *«Los Generales A. Cavada y Salomé Hernández han fallecido de calentura. Mucho los siento a todos»*[138].

En la misma misiva Céspedes le dice a su esposa: *«Llegó la noticia que recibí aquel día de haber fallecido de calentura el General Salomé Hernández, sujeto muy apreciable y que hará gran falta en Las Villas, a cuyas fuerzas pertenece la que está ahora escoltando al gobierno»*.

Hasta el escritor español Francisco de Camps Feliú en *«Españoles e Insurrectos. Recuerdo de la Guerra de Cuba»* escribía de Salomé Hernández: *«Salomé Hernández era un hombre de finos modales»*.

---

[136] Ramón Roa Garí: «Pluma y Machete», La Habana, 1969.

[137] Las fuerzas del Mayor General Salomé Hernández enviaron a los emigrados cubanos residentes en Estados Unidos, como trofeo de guerra, una bandera española que habían tomado en el poblado de Yara.

[138] Carta de Carlos Manuel de Céspedes a su esposa Ana Castana de Quesada.

e) **EXPEDICIÓN DE LOS VENEZOLANOS Y MANUEL GARRIDO PÁEZ**

En la primera expedición del *Virginius*[139], que muchos llamaron «la expedición de los venezolanos» salió de Puerto Cabello aquel 15 de junio de 1871 Manuel Garrido Páez. Al desembarcar comenzó a prestar sus servicios en el distrito de Bayamo. No llegaba solo, llegaba acompañado de Manuel González Flores. Poco se conoce de la participación en nuestra lucha de Garrido Páez que es mencionado por Carlos Manuel de Céspedes en distintas cartas escritas en 1872. Regresa a su país en 1873 acompañado de Manuel González Flores que se encontraba enfermo y que algunos mencionan como su hijo.

Ya desde el sábado 3 de agosto Garrido Páez ha llegado al campamento en que se encuentra el Presidente Céspedes para despedirse porque parte para Venezuela[140].

Cumplido el tiempo que se había comprometido a servir en el Ejército Libertador regresaba, enfermo, a su patria nativa llevando, como trofeo de guerra, una bandera que él mismo ocupara al enemigo en la acción de El Dátil[141], aquel poblado tan cerca de Bayamo que fue ocupado por los patriotas cubanos el 13 de octubre del 68 y que, junto a Bayamo, fue incendiado en enero del siguiente año para que no cayera en poder del enemigo.

Al partir para su regreso a Venezuela, el Presidente Carlos Manuel de Céspedes le escribió al presidente venezolano Antonio Guzmán Blanco reconociendo los servicios prestados a la causa cubana. Reproducimos uno de los párrafos de la carta de Céspedes a Guzmán Blanco:

---

[139] Ésta era la expedición organizada por Manuel de Quesada y a cuyo frente se encontraba su hermano Rafael de Quesada y fue conocida como la expedición de «los venezolanos» y como la expedición de «los burros».

[140] Carlos Manuel de Céspedes, Diario, Miércoles 7 de agosto 1872.

[141] Carlos Manuel de Céspedes. Diario. Junio 1872 a enero 1873.

«Excelentísimo Señor: El Mayor General del Ejército Libertador de Cuba, Manuel Garrido Páez[142] regresa a su país después de haber vencido ventajosamente el tiempo por el cual se comprometiera a prestar sus importantes servicios militares en Cuba.

Durante su permanencia en este país, el General Garrido nos ha ayudado mucho a combatir nuestro enemigo, y como no podía esperarse menos de uno de los hijos de la tierra que dio el ser a Bolívar, fue modelo de republicanismo.

Cuba lamenta que el General Garrido se ausente de su territorio, y da a Vuestra Excelencia las gracias por los servicios prestados por uno de sus subordinados».

---

[142] Al salir Garrido Páez de Cuba lo hizo acompañado de Manuel González Flores y a quien en distintas comunicaciones el Presidente Céspedes lo relacionaba. González Flores prestó sus servicios en el distrito de Bayamo desde que desembarcó en el *Virginius* por Puerto Cabello, en junio de 1871.

En esta primera expedición del *Virginius*[143] llegan más venezolanos: Anselmo Villarreal, de Isla Margarita; otro, Gervasio Parra y Franca, de Puerto Cabello; con Domingo Gouycuría, desembarcaban los hermanos Francisco y Enrique Ybans. Han llegado a tierra cubana, también, el Coronel Ignacio Guerra, de Maracaibo, que morirá en combate, y el Capitán Antonio Mora, que peleó junto al General Vicente García y muere en el encuentro de Río Lavado el 18 de marzo de 1872[144], y Manuel Salazar, de Valencia, que también morirá combatiendo, como morirá, en Cuacara, cerca de Sancti Spíritus, N. Barboza y el corneta Pardo del General Calixto García[145].

---

[143] El 15 de junio de 1871, repetimos, parte el *Virginius*, al frente del cual estará el Coronel Rafael de Quesada, con 61 expedicionarios: 40 venezolanos, comandados por el General de División José María Garrido Páez que llegaba acompañado de su hijo; 5 puertorriqueños y 6 cubanos. Los venezolanos eran en su mayoría, oficiales del ejército de su país y los cubanos, jóvenes que habían pertenecido al Estado Mayor del General Quesada.

Hay un nuevo viaje del *Virginius*. Zarpó del Puerto de Colón en Panamá el 1º de julio de 1873 nuevamente al mando del Brigadier Rafael de Quesada. Burla la vigilancia de dos cruceros españoles y desembarcará el 6 de julio en la ensenada de Mora, Pilón, al sur de Oriente. Llevan 130 miembros en la expedición; sólo 29 eran extranjeros; la mayoría, venezolanos; entre ellos José Miguel Barreto, militar venezolano que establecerá cordiales relaciones con Carlos Manuel de Céspedes.

Sería ésta la penúltima expedición venezolana. Al frente de la próxima vendría el General Bernabé Varona, identificado con Manuel de Quesada. Vendrá con ellos, hijo del Mayor General Manuel de Quesada que será fusilado el 8 de noviembre.

En estas expediciones nutridas de valiosos venezolanos llegan hombres cultos como el General Salomé Hernández, Amadeo Manuit, el Coronel Cristóbal Acosta, José María Aurrecoechea y Rafael Golding.

El 31 de octubre de 1873, organizada por el Mayor General Manuel de Quesada, bajo el mando de Bernabé de Varona, como jefe de tierra, parte de Port of Prince, Haití, tras lamentables dificultades y demoras, el *Virginius* en su tercer y trágico viaje.

Sorprendidos y perseguidos por el guardacosta *Tornado*, el barco y la tripulación fueron conducidos a Santiago de Cuba, juzgados y condenados a muerte. Comienzan de inmediato las ejecuciones. Ya habían fusilado a 53 de los expedicionarios cuando la indignación mundial y las reclamaciones de, entre otros, funcionarios y oficiales norteamericanos e ingleses logró detener aquella matanza.

[144] En Río Lavado, enclavado en la jurisdicción de Tunas, fue sorprendida la escolta del General Vicente García por una columna española cuando aquélla se desplazaba hacia otro sitio produciendo bajas en ambos bandos.

[145] Mario Briceño Perozo, obra citada.

f) CRISTÓBAL MENDOZA, URQUIOLA Y ÁLVAREZ SAAVEDRA: MÁRTIRES VENEZOLANOS

Nos llega también de Venezuela Cristóbal Mendoza Durán[146] quien al comenzar la Guerra del 68 residía en Puerto Príncipe, Camagüey. Su padre, de igual numbre, su madre Concepción Durán y su hermano Tomás se habían trasladado a Cuba años antes[147]. En los primeros días de noviembre del 68 se unió a las fuerzas de Napoleón Arango con las que permaneció hasta el día 16 de aquel mes. Al mes siguiente, el 14 de diciembre, es nombrado por el Presidente Carlos Manuel de Céspedes Jefe del Departamento del Interior de la Capitanía General, convirtiéndose después en el Primer Secretario de Estado de la República de Cuba en Armas, designación que se le hizo en Guáimaro el 14 de abril del año 69.

Participará Cristóbal Mendoza en el frustrado ataque a Las Tunas, bajo el mando del Mayor General Manuel de Quesada, de quien fue su ayudante hasta el 17 de diciembre de aquel año 69. Un año después se habrá de producir un encuentro que le costará la vida a este prestigioso venezolano. Una columna de fuerzas españolas había partido de Vista Hermosa, en el área de Camagüey, con el propósito de localizar las fuerzas que comandaba el Brigadier Bernabé de Varona (Bembeta). Las encuentra y comienza el encuentro, donde Mendoza cae prisionero.

Gozaba Cristóbal de Mendoza de gran prestigio en Puerto Príncipe (Camagüey) donde se había desempeñado como profesor de francés y química y Secretario del Instituto de Segunda Enseñanza de aquella ciudad. Por eso centenares de personas acudieron a la plaza pública donde sería ejecutado para despedirlo con demostraciones de afecto y solidaridad con sus ideas. El gobierno de la metrópoli le ofreció salvarle la vida y mantenerle su cátedra si reconocía el error de haberse incorporado a la revolución cubana. Cristóbal Mendoza rechazó la oferta.

---

[146] Cristóbal Mendoza Durán era nieto del primer presidente de Venezuela Independiente, José Cristóbal Hurtado de Mendoza y Montilla muy identificado con Simón Bolívar.

[147] Jorge Quintana. Fondo Nacional de Cuba. Citado por González Barrios.

Acompaña a esta pléyade de heroicos venezolanos que pelearon y muchos dieron su vida para que nuestra isla del Caribe adquiriese y ganase su libertad, José Ulises Urquiola, uno de los primeros combatientes en la guerra del 68. Había nacido en Venezuela y ya en guerra había sido ascendido en Cuba al grado de coronel el 27 de junio del año 73. Poco le duró aquellos galones a este venezolano que había ganado el respeto de todos los que con él habían combatido porque seis meses después, en el ataque que dirigían las fuerzas del General Calixto García al poblado de Santa Rita en la jurisdicción de Jiguaní, moría Ulises Urquiola, junto con el Teniente Coronel Saladrigas.

Habrá de morir Ulises Urquiola el 13 de diciembre de 1873 en el ataque a Santa Rita, bajo la conducción del General Calixto García quien con una tropa inferior a 150 hombres atacó aquella guarnición integrada por miembros del regimiento Anteguera y voluntarios de la localidad dirigidos por Francisco Dellundé. Allí, heroicamente, murió el Coronel Urquiola.

La guarnición de este poblado de Santa Rita, en la jurisdicción de Jiguaní[148], estaba integrada, como dijimos, por 50 hombres del regimiento Anteguera y voluntarios de la localidad dirigidos por Francisco Dellundé, capitán pedáneo del término, pero la avanzada cubana cometió el error de pasar la empalizada sin custodiar la entrada lo que les permitió a los españoles cerrar el portón impidiendo retirarse a los insurgentes e impidiendo la entrada de refuerzos. El error costó la vida de muchos cubanos incluyendo la del Coronel Urquiola y el Teniente Coronel Saladrigas.

De Caracas nos llega Fernando Pedro Álvarez Saavedra, un joven que aún no ha cumplido veinte años cuando comienza a trabajar en La Guaira, Venezuela, como Secretario de la Sociedad Auxiliadora de Cuba Libre. Es su primer contacto con la causa cubana. Al iniciarse la Guerra del 95 se enrola Álvarez Saavedra en el vapor *Horsa* bajo las órdenes del General de Brigada Francisco Carrillo.

---

[148] Con el nombre de «Santa Rita» existían distintos sitios en las jurisdicciones de Guantánamo, Las Tunas y en Cidra, Matanzas.

Se presentan serios accidentes cuando la nave se acerca a la costa y los expedicionarios tienen que tomar los botes más pequeños para llegar a la costa. Álvarez Saavedra, desorientado, y separado de sus otros compañeros, fue capturado y enviado a las prisiones de Ceuta.

Otros venezolanos se han ido incorporando a la lucha en Cuba. Uno de ellos es Sandalio Aguado, a quien ya mencionamos, que participa en la Guerra del 68 y, enfermo, interviene brevemente en distintos encuentros que le permiten ganarse el grado de coronel.

g) JOSÉ MIGUEL BARRETO: GENERAL DE BRIGADA, FIEL A CÉSPEDES

Figura destacada, pero muy controversial, resultó ser el venezolano José Miguel Barreto Pérez, nacido en Aguada de Maturín, estado de Managas, en 1830. Barreto había prestado servicios militares en el ejército de su país alcanzando el grado de General de Brigada y en el segundo viaje del vapor *Virginius* que desembarcó el 6 de julio de 1873 por la ensenada de La Mora, cerca de Pilón, en Oriente.

Al llegar en el vapor *Virginius* quedó el venezolano José Miguel Barreto bajo las órdenes del Presidente Carlos Manuel de Céspedes con quien mantuvo una estrecha amistad. De Barreto escribió Céspedes en su diario:

> *«El General Barreto es un hombre alto, delgado, casi largo, con los ojos pequeños y vivos, parece de buen carácter. No creo que haya recibido una educación esmerada; pero ha aprendido bastante en su roce con hombres más instruidos. Manifiesta mucho entusiasmo por la causa de Cuba»* (Carlos Manuel de Céspedes, «El Diario Perdido», 1972).

El mismo año el gobierno lo nombró como Secretario de la Guerra hasta que en 1874 pasó a comandar la División de Bayamo. Por su estrecha amistad con Céspedes y admiración hacia el Padre de la Patria la deposición de Céspedes lo afectó emocionalmente. A la muerte de Céspedes, Barreto le escribió a la Cámara de Representantes:

> *«Escribo esta presente bajo la penosa impresión de una fatal noticia. La de la infausta muerte del Ex-Presidente de Cuba Carlos Manuel de Céspedes... Estaba escrito, sin duda, en el libro de sus destinos, que Céspedes había de recibir en premio de sus servicios la ingratitud y el tormento... La sangre del hombre que por más de un lustro dirigió los destinos del gran pueblo cubano, dejará una mancha indeleble en la frente de los que lo ataron al poste del martirio»*[149].

El 5 de agosto de 1874 fue nombrado Secretario de Guerra por el Presidente Carlos Manuel de Céspedes, pero cuando éste fue depuesto fue trasladado de posición como Segundo Jefe del Departamento Provisional del Cauto, bajo las órdenes del Mayor General Vicente García.

Pronto José Miguel Barreto se ve sometido a otro cambio cuando en septiembre de 1874 el nuevo presidente Salvador Cisneros Betancourt dispone pasarlo a la provincia de Camagüey bajo las órdenes del Mayor General Máximo Gómez, pero Barreto se mantuvo en los distritos de Las Tunas, Bayamo y Manzanillo.

Junto al General de Brigada Miguel Bravo Sentíes redactó el 20 de abril de 1875 el manifiesto que fue proclamado en Lagunas de Varona convirtiéndose en uno de los principales participantes en aquella sedición. Y, junto al Teniente Coronel Modesto Fonseca, participa en la de Santa Rita. El 25 de octubre de 1877, mientras convalecía enfermo, Barreto fue sorprendido por una fuerza española en Ojo de Agua de Machado, cerca de Las Pelonas, jurisdicción

---

[149] Gerardo Castellanos, «En Busca de San Lorenzo. Muerte de Carlos Manuel de Céspedes», La Habana, 1930.

de Las Tunas, y resultó prisionero[150] y condenado a muerte en el juicio que se le celebró, condena que no se cumplió por estar en esos momentos el Capitán General Martínez Campos, en gestiones que condujeron al Pacto del Zanjón. Murió el venezolano José Miguel Barreto Pérez en su tierra natal.

Muchos otros venezolanos se habían unido a la causa cubana. Algunos bien conocidos; los más ignorados injustamente por la historia.

Se encontraban en la manigua cubana un hermano del coronel venezolano Octavio Nogues; un joven capitán, Manuel Rodríguez, expedicionario del Goicuría; dos hermanos venezolanos Francisco y Enrique Yvans que habían llegado a Cuba acompañando al General Domingo Goicuría. Y el venezolano Ignacio Rober; de la patria de Bolívar habían llegado el Coronel Ezequiel Salazar y Ramón Belisario, mencionados por Carlos Manuel de Céspedes en una de sus cartas a su esposa Ana de Quesada. Muy joven el Capitán Antonio Mora, subordinado al General Vicente García, fue herido en combate el 26 de septiembre de 1870 en El Pozo, jurisdicción de Las Tunas y morirá en la acción de Río Lavado el 18 de marzo de 1872.

Son éstos unos de los venezolanos que podemos mencionar por sus nombres y sus acciones y que perdieron su vida en aquella gesta que había comenzado el 10 de octubre del 68. Recordemos que sólo en la primera expedición del *Virginius* llegó cerca de un centenar de combatientes venezolanos.

Volverá a notarse la presencia de hombres nacidos en la patria de Narciso López en la Guerra Chiquita. Dos nombres surgen de inmediato: el del General Antonio B. Linares de Plasencia y el Doctor Napoleón Tomás Lamber. El primero se había incorporado por la mencionada comunicación que le dirigiera Miguel Aldama, el Agen-

---

[150] El traidor Feliciano Moncada había conducido a los captores hacia su campamento. Barreto fue llevado, atado, a Puerto Padre donde fue condenado a muerte pero por aquellos días comenzaba el General Arsenio Martínez Campos a aplicar en Cuba su política de humanización de la guerra, para hacer propaganda, y conmuta la condena por su destierro a los presidios de África, esperando la aprobación de   el Pacto del Zanjón y se le otorgó la libertad.

te General de la República de Cuba en Armas en Nueva York, que habrá de fundar asociaciones de cubanos en Venezuela y el Centro Patriótico Revolucionario «La Estrella Solitaria», en Cayo Hueso (junio 28 de 1879).

Napoleón Tomás Lamber se identificó con Antonio Maceo a mediados de 1880 en Santo Domingo, formando parte del grupo que preparaba una expedición que no pudo realizarse y a la que ya antes hemos hecho referencia.

Hemos hablado, más que de la presencia, de la actividad de los venezolanos a comienzos de la segunda mitad de Siglo XIX en el Creole y el Pampero; en la Guerra de los Diez Años, en la Guerra Chiquita y en el intervalo entre ambas contiendas. Recordemos, ahora, la presencia de los hijos de la patria de Bolívar en nuestra Guerra de Independencia.

h) COMBATIENTES VENEZOLANOS EN LA GUERRA DEL 95

Gobernaba Venezuela el General Joaquín Crespo en 1892 tras derrocar en un golpe militar al gobierno del Dr. Raimundo Andueza Palacios. Ya, antes, Crespo había gobernado de 1884 a 1886 con el respaldo del antiguo gobernante Guzmán Blanco, pero Martí había llegado, muy brevemente, a Venezuela años antes –enero 20 de 1881 al 28 de julio de aquel mismo año–[151].

De la tierra de Bolívar muchos hombres llegaron a nuestra isla para colaborar en el esfuerzo de los cubanos en alcanzar su libertad. Hemos mencionado, ya, algunos de los muchos que llegaron y compartieron, con el cubano nativo, los riesgos de perder su vida en las dos guerras anteriores: la de los Diez Años y la Guerra Chiquita. Rindámosles, ahora, nuestro más profundo respeto a quienes también nos honraron con su participación en la Guerra de la Independencia de 1895.

---

[151] No hay presencia de actividades de Martí en Venezuela al comenzar la Guerra del 95 hasta el momento de su muerte el 19 de mayo pero sí hay hombres nacidos en la patria de Bolívar que lucharán en los campos de Cuba.

Mencionemos, primero, a quien antes había aportado sus esfuerzos, desde muy joven, en la guerra que antes relatamos, en la Guerra de los Diez Años: Fernando Álvarez Saavedra que llega nuevamente a Cuba en la expedición del *Horsa* que venía al mando de los generales José María Aguirre y Francisco Carrillo.

Junto a los colombianos José Rogelio del Castillo, Adolfo Peña Rodríguez, Avelino Rosas y tantos otros se distinguen en distintas acciones realizadas en la provincia de La Habana muchos venezolanos. Entre ellos, Nicolás Valencia.

El caraqueño, Fernando Pedro Álvarez Saavedra, que había participado desde La Guaira como Secretario de la Sociedad Auxiliadora de Cuba Libre se incorpora en la isla al Ejército Libertado desembarcando en el *Horsa* en noviembre del 95. Al desembarcar fue sorprendido por las tropas españolas que lo hicieron prisionero y lo enviaron a Ceuta.

Allá estará el General de Brigada del ejército venezolano, Fernando Pedro Álvarez Saavedra que mantuvo estrechas relaciones con Cuba en la Guerra de los Diez Años, y, en contacto con Federico Gálvez, se había enrolado en la expedición de *Horsa* que dirigían los generales cubanos José María Aguirre y Francisco Carrillo. El *Horsa*, como antes mencionábamos, arribaba a las costas de Cuba. Apresado, Álvarez Saavedra es, repetimos, condenado a cadena perpetua (1897) y desterrado a Ceuta.

Cae Valencia preso en el difícil desembarco y ya antes habíamos narrado que es enviado a Santiago de Cuba, donde será juzgado y condenado, el 20 de febrero de 1897, a cadena perpetua, sentencia que habría de empezar a cumplir en Ceuta.

i) **NICOLÁS VALENCIA: UN COMBATIENTE EXCEPCIONAL**

Llega a la isla Nicolás Valencia[152] que, con sus conocimientos militares, fue asignado a la jefatura del Regimiento de Caballería Jaruco para sustituir en esa posición al Coronel Lino Mirabal que

---

[152] Nicolás Valencia, nació en Venezuela en 1873 de padres cubanos.

había muerto en combate, y cuya actuación es mencionada por Miguel Varona Guerrero en su obra, *La Guerra de Independencia de Cuba*, de La Habana, en 1946 Tomo II.

Apenas recién cumplidos sus veinte años el venezolano Nicolás Valencia se alzó en enero de 1896 en la provincia de La Habana atacando junto con otros conspiradores el Paradero de Santa Ana incorporándose a las fuerzas del entonces Comandante Rafael de Cárdenas, que recién había ingresado en el Ejército Libertador en la provincia de Camagüey el 15 de mayo de aquel año 95 cuando fue nombrado Secretario del Jefe del Estado Mayor del General en Jefe Máximo Gómez.

A finales del 95 Rafael de Cárdenas Benítez se incorpora al contingente invasor del que Valencia formará parte cuando, al llegar la columna a la provincia de La Habana (el primero de enero de 1896) el Mayor General Máximo Gómez decidió organizar una unidad para actuar en la provincia de La Habana. Para ello, creó una partida a la que llamó *Maceo* con la cual atacó los poblados de Ceiba Mocha y Pipián. En Ceiba Mocha las tropas de Rafael de Cárdenas atacaron aquel primer poblado de Matanzas, cercano a los límites de La Habana destruyendo el fuerte que allí se encontraba (10 de enero 1896).

Mientras Rafael de Cárdenas cumple las tareas encargadas por Máximo Gómez, Nicolás Valencia parte a asistir al desembarco de la expedición del cuarto viaje del vapor *Three Friends*, en la Playa de Boca Ciega, en La Habana, el 7 de julio del 96, en cuya expedición arribaron 65 hombres, entre ellos, el Comandante Juan R. Cowley, y Juan y Leopoldo Díaz de Villegas, Víctor Buttari, Charles Gordon, de quien en este texto hablamos con alguna amplitud, Emilio Cancio Bello y otros.

En el mes de septiembre de ese año asumía Valencia el mando del Regimiento Jaruco que luego será llamado Regimiento Francisco Gómez. Se destaca el venezolano Valencia en el combate de San Francisco el 18 de octubre (1896) bajo las órdenes del Mayor General José María Aguirre. Sirviendo a las órdenes del Brigadier Rafael de Cárdenas combate Nicolás Valencia el 18 de octubre del 96 en el poblado de San Francisco ubicado a unos doce kilómetros de Santa Cruz del Norte.

Dos meses después, el 12 de diciembre, de nuevo bajo la dirección de Rafael de Cárdenas y del Coronel Néstor Araguren, se volverá a luchar en el mismo sitio, San Francisco, contra las fuertes columnas en un combate que se acentuó en el Puente de Guanabo[153].

Participa el 30 de mayo del 96 defendiendo el campamento de las fuerzas que en El Plátano, lo ocupaba el Ejército Libertador bajo las órdenes de Adolfo del Castillo donde éste resultó herido.

Morirá el venezolano Teniente Coronel Nicolás Valencia en el combate de Lomas de Ceballos (30 de Noviembre, 1896), en la provincia de La Habana, aunque el Comandante Miguel Varona y Guerrero en el libro que hemos mencionado afirma que su muerte ocurrió en el combate de el Plátano, en diciembre del 96[154].

j) OTROS VENEZOLANOS EN EL EJÉRCITO LIBERTADOR

Dio su vida, también, por la libertad de Cuba, el venezolano Pedro González de Moya que fue hecho prisionero y fusilado en el castillo «San Severino» de Matanzas el 19 de diciembre de 1896.

Llega a Cuba, el 16 de mayo de 1895, otro venezolano, José Portuondo Herrera que había nacido en Coro. Peleó junto a los lugartenientes generales Antonio Maceo y Calixto García, participando en la invasión a occidente tomando parte, entre otros, en los combates de Peralejo, en el sitio de Jiguaní y en el sitio y rendición de Santiago de Cuba.

De Caracas llega el Capitán José Peña Orihuela, nacido en aquella ciudad quien formará parte del Cuarto Cuerpo del Ejército Liber-

---

[153] El Mayor General José María Aguirre Valdés gravemente enfermo no pudo participar activamente en aquel combate en que moriría el Mayor General José María Aguirre días después, el 29 de aquel mes, y Nicolás Valencia morirá en los primeros días de diciembre.

[154] De acuerdo al historiador Varona Guerrero, por las heridas recibidas en el encuentro de el Plátano el tres de diciembre cuando el campamento del entonces Brigadier José María Aguirre fue atacado por una columna española.

tador; también el Capitán Oscar Silva Muñoz incorporado al Ejército Libertador el 10 de diciembre de 1895. Pronto se convierte en ayudante del General López Recio Loynaz; debemos mencionar al Sub-Teniente Federico Miranda Mola que ingresa en las fuerzas libertadoras el 11 de mayo de 1898, y como farmacéutico se convierte en ayudante del Cuerpo de Sanidad Militar en la Inspección General del Primer Cuerpo del Ejército Libertador.

Son muchos los venezolanos de los que hay constancia que llegaron a nuestra isla a participar en aquella guerra. Estamos refiriéndonos a varios mencionados por González Barrios tras una exhaustiva investigación en el Archivo Nacional de Cuba. Dejemos constancia de algunos de estos nombres: Sub-Teniente Pedro Rafael Naranjo, León Conate Valdés, Juan Emam, Félix González Rodríguez, Fernando González Sánchez, Agustín Guerra, Federico Echavarría Castillo, Feliciano Martínez, Erasmo Palma, Antonio Rabí Zúñiga, Miguel Riverón Correa, Francisco Riverón Paz, Miguel Romero Lechis, y Domingo Saavedra Plasencia.

Mario Briceño Peroso en su libro «Antonio Maceo: La Voz del Huracán» menciona a los venezolanos Manuel Salazar, de Valencia; Andrés Vicente Carvajal, de Guanare; y a N. Barboza, de Huacala, muertos en combate y a Federico Ramírez, de Maracay; Eustaquio Páez, de Valencia, Domingo Monagas Ceballos y el Coronel Ramón Domínguez Blanco que sobrevivieron la Guerra de los Diez Años; así como al General de División Antonio de Linares y al Dr. Napoleón Tomás Lando que participaron en la Guerra Chiquita[155].

En el Archivo Nacional de Cuba se encuentra una carta del General del Ejército de Venezuela, Antonio Linares, dirigida al Presidente del Comité Revolucionario de Nueva York ofreciendo sus servicios para servir en aquella guerra que se iniciaba luego del Pacto del Zanjón y otras comunicaciones de fecha 9 de noviembre de 1879 quejándose de las pugnas que existían entre los que estaban organizando la contienda que tan corta duración tendría y que fue denominada la Guerra Chiquita.

---

[155] Mario Briceño Peroso. «Antonio Maceo: La Voz del Harácaan» *obra citada.*

Arriba otro venezolano. Éste, Pedro González de Moya que llega del sur de Venezuela y siendo apresado es fusilado en la explanada del Castillo San Severino la mañana del 19 de diciembre de 1896. Y vienen otros, el Comandante José Portuondo Herrera que es ascendido a capitán por el Lugarteniente General Antonio Maceo, y a comandante por el Lugarteniente General Calixto García. Con ellos participará en la invasión, combatiento en Peralejo, y en el sitio de Jiguaní.

Han pasado aproximadamente 30 años desde que Manuel de Quesada Loynaz llegara a bordo del *Galvanic* en una expedición armada a las costas cubanas y los mismos años desde que su hermano Rafael llegase en el vapor Salvador en mayo de 1869. Manuel había muerto en San José, Costa Rica en el año 84, pero Rafael seguía manteniendo en el 95 excelentes relaciones con la sociedad venezolana con la que había formado asociaciones en Puerto Cabello y otras localidades buscando respaldo para la independencia de Cuba.

Logra el apoyo, más simbólico que efectivo, de figuras como la de los ex-presidentes Antonio Guzmán Blanco, y Crespo. Junto a ellos el de los Generales Próspero María Barrios, Francisco Batalla y Leopoldo Ruiz Tamayo con los que constituyen en Caracas el Centro Propagandístico Cubano «Martí» en Julio de 1895.

Seis meses después, con la cooperación del puertorriqueño Lorenzo Mercado, funda el Club Patriótico Cubano «Carlos Manuel de Céspedes» para recolectar fondos destinados al Partido Revolucionario Cubano (PRC) que Martí ha ido constituyendo en Nueva York. El Brigadier Rafael de Quesada ha planeado una expedición hacia Cuba –nos apunta René González Barrios– con Tomás Estrada Palma, delegado del PRC, quien busca al que pueda sustituir a Quesada en la dirigencia de las organizaciones creadas para recaudar fondos para el PRC. Junto a ellos estará Francisco de Arredondo y Miranda, aquel camagüeyano que formó parte del grupo de los 76 que se alzaron en Las Clavelinas en esa provincia el 4 de noviembre del 68. Ahora, en el 95, residiendo en Caracas, es designado Agente General de Cuba en Venezuela donde habrá de permanecer hasta el final de la guerra publicando el periódico *El Propagandista*. Morirá el camagüeyano Arredondo en aquel año 96 en un repentino viaje a Nueva York.

La situación en la isla había cambiado del 68 al 95. Ahora, en las postrimerías del siglo, se brindaban muchos extranjeros para pelear por la independencia de Cuba, al extremo que la delegación del Partido Revolucionario Cubano orientaba a las representaciones en el exterior a que desestimularan los ofrecimientos porque lo que era necesario en aquel momento eran armas y recursos bélicos. Así vemos como de Venezuela en esta Guerra de Independencia no hubo gran número de expediciones como en la del 68. Aún así en abril del 95 marcharon desde Venezuela, hispanos principalmente puertorriqueños, y semanas después el General Fernando Pedro Álvarez Saavedra, como dijimos en párrafos anteriores, partía en el vapor *Horsa* con un grupo de compañeros hacia la isla. Desembarcaron y quedó desorientado en la manigua y cayó prisionero[156].

Decididos venezolanos se incorporan a la insurrección cubana en distintos momentos.

Muchos estuvieron presentes en la lucha por la independencia de Cuba: «Dos venezolanos en el *Galvanic*; cuatro en el *Perrit;* uno en *El Salvador*; cuarenta en la primera expedición del *Virginius*; un número indeterminado en la segunda del *Virginius*, y uno en la última trágica expedición de este barco»[157].

Mencionar tan sólo a una docena de decididos venezolanos que, llenos de entusiasmo se aprestan a luchar por la libertad de una colonia que aún se mantiene bajo el yugo opresor de la lejana metrópoli, es una injusticia histórica que algún día, con mayor y más precisa información, sabrán subsanar futuros historiadores. El valiosísimo

---

[156] Conducido el General Álvarez Saavedra a La Habana es sometido a juicio y condenado a cadena perpetua. Será desterrado a Ceuta, con veinte otros patriotas. También participará en la Guerra del 95, repetimos, el venezolano Coronel Nicolás Valencia que estará al frente de una unidad de combate en las provincias de Pinar del Río, La Habana y Matanzas. Junto a ellos estará otro venezolano, Pedro González de Moya, quien será fusilado en la explanada del Castillo «San Severino».

[157] René González Barrios «Cruzada de Libertad».

aporte del pueblo venezolano a la lucha redentora del cubano para alcanzar su libertad no ha sido reconocido a plenitud.

Mencionemos, al menos, además de los ya nombrados, una veintena de estos valerosos hombres de la patria de Bolívar y Páez que combatieron en el 95 y que cayeron prisioneros y fueron luego liberados al terminar la guerra: Comandante José Portuondo Herrera, Capitán José Peña Orihuela, Capitán Oscar Silva Muñoz del Campo, Subteniente Pedro Rafael Naranjo, que arribó a Cuba en la expedición que desde Jamaica dirigía el Coronel Mariano Torres Mora[158], desembarcando en la península de la Mora en la costa sur de Oriente; el Subteniente Federico Miranda Mora y los soldados León Conate Valdés, Juan Emán, Remis González Rodríguez, Fernando González Sánchez, Federico Echavarría Castillo.

Junto a ellos, recordemos a mexicanos, españoles, dominicanos, norteamericanos, colombianos, puertorriqueños y de otras tantas nacionalidades. Expresemos nuestra gratitud a los González Galbán, Inclán Risco, Nicolás Valencia, Felipe Herrero, Rafael Estévez, González de Moya, a José Medinas, coronel del ejército de México. Al Comandante Ramón Cantú y los capitanes Domingo Guzmán, uno de los que desembarca en Duaba con el General Antonio Maceo y Juan Ramírez Olivera que murió combatiendo en nuestros campos de batalla y particular mención debemos hacer del militar Ricardo Arnautó, Juan (Mambí) que se distinguió en la Guerra del 95.

Honor a ellos que arriesgaron su vida por servir a la patria de Martí.

---

[158] Mariano Torres Mora nacido en Holguín fue combatiente de las tres guerras emancipadoras, participando en las acciones de Jiguaní, Santa Rita y Baire a las órdenes del General Donato Mármol. Torres Mora fue ayudante del Mayor General Máximo Gómez cuando éste era jefe de la División Cuba. En Laguna de Varona votó en contra de la sedición. En la Guerra del 95 participó, entre otros, en los combates de Barrancas y Cucaibama y en el de Canalito.

autobiografía del general JOSE ROGELIO CASTILLO

CAPÍTULO VII

VALIOSA INCORPORACIÓN DE COLOMBIANOS

a) **COLOMBIANOS QUE PRESTIGIARON EL EJÉRCITO LIBERTADOR**

En cada expedición venían hombres que habrán de distinguirse en nuestras tres guerras. Uno de ellos llega a bordo del vapor *Hornet*, que bajo las órdenes del Comandante Melchor Agüero desembarcó por Punta Brava, Manatí, el 7 de enero de 1871. Es José Rogelio del Castillo Zúñiga, nacido el 19 de marzo de 1845 en Popayán estado de Cauca, que habrá de participar en nuestras tres guerras emancipadoras y alcanzará el alto grado de General de División.

Ya en su patria nativa, se había incorporado al ejército colombiano y alcanzado (en 1861) el grado de capitán.

Terminado un enfrentamiento entre grupos liberales y conservadores en su país, José Rogelio del Castillo se licenció de la Quinta División «Sánchez» en la misma ciudad de Popayán.

Cuando José Rogelio del Castillo, va a venir a Cuba en la expedición del *Hornet,* se había licenciado del ejército en el año 1863 pero volvió a ingresar en las fuerzas armadas, cuando bajo la presidencia del General Cipriano Mosquera el país se vió envuelto en una guerra con el Ecuador. Terminado el conflicto comienza la relación dc amistad en Panamá con Francisco Javier Cisneros a que hemos hecho referencia.

En Colombia formó parte del Batallón Timbio participando en la acción de Cuaspud, contra el ejército ecuatoriano. Se licencio en 1863, pero luego se reintegró al servicio militar durante la guerra caucana, combatiendo en Tulúa y La Polonia.

Pero dos años más tarde, cuando grupos conservadores se enfrentan al gobierno liberal volvió José Rogelio a ser llamado al servicio militar. Terminada la nueva revuelta volvió a la vida civil el mes de noviembre de 1869 en que pasó a Panamá. En 1869 encontrándose en Panamá, en visita de trabajo, conoció al patriota cubano Francisco Javier Cisneros. Y se unió, a los destinos de Cuba, el colombiano José Rogelio Castillo. ¿Cómo sucedió? En ese momento se encontraba también de tránsito en Panamá Francisco Javier Cisneros quien activo y persuasivo, convenció a Castillo y otros colombianos que con él se encontraban a incorporarse a la fuerza invasora que Cisneros estaba preparando. Casi todos tenían experiencia militar ya que habían pertenecido a distintos cuerpos del ejército.

b) SE INCORPORAN COLOMBIANOS AL EJÉRCITO LIBERTADOR

Así narra José Rogelio Castillo Zúñiga su primer contacto con Francisco Javier Cisneros:

> *«Fue tal la impresión que en nosotros produjo el relato de las desventuras en que gemía Cuba, colonia de España, y tales las simpatías que en nosotros se despertaron por aquellos hermanos que en el propio continente americano estaban sufriendo el yugo de un gobierno opresor, del que afortunadamente nosotros nos habíamos libertado, que, de hecho, sin estipular condiciones, olvidando familia, hogar, intereses, posición, todo cuanto es más caro al hombre en la vida, sin reflexionar siquiera en el compromiso en el que pudiéramos colocar a nuestro gobierno, entonces en buenas relaciones de amistad con España, nada nos detuvo en nuestro ardoroso empeño libertador y nos comprometimos a acompañar al Señor Cisneros y ayudarlo en su abnegada empresa».*

Marchó Cisneros al Cauca donde pensaba incorporar a algunos expedicionarios más, y se quedaron en Panamá, aguardando su regreso, José Rogelio Castillo y los colombianos encargados de organizar un número de hombres que fueran aptos para la futura campaña.

Todos estos colombianos, todos, con excepción de Caicedo que tuvo que retirarse del grupo por razón de enfermedad, se incorporaron a la expedición quedando a las órdenes del Teniente Coronel Martín Sierra, natural de la ciudad de Cali. Regresó Cisneros del Cauca con nuevos prosélitos algunos de los cuales, ante una campaña insidiosa de agentes españoles, desertaron. El grupo inicial quedó completo y a ellos se unieron muchos de los que recién llegaban con Cisneros. Se designó a José Rogelio Ayudante del Cuerpo Expedicionario y, como segundo, a Francisco Mosquera, que era teniente.

No fue nada fácil para este grupo de valiosos colombianos entrar a la isla. Así lo describe José Rogelio Castillo en su autobiografía:

«A las cinco de la tarde del 7 de enero (1870) frente a Puerto Padre, nos divisó un cañonero español y nos disparó, a distancia, dos cañonazos, emprendiendo tenaz persecución; pero el 'Hornet' era de largo andar y pronto le dejamos a una inmensa distancia. Sólo el humo alcanzábamos a ver en el espacio y las burbujas que levantaban los proyectiles al caer en el agua».

Serán tres colombianos los que acompañan a Melchor Agüero en la primera incursión que realizan para reconocer el terreno: Francisco Mosquera, Manuel José Castellón y el propio José Rogelio Castillo. *En total eran 66 expedicionarios de los cuales 60 eran colombianos y 6 cubanos.*

Melchor Agüero, que quedó al frente de la expedición, envió a los seis cubanos, divididos en tres parejas, por distinto rumbo en busca de fuerzas patriotas pero los dos primeros días no los encontraron. El día 9 se produjo un enfrentamiento con una columna española lo que se repitió al día siguiente donde se distinguió el colombiano Antonio Lidueñas. Perdieron la vida muchos de los caucanos que habían llegado en el *Hornet*. Dejemos que sea Castillo Zúñiga quien nos describe aquella acción:

> «Nuestra avanzada del centro, a las órdenes del valiente Capitán Antonio Lidueñas, casi toda pereció, pues con valor insuperable, no bien advirtió que los españoles avanzaban, calaron bayonetas y esperaron el empuje contrario hasta llegar a pelear cuerpo a cuerpo, siendo diezmada por el número de los soldados españoles».

Es obligación de todo cubano rendirle homenaje al valor mostrado por estos dignos colombianos.Continúa Castillo su dramática descripción de aquella heroica acción:

> *«Del total exterminio se salvaron, puede decirse que milagrosamente, el citado Capitán Lidueñas; el Sargento Francisco Varona y alguno que otro número, cuyos nombres siento no conocer para presentarlos a la gratitud de la Patria Cubana.*
>
> *Lidueñas, el héroe de esta jornada, murió más tarde, ratificando su fe por el ideal de la independencia de Cuba, al frente de una compañía y en un reñido encuentro en la región camagüeyana. ¡Honor a su memoria!».*

c) EN TUNAS LOS COLOMBIANOS DE CAUCA

Se encontraban estos expedicionarios en el territorio de las Tunas.

Al séptimo día de aquella accidentada marcha pudieron dar con una familia cubana que les dio noticias ciertas sobre el General Vicente García que se encontraba en una finca llamada «Lorepo» hacia donde se dirigió el grupo ya tan maltrecho. Primero encontraron la avanzada, luego su estado mayor y escolta en el camino de Rompe; así lo describe Castillo:

> *«La alegría que nos proporcionó el encuentro inesperado no es para descrita. ¡Por fin encontrábamos a los cubanos libertadores y podíamos combatir a su lado, sin que hubiese sido estéril nuestro sacrificio, ni las penalidades pasadas!*

La satisfacción fue grande y sincera para ambas partes, y nos sentíamos todos como hermanos, como si todos fuésemos hijos de una misma patria cuya libertad e independencia defendíamos con las armas en la mano».

Marcharían después rumbo a Camagüey en busca del gobierno. Llegaron a la residencia de la presidencia:

«Fui presentado al Presidente Señor Carlos Manuel de Céspedes; a sus secretarios, los señores Carlos Pérez y Francisco Maceo; a sus ayudantes señores Fernando Figueredo Socarrás, José Estrada y Emilio Céspedes, y otras muchas distinguidas personalidades que formaban la comitiva del gobierno».

Se incorpora Rogelio Castillo a las fuerzas del Mayor General Vicente García y el 26 de septiembre de 1870 el Cuartel General es atacado por una columna española procedente de Guáimaro. Allí, en Pozo de la Plata, Rogelio del Castillo resultó herido en una pierna; tiene un nuevo encuentro en Sabanita donde precisamente seis años después el mismo Mayor General Vicente García enfrenta a una tropa causándole bajas apreciables.

Sigue Castillo Zúñiga a las órdenes del General Vicente García hasta el 20 de marzo de 1872 en que partía para unirse al gobierno que se hallaba en Oriente. Ese mismo día y con igual rumbo, salía el General Julio Sanguily, acompañado de su hermano Manuel y del Comandante Aurelio Agüero, custodiados por la compañía «La Avispa», que capitaneaba Pepillo González de las fuerzas de Las Tunas[159].

El gobierno ordenó que Castillo Zúñiga permaneciera a las órdenes de Calixto García que acababa de recibir el grado de Mayor

---

[159] Vergonzosamente Pepillo González se presentó con todas sus fuerzas a los españoles y fue el traidor más feroz y encarnizado que operó en Las Tunas contra los patriotas. Fuente: «General José Rogelio Castillo Zúñiga. Autobiografía».

General y que gozaba ya de gran prestigio. Fue destinado Castillo, como Capitán Ayudante, al Batallón primero de Jiguaní que mandaba el Comandante Wenceslao Saladrigas donde permaneció hasta el año 1874 en que fue enviado a la Segunda Compañía por haber ascendido a Comandante el que era su Capitán, Jesús Rabí.

Allí se encontrarían con Cornelio Rojas, del Batallón Segundo de Holguín y con Pablo Amabile. En mayo de 1875 en un combate en un poblado cerca de Baire, resultó gravemente herido. José Rogelio del Castillo apoyó la Protesta de Baraguá y participó en la Guerra Chiquita, en la cual cayó prisionero el 9 de octubre de 1879 y enviado a los calabozos de Chafarinas en Marruecos.

d) LLEGAN A LAS CÁRCELES DE ÁFRICA LOS PRESOS DE LA GUERRA CHIQUITA

Preso durante la Guerra Chiquita fue enviado Castillo Zúñiga a distintos presidios españoles: San Cristóbal, en Puerto Rico; las fortalezas de Cádiz y Tarifa, en España; así como Ceuta, Melilla y Chafarinas en África. Y, posteriormente, desterrado a Cádiz. En Chafarinas se encontraba, entonces, también deportado, el Mayor General José Maceo. Hablaremos de los contactos de estos dos grandes combatientes.

En aquel agosto del 82, mes duro para los cubanos derrotados, van llegando a Chafarinas muchos de los que participaron en la Guerra Chiquita. El 19 arribaba la corbeta de guerra «África» conduciendo 25 deportados. El día 3 de agosto fondeaba el vapor *Correo* que conducía expatriado a José Maceo. El 8 el vapor «Vulcano» traía 84 deportados, entre ellos a Ramón González, Rafael Maceo, hermano de los Generales José y Antonio, Limbano Sánchez y otros. Ese día moría el Coronel Cintra en brazos de Salvoechea. El 9 fallecía también el Teniente Apolinario Escalona, de las fuerzas de Bayamo[160].

---

[160] José Rogelio del Castillo Zúñiga. «Autobiografía», *obra citada*.

Con esa frecuencia impresionante llegaban las embarcaciones a Chafarinas conduciendo hombres presentados o arrestados durante la Guerra Chiquita.

Todavía en 1881 se mantenía preso en Chafarinas el colombiano José Rogelio Castillo Cisneros, por cuya libertad abogaba Calixto García, también en España luego de recuperarse de su grave herida.

Pero dentro de las mazmorras, también conspiran. En agosto de 1882 José Rogelio Castillo organizó el rescate del entonces General José Maceo, lo que fue impedido por las autoridades inglesas de Gibraltar.

Aquel intento se frustra pero el día 15 logra José Maceo fugarse de la cárcel de Cádiz en el vapor «San Antonio». En carta a su hermano Antonio, de septiembre 21, lo narra así el propio José:

«Te participo que el 15 de agosto me fugué de la provincia de Cádiz con Cecilia, Lola, Elisardo y la hija de Lola, dos cubanos más (José Celedonio Rodríguez y José Rogelio del Castillo) y yo»

Tuvo éxito José Rogelio del Castillo en su segundo intento de rescatar de la cárcel al General José Maceo quien en la misma carta le dice a su hermano Antonio:

«El 17 por la mañana llegamos a Tánger y luego a Gibraltar a bordo del vapor «Hércules» el 20 de aquel mes de agosto»

En el Peñón es arrestado por las autoridades inglesas que envían al General José a la cárcel pública de Algesidas, frente al Peñón de Gibraltar.

e) OTROS HEROICOS COLOMBIANOS

Otros colombianos llegan a Cuba y se comportan con el mismo coraje y la misma dignidad que José Rogelio del Castillo. Uno de ellos fue Adolfo Peña Rodríguez, nacido en Medellín en 1860. Como tantos otros prestó servicios en el ejército de su país en el que alcanzó el grado de teniente coronel.

Acompañaba Peña al Mayor General Antonio Maceo cuando éste fue agredido a tiros a la salida de un teatro en San José de Costa Rica el 10 de noviembre de 1894. Indignado, Adolfo Peña ripostó también a tiros aquella provocación.

Sobre este ataque a Maceo Enrique Loynaz del Castillo, que allí se encontraba, en su obra «Memorias de la Guerra» narra la siguiente anécdota:

«El coronel colombiano Peña nos enseñó su revólver, en un entreacto. Maceo se lo hizo guardar. «De ningún modo quiero –le dijo– que aparezcamos provocando un conflicto; si vienen nos defenderemos; aunque es de esperar que la sangre no regará el suelo». Peña replicó: «Crea, General; yo nunca voy al teatro, porque no me gustan las farsas; pero esta noche los van a atacar a usted, y quiero que sepa que donde está un colombiano no están solos los cubanos».

Cuando se marchaba, varios españoles dispararon e hirieron al General Maceo. Tanto Loynaz del Castillo como el colombiano Peña respondieron con el fuego de sus armas.

Poco después ingresaba Peña en el Ejército Libertador el 1º de abril de 1895 integrando, con grado de coronel, la expedición de la goleta «Honor», que desembarcaba por Duaba bajo las órdenes del Mayor General Flor Crombet e integrada, también, por Antonio y José Maceo.

Ese mismo día tuvieron el primer contacto con el enemigo y fueron perseguidos tenazmente. La embarcación original había partido de Puerto Limón el 25 de marzo. Hace escala en Kingston y parte de nuevo a «Dinorondack» y vuelven sus ocupantes a detenerse en Fortune Island de donde, al día siguiente, parten en la goleta *Honor*.

Aquel primero de abril los cubanos son perseguidos, y cuando hacen un alto en la marcha son atacados. Después, en el Juncal, se les incorpora Félix Ruenes con unos 30 hombres. ¿Quién es éste sobresaliente Félix Ruenes apenas mencionado en nuestra historia patria? Había nacido Félix Ruenes Aguirre en Baracoa el 10 de enero de 1844. En la Guerra de 68 se alzó y operó en su región de nacimiento. Participa en varios combates y es uno de los que respalda la Protesta de Baraguá. En la Guerra Chiquita fue hecho prisionero y enviado a las cárceles de Chafarinas, en Marruecos. Coincidiría su cautiverio con el de José Maceo.

Y en la del 95 se alzó, también en Baracoa, al frente de 30 hombres el primero de abril de aquel año. En menos de 24 horas ya estaba en contacto con los Maceo que recién habían desembarcado.

Félix Ruenes tuvo como una de sus primeras misiones proteger a José Martí y a Máximo Gómez cuando ellos llegaron por Playitas el 11 de aquel mes de abril. Formó parte del Consejo de Jefes Insurrectos que, a petición de Gómez, otorgara el grado de Mayor General a Martí el 15 de abril.

Participará Ruenes en distintas acciones, atacando a una columna española en Altos de Guaniquero. El 8 de mayo en Juncal volverá a combatir en el sitio de Dos Brazos, en la zona de Yateras cuando fueron atacados por las guerrillas de Guantánamo dirigidas por el Teniente Pedro Garrido. Luchará Ruenes en abril del 96 en Playuela, Majaguara y Majana, luego de haber auxiliado las expediciones de Francisco Sánchez Hechavarría, desembarcada por la ensenada de Taco-Nibujón (el 19 de agosto del 95) y la del Mayor General Calixto García que arribó por Maraví el 24 de marzo del año 96.

Volvamos ahora al colombiano Adolfo Peña. El 13 de julio de 1895 participa en el combate de Peralejo; el próximo mes en el de Sao del Indio formando parte de la columna invasora que llegaría a Mantua el 22 de enero del 96.

Este colombiano poco recordado en la historia de Cuba, participa, también, en otro histórico combate: el de Mal Tiempo el 15 de diciembre del 95 y en el de Calimete el 29 de diciembre. No hemos encontrado una campaña que se realice en el occidente donde no esté presente este hombre extraordinario.

Al morir el coronel pinareño Carlos Socarrás en la acción de Cacarajícara el 30 de abril de 1896, Maceo nombró a Peña jefe del regimiento Cacarajícara.

Será el 8 de agosto del año 96 que Maceo, ya en la provincia occidental, le entrega a Peña el mando de ese Regimiento que operaba en las zonas de Bahía Honda, La Palma y Viñales.

Habrá de distinguirse Adolfo Peña Rodríguez el 4 de octubre de 1896 en el combate de Ceja del Negro, lugar situado a unos doce kilómetros de la ciudad de Pinar del Río que fue una de las más destacadas luchas de la Campaña de Pinar del Río, de las tantas libradas por el General Antonio Maceo en aquella campaña donde también se distinguieron las tropas comandadas por Vidal Ducasse y Rius Rivera.

Posteriormente el antioqueño Adolfo Peña sirve a las órdenes del General de División Pedro Díaz y participará en los últimos encuentros de la Guerra de Independencia.

Terminada la guerra fue jefe de la policía en Consolación del Sur, Marianao y La Habana y en 1,900 dirigió en la capital el periódico «El Cubano», fundado por el General Enrique Collazo.

Espíritu inquieto Adolfo Peña a comienzos de 1901 regresa a su patria y muere combatiendo en la que se llamó la Guerra de los Mil Días, en el encuentro de Pierres el 20 de septiembre de aquel año.

f) AVELINO ROSAS CÓRDOBA. GLORIOSO COMBATIENTE DEL CAUCA

Pero debemos distinguir y honrar a otro colombiano. Nacido en 1856 en la ciudad de Dolores, cerca de Popayán, en el Departamento de Cauca, Avelino Rosas Córdoba fue miembro del Ejército Colombiano en cuyas filas alcanzó el grado de coronel.

En 1874 defendía con las armas la presidencia de José Balta en Perú; y se trasladó a Quito donde se unió a quienes conspiraban contra el Presidente García Morera (asesinado el 6 de agosto de 1875) y volvió a Colombia donde en Cauca estuvo con las fuerzas del gobierno para combatir al radicalismo en los enfrentamientos de Los Charcos, Manizales y El Pindo.

Acontecimientos políticos ocurridos en Bogotá en 1876 motivaron su destierro a Venezuela de donde fue expulsado en 1892[161] por haber participado en un movimiento revolucionario[162].

Residía Rosas en Curazao cuando el Mayor General Antonio Maceo le escribió invitándolo a participar en la guerra de independencia de Cuba. Aceptó y partió hacia Nueva York, a donde llegó en enero de 1896 para ponerse a disposición de la delegación cubana en el exterior. Partiría en la frustrada expedición del vapor *Hawkins* que, bajo el mando del Mayor General Calixto García, naufragó frente a las costas de Nueva York el 26 de enero de 1896[163]. Pero este inquieto colombiano llegará el 24 de febrero de aquel año (1896) en la primera expedición del vapor *Bermuda*, también dirigida por Francisco Leyte Vidal que desembarcó por Maraví, el 24 de marzo de aquel año, luego de haber fracasado la primera expedición de aquel barco (*Bermuda*) en la misma fecha del mes anterior.

En Cuba Rosas fue situado a las órdenes de Calixto García como miembro de su estado mayor y luego pasó a la provincia de Camagüey al frente de los regimientos Jacinto y Máximo Gómez el 28 de junio de 1896. Se mantiene activo aquel año y participa en los combates de La Marina el día primero de agosto de 1896, donde fuerzas a su mando se enfrentan a una columna de unos 2,000 efectivos que custodiaban un convoy que se dirigía a Guáimaro y al que le ocasionaron numerosas bajas en Machuca,

---

[161] Desde 1870 el General Antonio Guzmán Blanco, asumió el poder. En una temporal y voluntaria ausencia fue reemplazado por el General Joaquín Crespo hasta 1886. Pero Crespo en 1892 retomó el poder gobernando, en medio de un caos, durante seis años. Fue en esa época en que Avelino Rosas Córdoba fue expulsado de aquella nación.

[162] En aquellos años había un intenso y violento debate sobre si el sistema político del país debía ser federal o centralista y en los años que transcurrían entre 1863 a 1880 la nación cambio su nombre a Estados Unidos de Colombia, etapa que se conoció como «la época de las guerras civiles».

[163] En aquella primera expedición del *Hawkins* venían entre otros, además del colombiano Avelino Rosas, el oficial chileno Arturo Lara junto con un centenar de expedicionarios. En capítulo separado nos referiremos a ésta y otras expediciones.

Flor de Mayo, Lugones, el Desmayo y Paso de las Damas y en el Sitio a Cascorro, que los mencionaremos a continuación.

Termina el año 96 Avelino Rosas con el grado de General de División, Jefe de la División del Quinto Cuerpo de Matanzas, y de inmediato, participa en el Combate de Santa Teresa.

Dos meses después, sirviendo a las órdenes del General en Jefe Máximo Gómez, toma parte en el ya nombrado combate de Machuca, cerca de Camagüey, enfrentándose a la columna del General Jiménez Castellanos, que iba en auxilio de una tropa que estaba sitiada en Cascorro. Ya el 21 de enero de aquel año se había enfrentado, con fuerzas del Cuartel General del Ejército Libertador, a una columna del Coronel Roque en la región de Flor de Mayo en las cercanías de Güines, La Habana. Y el 4 de noviembre vuelve a chocar, junto a las fuerzas del General en Jefe Máximo Gómez, con la combativa columna del incansable General Adolfo Jiménez Castellanos en Lugones, cerca de Cascorro cuyas fuerzas enemigas ascendían esta vez a unos 4,000 hombres que habían salido de Minas en auxilio de las tropas que continuaban sitiadas. Luego de aquel combate las fuerzas de Gómez se unen en «La Conchita» para reunirse con las del Mayor General Calixto García.

Se mantiene activo el colombiano Avelino Rosas Córdoba que llegará a ser General de División. La guarnición de Cascorro había estado sitiada y, como hemos visto, a su auxilio había partido la columna dirigida por el activo General Jiménez Castellanos que ahora regresaba a Nuevitas y con la que vuelven a enfrentarse las tropas de Máximo Gómez auxiliadas por las del Coronel Rafael Cabrera en el sitio conocido como el Desmayo el 8 de octubre de 1896, tratando de obstaculizar la llegada del general español.

El 31 de diciembre del 96 es nombrado Rosas General de División y Jefe del Quinto Cuerpo de Matanzas, y dos días después participa (2 de enero de 1897) en el encuentro de Santa Bárbara –donde acampaba el Gobierno de la República en Armas y el Cuartel General del Ejército Libertador– con una columna que conducía un convoy para Arroyo Blanco que pasaba por las proximidades del campamento. La Brigada de Sancti Spíritus, bajo el mando del Brigadier

José Miguel Gómez atacó la columna española que prefirió no entablar combate y continuó su marcha siendo hostilizada por los cubanos del Regimiento Taguás.

Al terminar la guerra, se desempeñaba Rosas como Jefe del Estado Mayor del entonces General de División Alejandro Rodríguez (no confundirlo con José María Rodríguez (Mayía), con quien también sirvió Avelino Rosas) y pide su retiro.

El inquieto Avelino Rosas Córdova fue electo al congreso en su país de origen y se vio envuelto en la guerra civil que allí se desarrollaba, pasando a Venezuela donde participó en el derrocamiento del Presidente Anduesa Palacios, pero el nuevo Presidente Joaquín Crespo lo envió a prisión y lo expulsó en 1892 del país.

LA GUERRA DE CUBA

(APUNTES PARA LA HISTORIA)

POR

EUGENIO ANTONIO FLORES

OFICIAL DE VOLUNTARIOS
Á LAS INMEDIATAS ÓRDENES DEL GENERAL MARTÍNEZ CAMPOS
EN LA PRIMERA CAMPAÑA

MADRID
TIPOGRAFÍA DE LOS HIJOS DE M. G. HERNÁNDEZ
Libertad, 16 duplicado, bajo.
1895

CAPÍTULO VIII

PRESENCIA MEXICANA EN NUESTRAS GUERRAS EMANCIPADORAS

a) **EN EL *PERRIT* LLEGA UN MEJICANO EXCEPCIONAL**

Si nacen hombres para ser militares, uno de éstos es Gabriel González Galbán quien, nacido en la ciudad de México en 1846, a los 16 años, ingresa en el Colegio Militar de Chapultepec. Incorporado al Ejército Mexicano combatió a los invasores franceses en más de 30 acciones, entre ellas, su primera, en Atlixco, Querétaro y en el Sitio de Puebla. Terminada la guerra contra Maximiliano en México pidió su licenciamiento para combatir por la independencia de Cuba. No vendría solo; junto a él estará otro de sus coterráneos José Inclán polémica figura de la que hablamos ampliamente en estas páginas.

González Galbán llegado a La Habana en enero de 1869 se pone en contacto con la Junta Revolucionaria de La Habana. Parte hacia Jagüey Grande para unirse a los que en la provincia de Matanzas se levantan contra la metrópoli española. Antes de incorporarse a las fuerzas es detenido y marcha a Nueva York embarcándose allá, por inquietud militar, a las órdenes del General Thomas Jordan en el *Perrit* que lo coloca al frente de la organización que llamarán «Rifleros de la Libertad».

La expedición del *Perrit* que salió de Nueva York en mayo de 1869, coincide con el triunfo de las fuerzas del Ejército Mexicano contra la invasión francesa que había culminado con el fusilamiento del emperador Maximiliano en mayo de 1869 en Querétaro. Casi todos los mexicanos con experiencia militar que llegaron a Cuba habían servido, lealmente, en el Ejército Mexicano frente a las tropas francesas de ocupación.

Con este grupo llega González Galbán en el *Perrit* para desembarcar en la península de El Ramón el 11 de mayo de aquel mismo año.

Ya estamos en 1876 y en el Cafetal de González (Loma del Jíbaro), en Las Villas, combate este incansable insurgente, que honraba a su país nativo, siempre bajo el mando superior de Gómez, a una columna de caballería formada por dos escuadrones del Regimiento de Lanceros del Rey y guerrillas de Villa Clara. Junto a González Galbán estarán el Teniente Coronel Enrique Loret de Mola y las escoltas de los generales Julio Sanguily y Manuel de Jesús Calvar. La batalla fue ganada por las fuerzas cubanas pero demoró el avance de nuestras fuerzas invasoras.

Sirviendo a las órdenes de Agramonte participa en el ataque a la guernición de Las Yeguas (Caridad de Carobabo) el 26 de julio de 1872 donde encontró una oposición más fuerte que la esperada; continúa en Camagüey y en agosto toma parte en el ataque a Nuevitas bajo el mando de Máximo Gómez junto al Teniente Coronel Henry Reeve y los Coroneles González Guerra y Gregorio Benítez, tomando la ciudad.

González Galbán se distinguirá en la histórica batalla de Palo Seco (12 de enero de 1873), que comentaremos en esta obra, de nuevo bajo las órdenes de su mentor Máximo Gómez; y en la de Naranjo-Mojacasabe donde la infantería oriental y la caballería camagüeyana eran comandadas por Gómez y las fuerzas ibéricas dirigidas por el Brigadier Bastiones. Siempre junto a Máximo Gómez, el valioso mejicano interviene en otra de las más importantes batallas: Las Guásimas (15 al 19 de marzo, 1874) comandando Máximo Gómez a infantes de Las Villas y Camagüey y caballería de esta última provincia.

En las Guásimas (Marzo 15, 1874) se ganará sus galones y la confianza del Generalísimo Máximo Gómez quien le daba las instrucciones finales para la gran batalla que se avecinaba. Así instruye al mejicano González Galbán:

«Marche usted a encontrar ese enemigo: lo hallará en las casas del potrero. Provóquelo, resístalo y permita que se entere del número de hombres que le acompañan; entonces él lanzará fuera de su cuadro la caballería, la que envalentonada por el número y la fuga, cargará a ustedes por el carril. Huya usted y atráigalos sobre la emboscada de la infantería, que el resto me toca a mí»[164].

González Galbán cumplió aquellas instrucciones. En su persecución partió la caballería española que al llegar al sitio previsto por Gómez quedó despedazada por el inesperado fuego de la infantería mambisa allí emboscada.

Se convertirá este inteligente y valeroso mejicano en uno de los representantes de Máximo Gómez cuando se estén discutiendo las bases que conducirán al Pacto de Zanjón[165]. Al aceptarse, Máximo Gómez parte de Cuba, y marcha de Santa Cruz a Manzanillo. Lo acompañarán entre otros los peruanos Orocio Prado[166] y José Bonilla junto a Collazo, Salvador Rosado y Rafael Rodríguez.

Al iniciarse la Guerra del 95 Gabriel González Galbán –que en aquel momento se había reincorporado al ejército de México– ofreció sus servicios para volver a servir en el Ejército Libertador cubano pero, desafortunadamente, el Partido Revolucionario Cubano, presidido por Tomás Estrada Palma, no aprobó su ingreso en las filas libertadoras.

b) OTROS MEXICANOS LLEGAN A CUBA

En aquel año de 1869 otras dos importantes expediciones arriban a costas cubanas. La primera de éstas llega a bordo del vapor

---

[164] Fernando Figueredo Socarrás. «La Revolución de Yara», Editorial Cubana. *Obra citada.*

[165] Bernardo Gómez Toro, «Revoluciones...Cuba y Hogar» *obra citada.*

[166] Orocio Prado es uno de los tres hijos de Mariano Ignacio Prado que llegará a la presidencia de aquella nación en 1879 y que, junto a sus otros dos hermanos había participado en la expedición del *Lilian*.

Grapeshot el mes de mayo de aquel año. Vienen en ella 18 expedicionarios, entre ellos un mexicano y dos norteamericanos. ¿Quién es aquel mexicano que arriba en el *Grapeshot*? Se trata de un joven militar, Rafael Estévez que al desembarcar por Baitiquirí, cerca de Guantánamo fue hecho prisionero. Trasladado a Santiago será fusilado aquel joven mexicano el 21 de junio de 1869.

La otra expedición es la de El Salvador, organizada por la Junta Central Republicana de Cuba y Puerto Rico, de Nueva York que trae, como jefe de mar y de tierra, a Rafael de Quesada, el hermano de Manuel. Llegan, junto a este gran cubano, seis hombres nacidos en otras tierras: colombianos, mexicanos, venezolanos, franceses y norteamericanos; uno de estos últimos es William A. Ryan quien había participado en la Guerra de Secesión que recién terminaba en el país vecino.

Reconociendo la ayuda que en aquel año 1869 recibían los insurrectos cubanos de sus hermanos mexicanos, Carlos Manuel de Céspedes, como Presidente de la República de Cuba en Armas, escribe una carta de agradecimiento el 9 de junio de 1869 a Benito Juárez, que presidía la nación mexicana, junto a cuyas fuerzas habían combatido los cubanos Manuel y Rafael Quesada y tantos otros. Hace mención Céspedes en su carta de la activa labor que en su país estaba realizando el cubano Pedro de Santacilia quien había logrado –pocos historiadores lo han reconocido– que se izase un día determinado la bandera cubana en los puertos de la nación mexicana (Sergio Guerra).

Para aquel gobierno de la metrópoli eran peligrosas las actividades que algunos mexicanos realizaban en la isla. Por eso, –nos lo recuerda Guerra Villaboy– envían a las cárceles de Fernando Poo al hacendado Miguel Embil y a los oficiales del ejército mexicano Coronel Luis Palacios y el Capitán Carlos Zimmerman; y, después, a Ramón Cantú y Domingo Guzmán.

Hablemos de otros valiosos mejicanos.

Felipe Herrero nació en México y perteneció al ejército de ese país obteniendo el grado de capitán, combatiendo a la invasión francesa.

Llegó a Cuba en la expedición del primer viaje del vapor George B. Upton desembarcando por Manatí el 23 de mayo de 1870 a las órdenes de Gaspar Betancourt Guerra[167] integrándose en el Batallón Cazadores de Hatuey en la región de Holguín. Capaz y decidido este combatiente mexicano se desempeñó luego como jefe del estado mayor del General Brigadier José María Aurrecoechea, jefe de la División de Holguín. Pasando posteriormente a jefe del estado mayor del Mayor General Calixto García[168], por cuya posición fue designado para leerle a las tropas acantonadas en Bijagual el acuerdo de la Cámara de Representantes que disponía la deposición del Presidente Carlos Manuel de Céspedes. El 15 de abril de 1874 el mejicano Felipe Herrero murió en el ataque al ingenio Venecia en la zona de Holguín[169].

Otro mejicano había llegado también en el *Perrit*. Era Rafael Bobadilla que habiendo desembarcado en mayo de 1869, era, por su amplia experiencia militar en su país de origen, ya, en agosto, coronel jefe del Tercer Batallón subordinado al Mayor General Ignacio Agramonte cuando éste era el jefe de la División de Camagüey.

Uno de ellos fue José Lino Fernández Coca, nacido en México donde fue miembro del ejército de aquel país alcanzando el grado de coronel.

---

[167] Gaspar Betancourt Guerra (no confundirlo con Gaspar Betancourt Cisneros) nació en Puerto Príncipe, Camagüey, se incorporó a la Guerra del 68 al desembarcar como jefe de la expedición del primer viaje del vapor *Upton*. Los expedicionarios formaron el Batallón Cazadores de Hatuey. Fue ascendido a teniente coronel en 1873 perteneciendo al Regimiento Bonilla de la División de Camagüey bajo el mando del General de Brigada Gregorio Benítez. Gaspar. Murió en combate en septiembre de 1877. Su hermano, Miguel, participó en el levantamiento de los camagüeyanos el 4 de noviembre de 1868 y quedó como ayudante de Manuel Boza Agramonte. Fue delegado a la Asamblea Constituyente de Guáimaro, miembro de la Cámara de Representantes por Camagüey y, con el Presidente Salvador Cisneros, fue Secretario del Exterior.

[168] José L. Franco, «Antonio Maceo», Tomo I.

[169] Al siguiente año de la muerte de Herrero, el ingenio Venecia pasó a manos de los insurrectos al ser tomado por el Brigadier Belisario Grave de Peralta y las tropas del Mayor General Vicente García el 20 de octubre de 1875.

En diciembre del 68 se encontraba Fernández Coca en Nueva York reclutando hombres que formasen parte de la expedición que a bordo del *Perrit* llegarían a las costas cubanas.

Recordemos que esta expedición, la segunda comandada por el norteamericano Thomas Jordan, y organizada por Francisco Javier Cisneros, creó una fuerte fricción entre el General Jordan y el Brigadier Julio Grave de Peralta por responsabilizar aquel a Grave de Peralta de no haber protegido las armas desembarcadas.

¿Qué había sucedido? En aquel momento, el capitán del buque decidió retirarse definitivamente sin concluir la descarga. Las armas no descargadas le fueron entregadas a la Junta Central Republicana de Cuba y Puerto Rico en Nueva York al regreso de la nave a aquel puerto. Para entonces, José Lino Fernández Coca y demás expedicionarios habían hecho entrega de la expedición al General en Jefe del Ejército Libertador Manuel de Quesada no sin antes haberse visto obligados a enfrentar tropas españolas dirigidas por el comandante español Mozo Viejo en el Canalito, punto enclavado en la península de El Ramón.

Fernández Coca fue nombrado Jefe del Segundo Batallón de la Primera División de Camagüey, subordinado al Mayor General Ignacio Agramonte. Este valioso mexicano tan poco conocido llegaba, con otros hombres, a auxiliar a los que habían arribado en la expedición del vapor *Anna*, que desembarcó el 19 de enero de 1870 por la ensenada de Covarrubias entre Nuevas Grandes y Manatí. Es interesante observar que en aquella nueva expedición, la del *Anna*, llegaban el canadiense William A. Ryan, el puertorriqueño Juan Rius Rivera, James Clansy, Charles Mayer, el capitán Tom Lirrie Nercer, entre otros muchos hombres nacidos fuera de Cuba. El barco traía como capitán al norteamericano Rudolph Sommers.

Luego de haber servido a las órdenes de Ignacio Agramonte, Fernández Coca partió hacia el extranjero en comisión de servicio habiendo alcanzado un alto grado militar.

c) EL GENERAL JOSÉ INCLÁN RISCO

Vida complicada, antes y después de incorporarse a la revolución cubana, fue la del mejicano José Inclán Risco, nacido en Puebla en el año 1832. Formó parte del Ejército Mejicano y se destacó en el combate a aquella ciudad librado el 5 de mayo de 1862 contra los invasores franceses.

Años después, con grado de capitán, Inclán cayó prisionero y fue conducido a Francia. Terminada aquella guerra regresó a Méjico y se reincorporó al ejército pero en mayo de 1868, por su carácter sumamente difícil, el Presidente Benito Juárez ordenó procesarlo porque, como militar, había cometido abusos de autoridad. A los 20 días, pendiente del juicio, Inclán se sublevaba contra el gobierno de Juárez. Fue de inmediato detenido en la Sierra de Ajusco y condenado a la pena de muerte. Por sus relaciones familiares logró que se le conmutara la pena bajo el compromiso de que saliera del país[170].

Por eso, José Inclán Risco llegaba a Cuba en enero de 1869 junto con el también mejicano Gabriel González Galbán. Pronto, ambos hicieron contacto en la Junta Revolucionaria de La Habana. Pasa Inclán a Jagüey Grande, Matanzas, para participar en el alzamiento que se preparaba en esa región pero antes de ponerse en contacto con los revolucionarios fue detenido por las autoridades españolas y conducido a La Habana junto con González Galbán.

Puesto en libertad regresa a Jagüey Grande y establece comunicación con los conspiradores. El 10 de febrero de 1869 se produjo el levantamiento de Jagüey Grande y logra ocupar el pueblo por poco tiempo teniendo, luego, que abandonarlo para refugiarse en la Ciénaga de Zapata. En aquella región el mejicano Inclán reorganiza sus tropas creando el Regimiento Jagua con el cual libró varias acciones entre ellas la quema de los ingenios, Limonar, Jovellanos, Macuríjes y Colón. Para entonces, ha establecido contacto con su superior el Mayor General Federico Fernández Cavada y en agosto de 1869 sale

---

[170] Aparentemente le fue conmutada la pena por gestiones del cubano Pedro Santacilia –yerno y secretario personal de Juárez– Inclán marchaba a Cuba a servir en la guerra que se había iniciado el 10 de octubre.

a combatir a la guerrilla conocida como Tiradores de la Muerte formada por negros apalancados y presidiarios dados a la destrucción de todo lo que encontraban a su paso.

El 24 de febrero de 1870 Inclán fue ascendido a General de Brigada y después, el 4 de abril de 1870, el Presidente Carlos Manuel de Céspedes lo designó para sustituir al Mayor General Adolfo Fernández Cavada en el mando de la Brigada de Cienfuegos y Trinidad.

A los seis meses se colocó bajo las órdenes del Presidente Céspedes y se le confió el mando de las fuerzas villareñas que se encontraban en territorio camagüeyano a las que condujo hacia Sancti Spíritus. Pasados pocos meses se encuentra Inclán ofreciendo su ayuda a la segunda expedición del vapor *Salvador*, organizada por la Junta Central Republicana de Nueva York que traía como Jefe de Tierra al Coronel Fernando López de Queralta[171]. Llegaban, entre otros, Ramón Roa, Juan B. Osorio y Andrés y Manuel Pimentel. El 8 de marzo de 1871 Inclán es nombrado Jefe de la División Holguín al frente de la cual realiza los ataques a San Juan y Bariay.

Han pasado los meses y al comienzo de 1872 es detenido y acusado de tener preparativos, junto con su viejo amigo el compañero González Galbán, para desertar y presentarse al enemigo. Lo complican también con un cubano: con José Payán.

d) EL PROCESO DEL MEXICANO JOSÉ INCLÁN

En 1871 fue designado el santiaguero Payán jefe de una de las columnas de villareños que se trasladaron hacia la región Oriental. Subordinado como ayudante del General de Brigada José Inclán, el santiaguero Payán fue sustituido como jefe de la división de Sancti Spíritus por el español Francisco Villamil acusado, sin prueba alguna, de pretender entregarse al enemigo[172].

---

[171] Datos de estas operaciones aparecen en «El Diccionario Enciclopédico de la Historia Militar de Cuba», *obra citada*.

[172] Complicaban también en la acusación al Teniente Coronel González Galbán de quien hablaremos ampliamente en próximas páginas.

Fue un largo y engorroso proceso. El 29 de febrero Inclán es juzgado por un tribunal que lo condenó a la pena de muerte[173], pero un Consejo de Revisión le conmutó la sanción por no existir pruebas concluyentes.

Todos reconocían en Inclán un hombre que imponía a sus subordinados una estricta disciplina. En ese sentido el Presidente Carlos Manuel de Céspedes escribía en 1872:

«Celebro mucho sus esfuerzos por disciplinar y regular esa División (la división de Holguín) que se hallaba en mal estado y confío en que continuará trabajando con constancia y buen éxito».

Igual calificativo mereció de su ayudante, Ramón Roa, que lo describió como *«un jefe valiente y organizador que había levantado a las fuerzas...a un nivel tal de moralidad y disciplina que no podrá jamás olvidarse»*[174]

Al someterse su causa a un Consejo de Revisión, Inclán, que no se había expresado en el primer juicio, asumió su propia defensa con tanta eficiencia y poder de convicción que el Mayor General Modesto Díaz, quien presidía el tribunal, lo felicitó y le expresó: *«¿Por qué no hablaste antes? No te hubiéramos condenado»*[175].

No obstante, sancionaron a Inclán a dos años de suspensión de empleo y destierro a la jurisdicción de Holguín donde solicitó traslado para el Estado Mayor del Mayor General Ignacio Agramonte marchando hacia Camagüey.

---

[173] No era la primera vez que este impulsivo militar r4ecibía la condena de la pena capital. Años atrás, luego de servir con coraje en el combate de Puebla que se libró en México el 5 de mayo del 62 contra los invasores franceses, fue hecho prisionero y enviado a Francia. Tres años después regresaba a México, su país natal, incorporándose nuevamente al ejército pero fue procesado por el presidente Benito Juárez por abuso de autoridad y conspirar contra este gobierno uniéndose al general Aureliano Rivera por lo que fue detenido y condenado a la pena de muerte. Por gestiones familiares se le condonó esa pena con el compromiso de incorporarse a los revolucionarios cubanos que se habían alzado el año anterior.

[174] Ramón Roa Garí: «Pluma y Machete», *obra citada*.

[175] Jorge Quintana, «José Inclán Risco», *Bohemia*, 9 de mayo 1954, Pág. 154.

Cuando iba rumbo a Camagüey Inclán fue capturado por tropas españolas el 1º de junio de 1872. Conducido a Puerto Príncipe fue juzgado y condenado a fusilamiento lo cual se ejecutó el 15 de junio de aquel año.

Otro fue el destino de Payán. Luego de ser absuelto en el juicio al que fue sometido, Payán se mueve hacia el departamento Oriental junto con el venezolano Salomé Hernández. Al no obtener en la región de Holguín y Tunas los recursos militares que esperaban pasó Payán a Camagüey de donde marchó hacia la República Dominicana. Posteriormente se trasladó a Perú donde se desempeñó, con gran éxito, como director de un banco en el Callao.

No participará José Payán en la Guerra de Independencia, pero el Consejo de Gobierno de la República en Armas lo nombró Agente General de Cuba en aquel país. Regresará a la isla en 1904, treinta años después de haberla abandonado.

CAPÍTULO IX

COMBATIENTES DE OTRAS NACIONALIDADES

Llega a la isla Nicolás Valencia[176] que, con sus conocimientos militares, fue asignado a la jefatura del Regimiento de Caballería
Eran muchos, y de nacionalidad muy variada, los hombres llenos de ideales que nacidos en otras tierras se incorporaban a lo que iba a ser una larga lucha de los cubanos en busca de la independencia de su patria.

a) **ERA FRANCÉS EL JEFE DE ARTILLERÍA DEL MAYOR GENERAL IGNACIO AGRAMONTE.**

Eloy Beauviliers, nacido en Francia, residiendo en Puerto Príncipe (Camagüey) se incorpora al Ejército Libertador y bajo las órdenes del Mayor General Ignacio Agramonte participa en el ataque a Puerto Príncipe el 20 de julio de 1869, acción que realiza Agramonte para hacer sentir la fuerza de la revolución en el territorio que sus tropas ocupaban y apoderarse de pertrechos y vituallas que necesitaban y luego retirarse a sus bases de operaciones.

El ataque a la ciudad de Camagüey lo inició el propio Eloy Beauviliers utilizando una pieza de artillería que sirvió para el avance de los insurgentes que entraron a la ciudad por distintos puntos enfrentándose a las tropas españolas dirigidas por el Mariscal Eusebio Coello. El grupo dirigido personalmente por Agramonte entabló combate con las tropas españolas integradas por una infantería de marina y el batallón de voluntarios de la Unión Liberal se concentra-

---

[176] Nicolás Valencia, nació en Venezuela en 1873 de padres cubanos.

ron, pero el grupo de insurrectos habían cumplido los objetivos perseguidos y se retiraron sin sufrir mayores pérdidas.

Participa luego Beauviliers, entre otros encuentros, en el combate de Minas de Juan Rodríguez, en Guáimaro, el primero de enero de 1870 bajo el mando del mayor general Thomas Jordan quien al frente de unos 550 hombres derrota a una columna de unas 2,000 plazas que incluía hombres de la infantería de marina y de los Regimientos Chicana, Unión y Voluntarios de Madrid, así como un escuadrón de Caballería y tres piezas de artillería. Todas ellas también bajo las órdenes del Mariscal Eusebio Coello. El cañón utilizado por Beauviliers era conocido como «El Ángel», llamado así porque el General de Brigada Ángel del Castillo se lo había ocupado a los españoles en la acción de Pitajones[177] (13 de agosto de 1869). Manejado por el francés Beauviliers el cañón fue colocado en una trinchera que obstruía el camino que conducía a Palo Quemado. En tres oportunidades las fuerzas españolas realizaron cargas de bayoneta que fueron rechazadas. En la cuarta ocasión el General Jordan, ya falto de municiones, se vió obligado a abandonar la trinchera.

El 9 de mayo de 1871 el Mayor, como era siempre designado el Mayor General Ignacio Agramonte, lo nombró Jefe de Artillería, pero cinco días más tarde una partida de la guerrilla de Santa Cruz del Sur lo sorprendió en Jagua, al sur de Camagüey. Fue hecho prisionero y ejecutado de inmediato.

No es sólo Beauviliers el único francés que viene a unir su vida a los destinos de la isla de Cuba. También llega Edgard Carbonne que se incorporó a la Guerra de la Independencia de Cuba como ex-

---

[177] El 13 de agosto de 1869 en Pitajones, sitio cercano a la jurisdicción de Sancti Spíritus, fuerzas cubanas atacaron y casi aniquilaron una columna de unos 300 hombres que estaban bajo el mando del Teniente Coronel Ramón del Portal –que días atrás habían dado muerte, en una emboscada, a Honorato del Castillo, una de las más distinguidas figuras que participaron en la Asamblea de Guáimaro–. Uno de los oficiales cubanos más destacados en este combate era el entonces Teniente Serafín Sánchez que fue ascendido a capitán al terminar la acción; y posteriormente participó, entre otras acciones, en las de Atollaosa, el Jíbaro, la Ceniza y otras. Amplia información sobre la vida de Serafín Sánchez fue ofrecida por Luis F. del Moral en la obra «Serafín Sánchez: un carácter al servicio de Cuba», Editorial Cubana Luis J. Botifoll.

pedicionario del cuarto viaje del vapor *Laurada* el 21 de marzo de 1897. Carbonne estuvo al frente de la Academia Técnica Práctica para la fabricación y manejo de explosivos, fundada por Carlos Roloff en Sabanita, Camagüey. Antes de concluir la guerra Carbonne sufrió un accidente que le ocasionó graves quemaduras en el cuerpo por lo que no pudo participar en acciones bélicas.

b) IDEA DE UN PERUANO: EL PRIMER BARCO CORSARIO DEL EJÉRCITO LIBERTADOR

El peruano Leoncio Prado, tan injustamente ignorado por nuestros historiadores, concibió la idea de secuestrar un barco español y convertirlo en un buque corsario con el pabellón de la República de Cuba en Armas y dedicarlo a obstaculizar la comunicación marítima de la metrópoli con la isla.

A ese efecto se confabuló con un grupo de 11 cubanos para apoderarse en Puerto Plata, Santo Domingo, del vapor *Moctezuma* que transportaba correo, víveres, mercancías y pasajeros a varios puertos del Mar Caribe. El 17 de noviembre de 1876 abordaron el barco y a las pocas horas de navegación detuvieron a la tripulación y demás pasajeros a los que desembarcaron en Port de Paix, Haití. Luego se dirigieron a Puerto Limón, donde anclaron el 13 de aquel mes.

Alarmadas las autoridades españolas ordenaron a varios barcos de su marina (Isabel la Católica, Pizarro, Las Navas, El Tornado, Bazán y Jorge Juan) capturar al Moctezuma que ya se encontraba en el puerto Gracias a Dios, impidiéndole la evasión por lo que los patriotas descargaron el armamento e incendiaron la nave.

Posteriormente Leoncio Prado volvió a integrarse a la lucha por la independencia de Cuba.

c) OTRO PERUANO AL SERVICIO DE LA INDEPENDENCIA DE CUBA

Temístocles Molina Derteano, había nacido en Lima, Perú, en 1862. Participa el 25 de julio (1897) en el enfrentamiento de Los Claveles, en las inmediaciones de la ciudad de Camagüey con una columna española. Las fuerzas cubanas eran dirigidas por el Brigadier López Lope Recio-Loynaz. Participó en el encuentro de Urabo, pueblo cercano a la ciudad de Camagüey, que fue la última acción combativa de las fuerzas que él comandaba antes de terminar la contienda. Al concluir nuestra guerra de independencia se licenció el 17 de diciembre de 1898 regresando a Perú, su país de origen.

Había servido Molina Derteano en el ejército de Perú alcanzando el grado de comandante. Llega a Cuba en el cuarto viaje del vapor *Laurada* que desembarcaba el 21 de marzo de 1897 por el Esterón de Júcaro, cerca de Banes, Oriente, bajo el mando del Mayor General Carlos Roloff, el polaco que tan activa participación tuvo en nuestras luchas independentistas.

Participa este valioso pero poco conocido peruano en distintas acciones bajo el mando del Mayor General Roloff y el 22 de febrero de 1898 se destaca en el combate de Peralejos[178], cerca de Najasa, bajo las órdenes del General Maximiliano Ramos, uno de los combatientes que pelearon en nuestras tres guerras emancipadoras[179].

Esta expedición del *Laurada* (que luego fue renombrado «Antonio Maceo») había sido financiada por la Delegación Cubana y organizada por el General de Brigada Joaquín Castillo Duany. Entre los 36 expedicionarios se encontraba José Martí Zayas Bazán –el hijo del Apóstol Martí– y el capitán francés Alonso Migaux. Todo el pertrecho que traía, con la colaboración del General Luis de Feria, que llegó a prestar auxilio en el desembarco, cuyo material le fue entregado al Mayor General Calixto García.

Juan J. E. Casasús en su biografía de Calixto García (página 159) mencionaba que Leoncio Prado, formando parte del Comité

---

[178] No confundirlo con la Batalla de Peralejo, una de las acciones más importantes realizadas por Maceo en Oriente antes de iniciar la invasión.

[179] Maximiliano Ramos González, nacido en Puerto Príncipe, Camagüey, se alzó en noviembre de 1869 destacándose en los combates de Santa Brianda de Altamira, el de Jimaguayú donde murió el Mayor Ignacio Agramonte, en la Sacra, Palo Seco, Naranjo-Mojacasabe, las Guásimas y Loma del Jíbaro participando en la invasión a Las Villas que cruzó la trocha de Júcaro a Morón. Luchó en la Guerra Chiquita, en la Guerra de Independencia bajo las órdenes del General de Brigada Lope Recio Loynaz y del Mayor General Javier de la Vega Basulto.

Revolucionario de la Emigración, aportaba poderosos elementos de guerra como uno del «Grupo de los Cinco». Este grupo estaba formado por José Francisco Lamadrid, Fidel G. Pierra, Leandro Rodríguez, Ramón Martínez y al propio Prado, los que se dedicaban a recolectar inmediatamente fondos y elementos de guerra y entregarlos a Leoncio Prado.

d) CARLOS ROLOFF. REGIONALISMO Y LOCALISMO

Mediaba el año 1865 cuando llega a Cuba, procedente de los Estados Unidos, donde había participado como oficial en el ejército confederado un joven que 23 años antes había nacido en la lejana Varsovia el 4 de noviembre de 1843. Se trataba de Carlos Roloff que al llegar a nuestra isla se estableció en un comercio en Caibarién, Las Villas, cultivando estrechas relaciones con los residentes locales.

Cuando Las Villas se incorpora a la guerra emancipadora que se había iniciado en octubre del 68 la experiencia militar adquirida por el joven foráneo le facilitó convertirse en líder militar de la localidad con el grado de Mayor General y Jefe del Estado Mayor de Las Villas, probando su habilidad en el combate de el ingenio San Gil uno de los primeros que se producen en la provincia central.

No fue fácil en aquella región la obtención de recursos militares lo que hizo que el impaciente Roloff marchara, junto con sus compañeros villareños, hacia la provincia Oriental participando en los combates de Jíbaro, Río Grande, Marroquín y Lázaro López, este último un fuerte español a unos pocos kilómetros de Ciego de Ávila; pero pronto regresa a Las Villas donde se hace cargo de la División de Malezas, una de las tres en que queda dividida la región de Las Villas y según las notas del español Francisco Villamil ocupaba el mando de otra de las divisiones que antes dirigió, por muy breve tiempo, Florentino Jiménez. Peleará en el área de Remedios, en contacto con tropas de Serafín Sánchez, José Payán, en un área no muy cercana a la trocha, con mucho valor pero muy escasos recursos militares y, moviéndose entre Remedios, Sancti Spíritus, Sagüa la Grande y otras zonas se mantiene Roloff.

No obstante, se produce en julio de 1872 una tirante situación entre el Presidente Céspedes y el General Roloff que lleva a aquél, en el mes de julio, a ordenar el arresto del polaco Roloff por *«haber presentado un memorial calumnioso y ofensivo para el Presidente de la República»* pero la situación quedó prontamente resuelta y en su diario anota Céspedes el miércoles 31 de julio *«Roloff retractó su material y dio explicaciones satisfactorias»*; el 25 fue puesto en libertad[180].

Carlos Roloff vuelve nuevamente hacia las provincias de Camagüey y Oriente. Ahora bajo las órdenes de los Mayores Generales Ignacio Agramonte, en Camagüey; y Modesto Díaz en Oriente, de donde regresa a la provincia central al avanzar hacia ella, pasando el General Máximo Gómez la trocha, donde se le confirma a Roloff su jefatura de la Brigada de Remedios y el mando de la Segunda División en sustitución del General José González Guerra que había muerto el 28 de febrero del año 75.

Pero siguen las fricciones del joven polaco con sus superiores. El 7 de septiembre de 1875 el General Gómez lo destituyó por mantener a las tropas inactivas e indisciplinadas designándolo Jefe de Comunicaciones del Tercer Cuerpo de aquella provincia. Comienzan las fricciones de Roloff obstaculizando el avance de la invasión comandada por Gómez que culmina con la entrevista entre ambos en Los Pozos el primero de octubre de 1876 en que el polaco Roloff le expresa a Gómez que los jefes villareños no aceptan la jefatura de éste en la provincia central. Será, ahora, Roloff el jefe del Ejército Libertador en Las Villas, pasando a Serafín Sánchez al mando de la Primera División de aquella provincia.

Pronto el 18 de noviembre de aquel año 76 se produce un fuerte encuentro entre las fuerzas comandadas por el General Roloff y una columna integrada por batallones de los regimientos Pizarro y de la Reina, bajo las órdenes del coronel español Ayuso en Nuevas de Jogosí, cerca de Sancti Spíritus, perdiendo las tropas españolas más de 250 hombres entre muertos y heridos y en cuyos encuentros re-

---

[180] *Diario de Carlos Manuel de Céspedes* de julio de 1872 a enero de 1873.

sultaron heridos los tenientes coroneles Francisco Carrillo y Serafín Sánchez. Se ocupaba Rolof de la jefatura del Tercer Cuerpo del Ejército y de dos Divisiones comandadas por los brigadieres Francisco Vega y Ángel Maestre[181].

Le imponía Roloff una apreciable actividad a Sagüa y Cienfuegos, de las que era ahora su principal responsable mientras se realizaban algunas acciones en Sancti Spíritus y Remedios. Tensiones y fricciones existían entre varios jefes de la zona: Marcos García, Pancho Jiménez, y Serafín Sánchez en momentos en que, en otros niveles surgieron diferencias que conducirían a la Paz del Zanjón, cuya Acta de Capitulación de las fuerzas villareñas se firmaría en la finca el Mamey el 18 de marzo de 1878. Saldrá de Cuba Roloff con destino a Nueva York para participar, como Tesorero, y luego Secretario, del Comité Revolucionario Cubano[182].

Permanecerá varios años en Panamá y Honduras; Roloff será llamado por Martí para una reunión en Nueva York que sería uno de los primeros pasos de la Constitución del Partido Revolucionario Cubano. Aquel hombre que había nacido en una tierra tan lejana tendría el honor de dirigir la primera expedición armada en la Guerra de Independencia del año 95, en el vapor *James Woodall* que desembarcaría el 24 de junio por Tayabacoa cerca de Trinidad y Sancti Spíritus. Volverá nuevamente Roloff.

Con armas traídas por el General Roloff en la segunda quincena de marzo de 1897, cerca de Banes, las tropas de Calixto García, al mando de Periquito Pérez, toman las alturas que dominan aquel puerto de mar[183], combate en Jiguaní y se prepara para el ataque y toma de Victoria de las Tunas. La expedición de Roloff había veni-

---

[181] El General de Brigada Ángel Maestre, nacido en Manzanillo, participó en las primeras reuniones conspirativas de la Guerra de los Diez Años. Tomó parte en los combates de las Guásimas, Caobillas, Remate de las Vueltas y otros.

[182] Fracasada la Guerra Chiquita Carlos Roloff se trasladó a Panamá y luego a Tegucigalpa, Honduras donde contrajo matrimonio con Galatea Guardiola, hija de Santos Guardiola, presidente de esa nación, pero tan pronto se inició la Guerra de Independencia del 95 llega al frente de la expedición del *James Woodall* el 24 de julio de aquel año (1895).

[183] Casasús. *Obra citada*.

do en el *Laurada* y desembarcado en el estero de Júcaro, en Banes, el 21 de marzo de 1897.

e) **SE INCORPORA UN CHILENO A LA GUERRA DE INDEPENDENCIA DE 1895**

Pedro Vargas Sotomayor nació en Santiago de Chile en 1868 y formará parte de la armada chilena en la que alcanzó el grado de teniente. Vargas Sotomayor llegó a Cuba a comienzos del 95 y en abril ya hace contacto con los insurgentes cubanos incorporándose a las fuerzas del entonces Teniente Coronel Juan Pablo Cebreco[184]; poco después era ayudante de campo del Mayor General Antonio Maceo.

Participa en el combate de Sao del Indio el 31 de agosto de 1895 donde las fuerzas combinadas de Antonio y José Maceo combatieron una columna española integrada por un batallón del Regimiento Simancas, tres escuadrones y 200 hombres de tres escuadras de Guantánamo; el jefe de la columna española era el Coronel Francisco Borja Canellas. Las fuerzas cubanas, encabezadas al principio sólo por José, fueron atacadas. Antonio, que se encontraba cerca vino a auxiliar a su hermano y combinadas ambas fuerzas en las alturas de Sao del Indio, forzaron la retirada de las tropas de Borja Canellas. El encuentro, que concluyó la llamada Campaña de Oriente de Antonio Maceo, lo describe en detalle el Brigadier Miró Argenter en sus «Crónicas de la Guerra».

---

[184] Juan Pablo Cebreco Sánchez es uno de tres hermanos que se distinguieron en nuestras guerras emancipadoras. El mayor, José Candelario, que había nacido en 1844, participa en la guerra del 68 y, también en la del 95. Su otro hermano, Agustín, nacido en 1855 combate en la guerra del 68 cuando aún no contaba 15 años de edad. Es uno de los 25 expedicionarios que llegaron en la goleta *Honor* junto a los Maceos y bajo el mando de Flor Crombet. El menor de los hermanos Cebreco, Juan Pablo, se incorpora, con sólo 12 años a las fuerzas que se han alzado el 10 de octubre de 1868. Ya el 15 de diciembre del 72 había alcanzado el grado de capitán. Tomó parte Juan Pablo en los combates de Naranjo-Mojacasabe y las Guásimas. Participó en la Protesta de Baraguá. Cayó prisionero en la Guerra Chiquita. Participaría, como sus hermanos, en distintos encuentros de la guerra de independencia del año 95 tras desembarcar en el vapor *Bermuda*, bajo las órdenes del Mayor General Calixto García Íñiguez.

Se destaca el chileno Vargas en el combate de Mal Tiempo el 15 de diciembre de 1895 cuando parte de las tropas comandadas por el General en Jefe Máximo Gómez y el Lugarteniente General Antonio Maceo combatieron en ese lugar, en las cercanías de Cruces, Las Villas, contra una agrupación de fuerzas integradas por la columna del Teniente Coronel Narciso Rich que incluía dos compañías del Regimiento de Bailén, dos del de Canarias y una sección de caballería del Regimiento la Montesa[185].

Así veía allá, la prensa española, la situación tras el combate de Mal Tiempo:

«Del 10 al 13 de diciembre (1895) los mambises maniobraron, combatieron en los Altos de Manacal y prosiguieron el avance. Estaban prácticamente sin municiones y parecían abocados a luchar sólo a machetazos cuando el combate de Mal Tiempo les permitió apoderarse de cartuchos españoles.[186]

Aprovechemos este combate de Mal Tiempo para mostrar el contraste en la conducta de algunos oficiales cubanos y españoles.

f) EL CONTRASTANTE DESTINO DE LOS OFICIALES RUBALCABA, TOYANO Y MARTITEGUI

En Río Blanco, pequeño poblado cercano a Las Tunas, se produce un combate entre las fuerzas del Mayor General Vicente García, comandadas por el General de Brigada Francisco de Jesús Rubalcaba[187] y una columna española al mando del Comandante Toyano. Es intensa la batalla. Que la inician los cubanos con nutrido fuego. Resisten por horas los españoles, sufriendo numerosas bajas, hasta que tras cuatro horas el Comandante Toyano se ve obligado a rendirse.

---

[185] «Diccionario Enciclopédico de la Historia Militar de Cuba», *obra citada*.

[186] Gabriel Cardona y Juan Carlos Losada, «Weyler: nuestro hombre en La Habana») *obra citada*.

[187] Su verdadero apellido era «Muñoz Rubalcaba».

Han caído prisioneros, junto con él, 8 oficiales. A todos Rubalcaba les respeta la vida.

Un nuevo enfrentamiento se produce el 19 de febrero de 1873. Las tropas españolas del Coronel Armiñán vienen comandadas por el Comandante Vicente Martitegui. Es, como los otros, sangriento el combate y Rubalcaba hecho prisionero por Martitegui es fusilado a los pocos días.

Pasa unos meses y el 2 de diciembre de 1873 se produce un nuevo combate. El de Palo Seco. Las tropas cubanas, comandadas por Máximo Gómez; las españolas vienen al frente del Comandante Martitegui[188], y del Teniente Coronel Vílches. Es una de las grandes batallas de la Guerra de los Diez Años. Las bajas españolas ascienden a 300 hombres; uno de ellos, el Coronel Vílches. El Comandante Martitegui es hecho prisionero. Gómez le perdona la vida y lo devuelve, con una custodia, a las filas enemigas.

El historiador y militar español, el Brigadier Francisco de Acosta y Albear se lamentaba en su obra «Pasado y Presente de Cuba» (impresa en 1875) que «la historia no recoge las acertadas operaciones llevadas a cabo en la Línea Este por el Coronel Armiñán y sus guerrillas volantes...mandadas por el Comandante Vicente Martitegui, quien hizo prisionero al titulado General Rubalcaba[189].

Por supuesto, este militar que por años sirvió en Cuba, (donde había nacido), no hace mención que meses atrás Gómez le perdonó la vida a Martitegui y, antes, Rubalcaba se la había perdonado al Comandante Toyano.

g) EL COMBATE DE COLISEO

Dos semanas después de la batalla de Mal Tiempo participa el chileno Vargas Sotomayor en la Batalla de Coliseo donde, nuevamente vuelven a unirse las tropas de Gómez y Maceo en un encuen-

---

[188] Vicente Martitegui, luego de servir como comandante en el ejército, fue ministro en el gabinete español.

[189] No obstante esta omisión, Francisco de Acosta y Alberar es uno de los más equilibrados historiadores de aquellos años.

tro que le permite a los mambises cubanos tomar la población para cuyo rescate movilizaron los españoles una fuerza integrada por cuatro compañías del Regimiento de Navarra, dos del Regimiento del Rey y dos de un batallón del Regimiento de Asturias comandadas todas estas fuerzas por el Capitán General Arsenio Martínez Campos.

En la primera etapa de la prolongada acción participaba entre otras, la escolta del Mayor General Serafín Sánchez bajo el mando del Comandante Loynaz del Castillo. La importancia de esta Batalla de Coliseo fue la de impedirle a Martínez Campos detener la marcha invasora hacia el occidente que culminaría semanas después en Mantua.

Sobre el combate de Coliseo, el Diario de Cádiz solamente insertaba una noticia de agencia en la que se aseguraba que había habido un combate en el barrio de Coliseo, del término de Guamacaro, con muchas bajas por ambos bandos, pero que no se conocían cifras exactas.(Edición de Diario de Cádiz mencionada por Baraja Montaña), y comentaba las noticias que iban apareciendo en la prensa expresando que el *«año 1896 no pudo empezar con peores augurios para los españoles»*.

«Numerosos poblados fueron cayendo uno tras otro en manos de los cubanos, siendo los principales Guara, Ceiba del Agua y Güira de Melena. Y Maceo se disponía ya a anclar en la provincia de Pinar del Río por lo que Martínez Campos declaró el estado de sitio en La Habana y Pinar del Río».

Sigue activo el chileno Vargas Sotomayor. El 13 de febrero (1896) participa en el ataque que reciben las tropas de Antonio Maceo cuando avanzaban por la provincia habanera y ya, antes, el 4 de enero forma parte de las fuerzas que atacaron y tomaron brevemente Güira de Melena bajo el mando del Coronel Juan Bruno Zayas[190].

No pueden mencionarse las acciones de Vargas Sotomayor y el cubano Juan Bruno Zayas en la provincia de La Habana, bajo el mando superior del Mayor General Antonio Maceo, sin destacar las realizadas en Güira de Melena, tan cercana a la capital el 4 de enero, que continúan en el poblado de Guayabal cerca de Caimito que es ocupado por el Ejército Libertador el 6 de aquel mes, donde hicieron prisionera a toda la guarnición y ocuparon gran cantidad de armamentos y municiones.

Cerca de La Habana está Bahía Honda y allí, junto a las tropas del Comandante Carlos Socarrás, estará también Juan Bruno Zayas ocupando más de 150 armas al tiempo que Maceo ordenaba al alcalde municipal distribuir ropas y alimentos a las familias más necesitadas. Siguen las fuerzas activas por todas las provincias de La Habana y, había marchado de La Habana a Pinar del Río y estaba de regreso en la provincia capitalina. Junto a él Juan Bruno Zayas participa en la toma de Jaruco ocupando parcialmente esta importante población el 18 de febrero. Días después, ya con grado de General de Brigada, Zayas recibe órdenes de Maceo de moverse con sus tropas hacia Matanzas y el 25 de febrero, bajo el mando del propio Maceo participa en la toma del Ingenio La Perla a sólo 18 kilómetros de Cárdenas.

Dos, tres batallas se suceden con pocos días de diferencia en esa región occidental. El 4 de enero Juan Bruno Zayas toma Güira de Melena; y se destaca en el encuentro de Las Taironas; el 22 de enero está Juan Bruno en Mantua.

---

[190] Se dirigen a distintas regiones occidentales las tropas. Juan Bruno Zayas continúa en Matanzas y La Habana; Vargas Sotomayor se acerca a Pinar del Río. Se moverrá luego Juan Bruno de nuevo a la provincia de La Habana y pasando por Batabanó sigue hasta Las Villas y ataca Santa Clara y combate en San Juan de las Reyes y Esperanza en distintos encuentros y, luego, regresa a La Habana. Encontrándose en el Potrero La Jaima, cerca del pueblo de El Gabriel tuvo un enfrentamiento con las tropas del Teniente Coronel José Perol y un escuadrón de la Caballería del Regimiento de Algüera. Los jinetes enemigos atacaron con gran intensidad cuando Zayas, uno de los más jóvenes generales cubanos en morir, perdió su vida.

h) SE INTEGRA VARGAS A LAS TROPAS DE ANTONIO MACEO

El 17 de febrero se integrará el chileno Vargas a las fuerzas del Lugarteniente General Antonio Maceo en Las Taironas, a sólo 6 kilómetros de la ciudad de Pinar del Río, donde se enfrentan a tropas españolas formadas por un batallón del Regimiento Baza dirigido por el Teniente Coronel Ulpiano Sánchez Echavarría, un batallón del Regimiento Peninsular y guerrilleros del Regimiento Isabel la Católica. Intentando salvar a la columna de Sánchez Echavarría, que estaba rodeada de los insurrectos cubanos, llegaban refuerzos españoles provenientes de Pinar del Río. Para tratar de impedirlo, Maceo ordenó al chileno Vargas Sotomayor situarse con 200 tiradores para abrir fuego sobre los españoles que avanzaban (el primer contacto de aquel enfrentamiento se prolongó hasta el siguiente día).

Concluida la invasión Vargas Sotomayor, siempre dispuesto, confiable, asumió la jefatura de la brigada norte de la provincia de Pinar del Río. El 20 de marzo de 1896 se incorporó en el Pico Rubí a Maceo, luego de que éste regresara de su campaña en las provincias de La Habana y Matanzas.

Ahora era necesario iniciar la Segunda Campaña de Pinar del Río para la que el chileno, el hijo de la patria de O'Higgins, fue nombrado el 20 del propio mes jefe de la artillería del recién creado sexto campamento y se destaca en el ataque a La Palma al frente de fuerzas cubanas compuestas por 350 hombres mientras las de los tenientes coroneles Pedro Delgado y Carlos Socarrás trazaron los planes de ataque. A la hora fijada para su inicio dos columnas cubanas avanzaron hacia el pueblo. La primera, dirigida por el Brigadier Quintín Banderas. La otra bajo el mando del Coronel Vidal Ducasse, recibiendo ambas el impacto de la fusilería española. Esta vez el ataque cubano había fracasado por lo que, informado Maceo, éste ordenó la retirada inmediata por el camino de San Andrés de Caiguanabo[191].

Participa también Vargas en el encuentro de San Diego de Núñez (hoy llamado San Diego de los Baños) con fuerzas subordinadas a la del Lugarteniente General Antonio Maceo interviniendo en los combates de Cacarajícara del 30 de abril al 1º de mayo (1896). Las fuerzas españolas están comandadas por el Brigadier Andrés González Muñoz; días después el chileno Vargas tomaba parte y se destacaba en el encuentro de Vega Morales, finca situada a unos diez kilómetros de San Cristóbal, Pinar del Río. El 5 de mayo de aquel año 96 sus tropas combatían a 1,200 efectivos dirigidos por el general español Serrano Altamira que marchaba de San Cristóbal a Playa Honda.

i) EL BRIGADIER VARGAS SOTOMAYOR Y LAS BATALLAS DE LOMAS DE TAPIA

Se distinguirá el chileno Vargas Sotomayor en varios de los 14 combates librados de abril a junio de 1896 en las Lomas de Tapia, a unos diez kilómetros del pueblo de Cabañas.

j) LOS COMBATES DE LOMAS DE TAPIA

El brigadier e historiador José Miró Argenter divide en tres etapas los 14 combates de Tapia, el primero de los cuales se produce el 14 de abril y el último el 24 de junio de 1896[192]. Mencionemos, tan sólo, tres de los combates del Coronel Vargas Sotomayor. En el octavo combate comenzado el 26 de abril (1896) en las alturas del Rubí defendidas por las fuerzas del Teniente Coronel Pedro Delgado que se enfrentan a una columna española recién llegada a Cabañas el

---

[191] Con el nombre de La Palma se celebraron combates el 6 de noviembre de 1868 bajo el mando del Mayor General Donato Mármol; el 11 de noviembre de 1896 bajo el mando del Brigadier Mariano Torres en la zona de Holguín. Esta última en la misma localidad de la primera. Y el 25 de marzo de 1898, en la distante Pinar del Río, con tropas dirigidas por el Mayor General Pedro Díaz.

[192] José Miró Argenter, «Crónicas de la Guerra».

día anterior y hostigadas por el Coronel Vargas Sotomayor y la escolta del Brigadier Roberto Bermúdez. Las defendió desde las alturas del poblado de Lechuza. Fue éste el último combate de abril del 96 con el que concluía la segunda etapa de la clasificación realizada por Miró Argenter en su obra *Crónicas de la Guerra*.

Volverá a distinguirse el chileno Vargas en el décimo combate de Lomas de Tapia que se produce el 17 de junio de 1896. Se conoce de movimientos de tropas españolas en Bahía Honda y Cayajabos dados, como en la operación anterior, por el General González Muñoz, y, esta vez, también por el General Melguizo de la Brigada del General Suárez Inclán. En Bahía Honda, la guardia del Brigadier Quintín Banderas y la del Brigadier Vargas Sotomayor se enfrentaron a una columna española. El ataque se mantuvo todo el día y se reanudó al amanecer del 20 de junio en lo que es conocido como undécimo combate en que los hombres de Bandera y de Sotomayor obstaculizaban continuamente los batallones del persistente González Muñoz. Participaban también en aquel undécimo combate las fuerzas del Teniente Coronel Pedro Delgado[193].

Volverá a sobresalir Vargas Sotomayor en el décimotercer combate (Rubí) el 23 de junio (1896) contra 10 batallones de las incansables tropas de González Muñoz. Los hombres de Vargas cubrieron el pequeño pueblo de Lechuza; Bandera y su tropa se desplegaron hacia Manuelita, mientras las de Pedro Díaz y Ducasse lo hicieron en Guásimal y Loma Verde al tiempo que el estado mayor, con todos sus oficiales, luchaban en el frente de Tapia que combatía simultáneamente en todo el escenario, en la bifurcación del camino de Manuelita, en Cerro Verde, en la loma de Socarraín, en Bejerano, en la Loma de Medina, en el Asiento de Reyes, sede del cuartel general insurrecto, y en otros sitios por donde avanzaba el adversario (Fuen-

---

[193] Pedro Delgado Carcache, nació el 13 de mayo de 1864. Se levantó en armas al comenzar la Guerra del 95. El 9 de enero de 1896 se unía a la columna invasora destacándose en las acciones de Río Hondo, Piedra Hacha, La Palma, Candelaria y Cayajabos, algunas de las cuales hemos descrito en esta obra. El 31 de agosto (1896) Delgado se unió a Maceo en Jogosí cuando éste comenzaba la marcha hacia el extremo occidental de la provincia de Pinar del Río en busca de la expedición del entonces General Brigadier Rius Rivera.

te: Diccionario Enciclopédico del Historial Militar de Cuba). En uno de estos encuentros el General Maceo resultó herido y a pesar de su condición continuó dirigiendo el combate hasta caer la noche[194].

k) LOS NUEVOS COMBATES DEL GENERAL DE BRIGADA VARGAS SOTOMAYOR

Han terminado las batallas de las Lomas de Tapia. Ya el 25 de julio (1896) el chileno Sotomayor atacó el ingenio fortificado América cerca de Bahía Honda y 30 días después está incorporado a la pequeña columna que acompañaría a Maceo en su marcha hacia el extremo occidental de la provincia de Pinar del Río, como antes dijimos, en busca de la expedición del General de Brigada Rius Rivera. En septiembre participa en los combates de Montezuelo los días 24 y 25, a las órdenes del lugarteniente general Antonio Maceo. En estos encuentros combate contra una brigada española dirigida por el General San Martín, compuesta por batallones de los Regimientos San Quintín y Cantabria que incluía guerrillas montadas de Pinar del Río, contra las que tuvieron una importante participación las tropas del Brigadier Pedro Díaz[195] que se había incorporado a las tropas de Maceo 6 meses antes (el 14 de marzo) en el ingenio Peñalver, cerca de Batabanó y marchó junto a él hasta la trocha de Mariel a Majana y en los de Tumbas de Estorino el 26 de aquel mes y en el de Ceja del Negro el 4 de octubre del 96.

---

[194] Miró Argenter en su mencionada obra confirma que ambas partes lucharon con valor.

[195] El General Pedro Antonio Díaz Molina nació en San Juan de los Remedios, Las Villas el 17 de enero de 1850 fue uno de los cubanos que combatieron en las tres guerras independentistas. Se alzó el 20 de abril de 1869 incorporándose a las fuerzas del Mayor General Salomé Hernández uno de los valiosos venezolanos que participaron en nuestras luchas libertarias. Herido en la acción de Abra Grande en 1870 pasó a las fuerzas del General de Brigada Francisco Villamil luchando con ellas en la provincia de Camagüey. En la Guerra Chiquita fue herido en el combate de Paso de Cataño; y en la del 95 se unió el 25 de abril de aquel año a las tropas del Coronel Joaquín Castillo López, jefe de las fuerzas villareñas luego siguió acompañando a Maceo por mar de la trocha de Mariel a Majana el 4 de diciembre del 96 y estuvo en el combate de San Pedro el 7 de diciembre de aquel año donde cayó Maceo. El incansable combatiente siguió operando en la provincia de Las Villas ocupando la jefatura de la Brigada de Remedios hasta el 6 de abril de aquel año que pasó a Pinar del Río donde terminó la guerra.

Será ésta, la Batalla de Ceja del Negro, una de las que libra el chileno Vargas Sotomayor en la que habrán de participar las fuerzas del Teniente Coronel José Ramón Villalón subordinadas a la del General Vargas. El encuentro se producía en aquel sitio situado a unos doce kilómetros de la ciudad de Pinar del Río comenzando en el lugar conocido como la Bodega de Guao donde las fuerzas comandadas por Vidal Ducasse pudo apoderarse de las alturas de Ceja del Negro resistiendo el fuerte ataque de las columnas españolas dirigidas por el General Bernal.

Tomada la altura Ceja del Negro las tropas de Bernal quedaron aisladas en la Loma de Murguía y fueron atacadas de inmediato por las del puertorriqueño Rius Rivera que pudo apoderarse de parte de la caballería de las fuerzas españolas. Con el valioso concurso de Vargas Sotomayor y Rius Rivera, el Mayor General Antonio Maceo se anotó una de las más valiosas victorias de su campaña de Pinar del Río.

Moriría Vargas Sotomayor, este heroico chileno, en un hospital de sangre el 9 de noviembre de 1896.

l) VICUÑA MACKENNA EL CHILENO PRECURSOR DEL GENERAL VARGAS SOTOMAYOR

En la década de los 60, España aspiraba a recuperar sus antiguas colonias de hispanoamérica, ya convertidas en convulsas pero firmes repúblicas. Su vista la fija en el Pacífico donde aún mantiene, como colonias, a Las Filipinas y varias islas. Como primer paso provoca un conflicto con Perú que termina en 1864 y luego, sin estar resuelta del todo aquella crisis, el 18 de Septiembre de 1865, fondeaba en Valparaíso (Chile), al que ya le ha ocupado las islas Chinchas, el buque insignia de la Marina de Guerra Española demandando que se les suministrara combustible.

Los marinos portuarios chilenos, al igual que lo hicieron durante el conflicto con Perú, se negaron a suministrarle carbón y otros combustibles. Se creaba una crisis de guerra. No un enfrentamiento pero sí una crisis.

El 31 de marzo aquella ciudad indefensa fue objeto de un intenso bombardeo por la escuadra española.

Al iniciarse aquella tensión Chile fijó su vista en Cuba y Puerto Rico las únicas colonias que aún mantenía España en el hemisferio y el Secretario de Relaciones Exteriores de Chile, Álvaro Covarrubias, decidió el viaje a los Estados Unidos, en misión especial, de Benjamín Vicuña Mackenna[196]. La misión que llevaría a cabo Vicuña incluía la de fomentar una insurrección en aquellas últimas posesiones españolas en América.

Finalizaba el año 1865 cuando Vicuña Mackenna llega a los Estados Unidos. Se radica en Nueva York y hace contacto con la Sociedad Republicana de Cuba y Puerto Rico dirigida por el cubano Juan Manuel Macías y el puertorriqueño Juan Francisco Basora. Ya el 10 de diciembre (1865) Vicuña Mackenna le ha informado al Secretario de Relaciones Exteriores que, a título de empréstito, el gobierno de Chile podría sufragar el costo de una expedición aportando acaudalados y prestigiosos cubanos la mitad de esa operación.

Al llegar Vicuña Mackenna a los Estados Unidos a fines de 1865 junto con el cubano Juan Manuel Macías y el puertorriqueño Juan Francisco Bassora dirigían la Sociedad Republicana de Cuba y Puerto Rico.

Buscaba, también, la ayuda de Venezuela, gobernada en aquel momento por el Presidente General Juan Crisóstomo Falcón, y para ese propósito, el de su ministro en los Estados Unidos Blas Buruzuan que consideraba la posibilidad de alistar 3,000 hombres y el propio Mackenna iría a Cuba[197].

La petición fue rechazada por carta del propio Presidente Falcón a su ministro en fecha Junio 26 de 1866 exponiendo las dificultades económicas de Venezuela en aquel momento, de ofrecer ayuda.

---

[196] Benjamín Vicuña Mackenna, nacido en Santiago, Chile, era abogado, escritor, periodista, historiador y político. En 1858 fundó el periódico La Asamblea Constitucional y, posteriormente, escribió para el periódico El Mercurio. En 1865 viajó a Nueva York como enviado del gobierno chileno. Murió en enero de 1886 a los 54 años de edad.

[197] Jorge Quintana, *obra citada*.

El primer paso fue para Vicuña la edición de un periódico en español. El 21 de diciembre (1865) se imprime el primer número de *La Voz de América*. El 30 de marzo de 1866, antes del cobarde ataque a Valparaíso, Vicuña Mackenna vuelve a dirigirse a su gobierno pidiendo fondos para comenzar una expedición armada sobre Cuba y Puerto Rico, pero el 9 de abril el ministro Covarrubias le informa que su misión había concluido.

No conocerá de inmediato Mackenna esta decisión del ministro y el 10 de aquel mes de abril vuelve a insistir en la necesidad de una expedición. Aún para mayo 3 no ha conocido Mackenna aquella decisión de Covarrubias de dar por terminada su misión, y el 20 de abril sintetiza con claridad las tres opciones, a su juicio, más adecuadas:

•Una expedición marítima a Las Filipinas
•Un ataque a los puertos de España
•Una expedición militar enviada a Cuba

Explica en detalle las conveniencias de cada una de estas opciones. Quien conoce las proposiciones de Vicuña es quien pronto será el Presidente de Perú: El General Mariano Ignacio Prado quien, en comunicación del 3 de junio de 1866 escribe a Vicuña expresándole que *«la empresa es de tan alta importancia y de tan grandiosas consecuencias para nuestras repúblicas, que bien merece estudiarla concienzudamente. A ese fin, llegado el caso, me pondré de acuerdo con el gobierno de Chile, a fin de que en las operaciones se consulte el mejor orden y la mayor armonía posible»*.

Será, increíblemente, el 12 de mayo que Vicuña conoce que ha cesado su misión dejando en sus memorias esta frase: *«Terminado así, con un golpe de hacha, mi trabajo sobre Las Antillas y mi misión a la vez»*[198].

El 21 de junio de 1866 abandona Vicuña Nueva York. Ese día se publica el último número de *La Voz de América*. Pero seguirá tra-

---

[198] Vicuña Mackenna, Benjamín, *obra citada*. Tomo II, Página 90.

bajando por Cuba en su patria nativa. Lo probará en menos de dos años.

El 10 de octubre de 68 se produce el levantamiento en La Demajagua y Vicuña sigue identificado con las figuras cubanas. Juan Clemente Zenea es uno de sus amigos. Lo es también Ambrosio Valiente, Comisionado Oficial del Gobierno Cubano en Armas ante el gobierno chileno. Vicuña, aquel amigo de la causa cubana, que fue electo senador por seis años en 1872 y alcalde de Santiago en aquellos años, morirá el 25 de enero de 1886. Su amor por Cuba lo iguala al del General Vargas Sotomayor. Tienen los cubanos una deuda de gratitud con estas dos valiosas figuras chilenas.

Hagamos un paréntesis para referirnos, muy brevemente, a los tristes episodios que se producen durante los largos y dolorosos meses que transcurren desde las primeras actividades de miembros de la Cámara de Representantes para destituir a Carlos Manuel de Céspedes, Presidente de la República en Armas y que culminan con su deposición en Bijagual y las que extensamente relatamos en nuestros anterior libro: «Céspedes: de Yara a San Lorenzo».

m) TENSIONES ENTRE LA CÁMARA DE REPRESENTANTES Y EL PRESIDENTE CÉSPEDES

En 1873, el Presidente Céspedes pone el máximo esfuerzo en gesstionar la organización de expediciones armadas para traer hombres y armas a la isla enviando como primer paso, a Nueva York al Coronel Juan Luis Pacheco quien se pone en contacto con la Agencia de Cuba en Santo Domingo y Jamaica pero fracasó al ser apresada la goleta. No se amilana Pacheco y organiza el próximo mes otra expedición que tampoco tiene éxito a las que sigue la exitosa segunda expedición del *Virginius*[199].

Pero estos esfuerzos del Padre de la Patria no disminuyen las frecuentes confrontaciones del Presidente de la República en Armas con la Cámara de Representantes.

---

[199] Amplios detalles de estas y posteriores expediciones durante la Guerra de los Diez Años puede encontrarse en «Céspedes: de Yara a San Lorenzo», del autor.

Esta era la opinión de Máximo Gómez sobre la Cámara cuando en junio de 1873 se hace cargo del Departamento del Centro:

«En aquel momento por desgracia, el Cuerpo de Representantes del Pueblo de Cuba, está hoy compuesto de hombres, en su mayor parte que no están a la altura del puesto tan importantísimo; se ocupan de pequeñeces que rebajan su dignidad y muchas de las veces se dejan dominar de miras personales» Diario de Campaña de Máximo Gómez.

En el año 1873 aumentaban las tensiones entre la Cámara de Diputados y el Presidente Carlos Manuel de Céspedes. Se producían en aquellos días cambios en el mando del Ejército Libertador. La División Militar de Oriente comprendía dos departamentos militares, subdivididos en otros tantos distritos.

En el Departamento Provisional del Cauto, el distrito de Tunas quedaba bajo la autoridad de Vicente García. El de Jiguaní y Bayamo tendría al frente a Francisco Javier de Céspedes, con el Brigadier José de Jesús Pérez comandando la División de Jiguaní y los mayores generales Modesto Díaz y Luis Figueredo dirigiendo las tropas de Bayamo-Manzanillo. Después Carlos Manuel de Céspedes envía a la Cámara para su aprobación, la relación de los altos cargos militares. Mencionaba, entre otros, el de Máximo Gómez, Modesto Díaz y Luis Marcano; el de José María Aurrecoechea y el de Calixto García.

Está trazando Máximo Gómez planes para su soñada invasión a Occidente. Recibe en los días finales del 73 dos comunicaciones juntas. Una de su confidente Miguel Betancourt que le prueba la posibilidad de apoderarse del depósito de municiones que mantienen las fuerzas españolas en Santa Cruz del Sur; la otra del General Vicente García al conversar con él el 24 de octubre en Santa Ana de Lleo donde *«me expuso la imperiosa necesidad en que estábamos los jefes militares de tomar la iniciativa para la deposición de Carlos M. de Céspedes como Presidente de la República»*.

Veamos la respuesta de Gómez: *«Le contesté que no podía estar de acuerdo y que debía dejarse a las Cámaras que obrasen con libertad sobre ese asunto»*. Lo que ya ha hecho Máximo Gómez fue seguir la información suministrada por su confidente y atacar el 28 de septiembre a Santa Cruz del Sur por tres direcciones simultáneamente: el Coronel Gregorio Benítez con 100 infantes avanzaría para ocupar el fuerte; el Coronel José González Guerra lo seguiría como segundo escalón. Mientras dos coroneles el español Manuel Suárez y el americano Henry Reeve, el Inglesito, tomarían la entrada de La Calzada y, con sólo 50 hombres, recorrería esa vía para distraer al enemigo. Caería gravemente herido Reeve, como hemos descrito en otros capítulos de este libro. La acción la describe así el propio General Máximo Gómez: *«El 28 de septiembre estaban en nuestro poder 100,000 tiros; desde entonces creí realizado mi proyecto; mas era preciso, para tan trascendental movimiento, dar parte al Gobierno y contar con los refuerzos que pudiese enviar»*.

Expresa con pasión y profunda decepción: *«Eran momentos solemnes para mí* (la deposición de Céspedes), *preocupado con la nueva campaña y temeroso de que obstaculizaran mi proyecto con ese acontecimiento; así sucedió, pues aunque con antelación bastante envié una comisión al Gobierno participando mi plan de invasión; todo lo que se dispuso para protegerlos fue casi perdido»*.

El Presidente Céspedes permanecía en Cambute con el Secretario de Estado, Miguel Bravo y Sentíes, cuando a tres leguas de allí, en Bijagual, cerca de Jiguaní, el General Calixto García concentraba, el 27 de octubre de 1873, a los principales jefes militares de Guantánamo, Santiago de Cuba, Holguín, Jiguaní, Bayamo y Las Tunas.

Los Mayores Generales Modesto Díaz y Manuel de J. Calvar, los Brigadieres Generales Antonio Maceo y José de Jesús Pérez; Silverio del Prado, Guillermo Moncada, Francisco Borrero y Arcadio Leyte Vidal asistirían a la sesión de la Cámara de Representantes que, bajo la presidencia de Salvador Cisneros Betancourt, estaba convocada para decidir, en Bijagual, la deposición del Padre de la Patria. Se reunían allí como diputados Tomás Estrada Palma, Eduardo Machado, Juan B. Spotorno, Luis V. Betancourt, Marcos García, Ramón Pérez Trujillo, Fernando Fornaris y Jesús Rodríguez; y un pequeño número de ellos asumirán la gravísima responsabilidad de deponer al Presidente de la República en Armas.

En Bijagual ha sido destituido el Presidente Céspedes.

Así lo describe otro historiador:

«El 27 de octubre de 1873, en uno de los hechos más lamentables y nefastos para la historia patria y sin medir el alcance ulterior de la decisión, la Cámara de Representantes, argumentando las más variadas imputaciones, que forzó al Presidente de la República de Cuba en Armas, Carlos Manuel de Céspedes»[200].

Para González Barrios aquella decisión era más hija de inescrupulosas confabulaciones personales, que del análisis profundo de la gestión de gobierno del caudillo de Yara. En lo adelante, la unidad de la revolución quedaría quebrantada.

Juan B. Casasús, el biógrafo de Calixto García, al referirse *«a este lamentable y doloroso acontecimiento»* cita la descripción que sobre el mismo hacía Enrique Collazo y a la que ya nos hemos referido. Menciona a Manuel Márquez Sterling diciendo que los diputados:

«Parecían locos...impugnaron a Céspedes como fanáticos jacobinos. Luis B. Betancourt, convirtió su vida en vaso de hiel... ninguna de las acusaciones hubiera tenido fuerza si, más serenos, hubieran pesado las circunstancias en que Céspedes ejercía el mando». Afirmaba Casasús que *«allí, en Bijagual, asomó por la ventana del regionalismo ese monstruo de cien cabezas de la abominable militancia. Fueron, en realidad, los jefes militares y no la Cámara los que consumaron la deposición infortunada»*. Palabras muy ciertas del respetado biógrafo de Calixto García.

---

[200] René González Barrios: «Cruzada de Libertad» *obra citada*.

De los 25 miembros que originalmente componían la Cámara de Representantes[201], sólo 7 asistieron y sólo 5 votaron por la destitución[202], lo que hizo evidente que esa decisión –tan nefasta para el futuro de la guerra emancipadora– no contó con la mayoría requerida[203].

Pero, la lucha continúa. El 15 de agosto de 1875 el Mayor General Modesto Díaz ataca a Puerto Padre con las fuerzas del Teniente Coronel Modesto Fonseca[204], todas bajo el comando del Mayor General Vicente García.

El Mayor General Modesto Díaz Álvarez gana batallas militares pero pierde las políticas.

Depuesto Céspedes (17 de octubre de 1873) el nuevo gobierno proclama una ley que divide la isla en dos Departamentos Militares, el de Oriente y el de Occidente. (La anterior la dividía en tres departamentos). Se creaba un problema porque en aquella fecha el Ejército Libertador contaba con cuatro Mayores Generales: Máximo Gómez, Calixto García, Vicente García y Modesto Díaz; algunos quedarían sin mando.

Arbitrariamente, a dos de ellos le dan esas posiciones sin mando de tropas; el respetuoso, disciplinado Modesto Díaz se sintió ofendido cuando es relevado del mando de Bayamo sustituyéndolo por el general Luis Figueredo. Pide su baja del Ejército Libertador y tiene la hidalguía de hacer entrega al General Luis Figueredo de las fuer-

---

[201] Por acuerdo posterior se redujo el número a 17.

[202] Algunos historiadores mencionan que concurrieron 9 miembros de la Cámara de Representantes.

[203] Información detallada de este funesto suceso puede encontrarse en «Céspedes: De Yara a San Lorenzo», del autor.

[204] Modesto Fonseca, nacido en Bayamo el 15 de julio de 1847 se incorporó al Ejército Libertador cuando los cubanos atacaron su ciudad natal el 18 de octubre del 68. Sirvió desde un principio a las órdenes del General Vicente García, de quien fue secretario y jefe del estado mayor cargo que estuvo subordinado al General de Brigada Antonio Maceo y formará parte de las expediciones de Lagunas de Varona y Santa Rita. Participó en la Protesta de Baraguá, del Pacto de Zanjón y se enroló en la expedición de la goleta *Happy Haskiel* organizada por el Mayor General Calixto García.

zas de más de 1,400 hombres conque él, Modesto Díaz, contaba. Pronto estará Modesto en las tierras orientales.

Para Modesto Díaz se crea el Instituto de Inspección del Ejército. A Vicente García se le designa Secretario de Guerra. El Mayor General Calixto García queda designado Jefe del Departamento de Oriente y el Mayor General Máximo Gómez Jefe del Departamento de Occidente. Había perdido, el valioso dominicano Modesto Díaz una batalla política al haberse creado, arbitrariamente, una nueva innecesaria estructura militar que le daría fuerza al pronunciamiento del Mayor General Vicente García que se opone al nuevo gobierno presidido por Salvador Cisneros. Muchos se unirán a esa crítica que conducirá a la Protesta de Laguna de Varona. El general tunero le ha pedido a Modesto Díaz que se incorpore a aquella protesta. Éste no acepta todos los puntos de oposición al Presidente Cisneros pero éste se ve obligado a renunciar. Asume la nueva presidencia, Juan B. Spotorno[205].

El General Vicente García trata de atraerse al dominicano Modesto Díaz que siempre se distinguió por su decisión y coraje, al Mayor General Vicente García le servía de intermediario en esa labor persuasiva Matías Vega Alemán, General de División, pero no tuvo éxito. Al firmarse el Pacto de Zanjón regresó Modesto Díaz a su país de origen, la República Dominicana donde este admirable militar murió el 28 de agosto de 1892 en Yaguate, provincia de San Cristóbal.

---

[205] Amplios detalles de esta lamentable etapa aparecen en nuestra obra «Carlos Manuel de Céspedes: De Yara a San Lorenzo. La Lealtad y la Perfidia».

JUAN RIUS RIVERA

CAPÍTULO X

LOS PUERTORRIQUEÑOS EN EL EJÉRCITO LIBERTADOR

a) DE MAYAGÜEZ A MANATÍ: JUAN RIUS RIVERA

Va terminando el mes de diciembre cuando un grupo de jóvenes se reúne, durante varios días, impacientes por partir hacia Cuba en la expedición que está organizando Melchor Agüero. Los jóvenes han nacido en distintos países. Unos en Canadá, otros en los Estados Unidos, varios en Cuba. Uno de ellos en Mayagüez, Puerto Rico.

Entre los cubanos se encuentra Oscar de Céspedes, el hijo de Carlos Manuel. Entre los canadienses, William A. Ryan. Están los norteamericanos James Clancy y Tom Lilie Mercer y, junto a ellos, el de Mayagüez, Juan Rius Rivera. Todos ansiosos de salir en el remolcador *Anna* que el 29 de aquel mes zarpará del mismo puerto de Nueva York. Comienza para el joven puertorriqueño su extraordinaria carrera militar que le permitirá alcanzar el alto grado de Mayor General.

No será la del *Anna* una corta y tranquila travesía. El mal tiempo los fuerza a entrar en Charleston donde el barco es retenido durante varios días por las autoridades. Seguirá hasta Eleuthera Island. De allí partirán hacia Green Cay. Será el 19 de enero que finalmente desembarcarán en Punta Brava, cerca de Manatí. Los expedicionarios serán asignados a distintas unidades del Ejército Libertador. Rius, el puertorriqueño, quedará subordinado al General de Brigada el mexicano José Inclán donde reside, en ese momento, la sede del gobierno.

En marzo marcha Juan Rius con Inclán de Camagüey a Holguín donde el mejicano Inclán ha sido nombrado jefe de la división de esa jurisdicción. Al año siguiente, en febrero, estará a las órdenes del Mayor General Calixto García a quien le sirve de secretario, posición que deja de inmediato al ser nombrado jefe del Primer Batallón de Infantería de Holguín.

Participa Rius Rivera en el combate de Santa María de Ocujal (Copo de Chato) el 26 de septiembre, 1873.

En este encuentro comienza a sobresalir este puertorriqueño con el coraje que habrá de mostrar en esta guerra que recién había comenzado en el 68 y, luego, en la del 95. Integrado a las fuerzas que comanda el Mayor General Calixto García se enfrenta a la columna dirigida por el Teniente Coronel Ángel Gómez Diéguez, más conocido como el Chato, que operaba en la zona de Puerto Padre, a quien le prepara una emboscada en la ruta por la que sabían se movería esa columna. En el encuentro, en el que participaban mambises de Holguín y Bayamo, fue aniquilada la vanguardia de las tropas españolas y cae gravemente herido el Chato.

Volverá Rius Rivera a distinguirse, días después, en Chaparra donde derrota a la columna del Coronel Federica Esponda. Junto a las tropas de Rius Rivera lucharán las comandadas por Francisco Varona[206] y Belisario Grave de Peralta.

Participa Rius Rivera en otros encuentros y, al caer prisionero Calixto García, se incorpora a las tropas del Mayor General Vicente García, Jefe del Departamento Oriental y se hace cargo del recién constituido Regimiento Céspedes que participará en la campaña de Las Villas que está realizando Máximo Gómez. Se ha ganado Rius la confianza de las más altas figuras de las fuerzas insurrectas y es designado, junto con Manuel de Jesús Calvar para mediar con los protestantes de Lagunas de Varona (26 de abril, 1875).

Volverá a sobresalir, ya con grado de Teniente Coronel, en la acción de la Cuaba al enfrentarse en ese sitio de Holguín a una columna española que le costó la vida al jefe español (18 de abril, 1876). Poco antes intervino en el encuentro Yabazón Abajo, el 26 de

---

[206] Francisco Varona González, nacido en Las Tunas, combatirá en las tres guerras luego de asistir a la reunión conspirativa de El Mijial (4 de Octubre de 1868). Participará en distintos combates a las órdenes del Mayor General Vicente García. Nos referiremos con frecuencia a este brillante soldado que alcanzará el grado de Mayor General.

enero, 1876, en Gibara bajo el mando del Brigadier Antonio Maceo enfrentándose a escuadrones del Regimiento Santiago. Junto a Rius estarán las fuerzas de Arcadio Leyte Vidal y del Coronel Emilio Nogueras. En el encuentro pierde la vida el Teniente Coronel Pablo Amabile[207].

En 1877 ataca el poblado de Santa Rita, en Gibara, y forma parte de los que, con Maceo, participan en la Protesta de Baraguá el 15 de marzo de 1878. Reanudada la guerra ocupa la jefatura de la Brigada de Holguín y en mayo acompaña al General Maceo en su salida hacia Jamaica. Y luego de estar en varios países Rius Rivera se establece en Honduras. Pero al estallar la Guerra del 95 regresa a Cuba entre los expedicionarios del *Three Friends* el 8 de septiembre de 1896 para unirse a las fuerzas Maceo.

Con el grado de General de Brigada combate en Loma China, Montesuelo, Tumbas de Estorino, Isabel María, Ceja del Negro y Galatón.

Después de participar en esos y otros encuentros, Maceo le pidió a Rius sustituir al General Pedro Díaz en el mando de la División de Pinar del Río. Cumpliendo esas instrucciones participa este incansable puertorriqueño tomando parte en los combates de Soroa, el Rosario y el Rubí. Recibe un gran honor: al dejar Maceo la provincia de Pinar del Río designa a Rius como jefe de todas las fuerzas durante su ausencia.

Al morir Maceo, Rius Rivera como jefe de aquellas fuerzas, participa en decenas de acciones. En el combate de Río Hondo es herido y hecho prisionero y conducido a las celdas de la fortaleza de La Cabaña. En diciembre de 1898 es trasladado a una cárcel en Barcelona. Regresaría a Cuba al terminar la guerra.

---

[207] El santiaguero Pablo Amabile se incorporó, desde el inicio de la Gran Guerra, a la División Cuba, peleando a las órdenes de Donato Mármol. Posteriormente, dentro de la misma División Cuba, estuvo a las órdenes de Máximo Gómez, Calixto García y Antonio Maceo. Había tomado parte en numerosos combates: La Sidonia, la Jagua, Santa María de Ocujal y otros.

b) GUILLERMO FERNÁNDEZ MASCARÓ: UN BORINQUEÑO QUE SE SIENTE CUBANO

Otro puertorriqueño, que echará profundas raíces cubanas, se distinguirá en la Guerra de Independencia. Nacido en Bayamón, Guillermo Fernández Mascaró ingresará el 8 de julio de 1895 en el Ejército Libertador. Lo hará en la región de Cambute, aquella región del sur de Oriente donde tanto se distinguió el brigadier José de Jesús Pérez en la Guerra de los Diez Años.

Ahora, en el 95 Fernández Mascaró, médico, se incorpora bajo el mando del entonces Coronel Higinio Vázquez[208]. No podría tener Fernández Mascaró mejor maestro que este hombre que ha luchado en nuestras tres guerras emancipadoras. Luego pasará a las órdenes del General de Brigada Agustín Cebreco convirtiéndose más tarde en Jefe de Sanidad de la columna invasora hasta su entrada en la provincia de La Habana de donde retorna a Las Villas para unirse a las fuerzas del Mayor General Serafín Sánchez.

Junto al espirituano Sánchez permanecerá Mascaró hasta que aquél muere en el combate del Paso de las Damas en noviembre de 1896. Con la caída de aquel general cambia el destino de Fernández Mascaró[209] quien pasa al Departamento Oriental bajo el mando del Mayor General Calixto García.

---

[208] Higinio Vázquez Martínez, nacido en El Cobre, participa en varios combates en la Guerra de los Diez Años y está junto al Mayor General Antonio Maceo en la Protesta de Baraguá y será uno de los más activos jefes insurrectos en la Guerra Chiquita. En el 95, ya con grado de General de Brigada combate en Cambute distinguiéndose luego en la recepción de las armas y pertrechos del primer viaje del *Dauntless*.

[209] El Coronel Guillermo Fernández Mascaró, terminada la guerra, participará en la vida política de la República sirviendo como Representante a la Cámara en 1909 y 1914. Gobernador de la provincia de Oriente en 1918 y Secretario de Educación bajo el gobierno de Gerardo Machado.

c) OTROS APORTES BORINQUEÑOS

Nació José Semidey Rodríguez en Yauco, Puerto Rico, el 12 de agosto de 1869.

Tenía 24 años cuando en 1892 se estableció en República Dominicana y formará parte de la expedición armada que preparaba el entonces coronel Mayía Rodríguez[210]. El mal tiempo y las pésimas condiciones para navegar del vapor *Geo W. Childs* los obligaron a poner rumbo a Pine Key en la Florida. Allí se unieron a los expedicionarios del vapor *James Woodall* del General Carlos Roloff que desembarcaron por Tayabacoa, el 24 de julio de 1895.

Semidey ingresó como simple soldado en una de las columnas del Regimiento Expedicionario.

Es Semidey factor importante en la toma del fuerte Taguasco con fuerzas subordinadas al ya Mayor General Serafín Sánchez en un prolongado ataque bajo el mando del Comandante José R. Legón del 7 al 9 de agosto de aquel año 1897. El último asalto al fuerte español se produjo el día 9 que, cuando su comandante Tomás Pomar parlamentó con el General Sánchez y el fuerte se rindió. Por su actuación en aquella acción Semidey es ascendido a cabo.

Vuelve a destacarse este combatiente puertorriqueño en el encuentro de Tres Palmas el 22 de septiembre de aquel año, y, por su arrojo, alcanzó el grado de alférez.

---

[210] José María Rodríguez Rodríguez (Mayía) es una de las figuras más conocidas en la historia de Cuba. Nació en Santiago de Cuba el 13 de junio de 1849, se alzó en esa ciudad a final del 68 incorporándose al estado mayor del General Donato Mármol. Al morir Mármol (junio 26, 1870) estuvo subordinado al entonces Teniente Coronel Policarpo Pineda (Rustán) dentro de la propia División Cuba. Participó en memorables batallas en la Guerra de los Diez Años, las Guásimas, Cafetal de la Indiana, Naranjo-Mojacasabe y, finalizando aquella guerra, se destacó en el combate del Camino de San Urquiano junto al Mayor General Antonio Maceo. Mayía fue uno de los participantes en la Protesta de Baraguá. Preparado para participar en la Guerra Chiquita fue detenido y enviado a la cárcel del Castillo de Mahóne; intervino desde el inicio en la Guerra de Independencia del año 95 en la expedición del vapor *James Woodall*, bajo el mando del Mayor General Carlos Roloff. Participó en distintos encuentros en el triángulo formado por Sagua la Grande-Cienfuegos-Cárdenas. Figuró Mayía Rodríguez entre los nueve generales cubanos invitados por los interventores norteamericanos a la ceremonia de cambio de poderes el primero de enero de 1899, acompañando a Máximo Gómez en su triunfal entrada a la ciudad de La Habana el 24 de febrero de 1899.

Ahora, bajo las órdenes del General de Brigada, el colombiano José Rogelio Castillo, el borinqueño Semidey participa en el asalto al pueblo de Condado a unos 18 kilómetros de Trinidad. Siguió luchando en Las Villas pasando al siguiente mes al regimiento de infantería organizado por el Coronel Fernando Cortiña[211] que lo nombró su ayudante. El borinqueño Semidey toma parte en más de 50 combates, todos en las jurisdicciones de Cienfuegos, Villaclara y Sagua la Grande participando en las acciones de El Cristo, la Rosa, Cavarrocas y Manacas. Alcanzó el grado de coronel del Ejército Libertador. En enero de 1898 asumía Semidey el mando del regimiento Carrillo perteneciente a la Brigada de Sagua la Grande, en cuyo cargo terminó la guerra.

General Jefe de la Brigada Sagua,
José Luis Robau

---

[211] Fernando Cortiña nació en Santiago de Cuba en 1856. Fue integrante de la frustrada expedición del vapor Santo Domingo en 1880 organizada por el Mayor General Antonio Maceo. En el 95 vino en la expedición de Mayía Rodríguez.

Otro puertorriqueño sobresale en aquella contienda. Es Enrique Malaret Jordam, que nació en Sabana Grande, Puerto Rico, en 1870 y llegó a Cuba, como miembro del Ejército Libertador, en la expedición del vapor *Horsa* bajo el mando del General de Brigada Francisco Carrillo, el 17 de noviembre de 1895. Combatió junto a Carrillo, de quien fue su ayudante, durante la guerra que se había inicado el 24 de febrero de aquel año.

El puertorriqueño Malaret, al terminar la Guerra de Independencia fue nombrado alcalde de Remedios durante la intervención americana y, posteriormente, en la República fue electo alcalde de ese municipio.

Mencionemos a otro hijo de Puerto Rico. Desde La Guaira el puertorriqueño Gerardo Forrest embarcó el 19 de abril de 1895 a seis oficiales bien armados para Cuba, y Forrest personalmente marchó también para Cuba[212].

Fueron muchos los borinqueños que lucharon junto a los mambises cubanos. En este tomo rendimos un homenaje de gratitud y reconocimiento a los aquí nombrados y a tantos otros héroes y mártires anónimos de la isla hermana.

---

[212] Dato tomado por René González Barrios del Archivo Nacional de Cuba. Fondo Delegación del PRC, Caja 6.

Mayor General Calixto García Íñiguez

CAPÍTULO XI

LAS EXPEDICIONES DESPUÉS DEL ZANJÓN

a) LAS PRIMERAS EXPEDICIONES DE LA GUERRA DEL 95

En nuestra anterior obra «Carlos Manuel de Céspedes: de Yara a San Lorenzo» hicimos una mención detallada de las expediciones organizadas por la emigración cubana durante la Guerra de los Diez Años y en los primeros capítulos de este tomo relacionamos los ingentes y frecuentes esfuerzos realizados para llevar combatientes y pertrechos a la isla luego del Pacto del Zanjón y durante la Guerra Chiquita. En este y próximos capítulos nos referiremos a las expediciones que se realizaron –y aquéllas que fracasaron– en la Guerra de Independencia.

b) EXPEDICIONES QUE PARTEN DE PUERTOS CERCANOS

Había terminado, con el Pacto de Zanjón, la Guerra de los Diez Años pero sigue ardiente el deseo de muchos cubanos de continuar la lucha y a este fin desde puertos cercanos a la isla comienzan a organizarse expediciones que van a llevar a los combatientes a iniciar lo que llamamos la Guerra Chiquita (1879-1880) y otras acciones que se extienden en el período que va de 1881 a 1894.

Una de las primeras partirá de Jamaica el 25 de septiembre de 1879, dirigida y organizada por el Mayor General Calixto García y comandada por el General Gregorio Benítez, que fue de los primeros camagüeyanos alzados en noviembre del 68 y participado aquel mes en el Combate de Bonilla bajo las órdenes del General Augusto Arango enfrentándose a una columna de unos 800 hombres comandada, nada menos, que por el Conde de Valmaseda que se dirigía de

Nuevitas por tren. El ataque fracasó por un disparo escapado a las tropas camagüeyanas.

Participó Benítez en las fuerzas que volvieron a enfrentar a la columna dirigida por Valmaseda en la segunda quincena de noviembre del 68. Había participado Gregorio Benítez (Goyo) en distintas acciones en la Guerra de los Diez Años (las Guásimas, Cascorro, el Zanjón y Montego entre otras).

Comienza, ahora, la etapa posterior al Zanjón. Recién desembarcado de la goleta *Adelaida* (28 de septiembre, 1879) conduciendo a 17 expedicionarios entre los que se encontraban, además del General Benítez, el Gral. Brigadier Miguel Ramos, y el Coronel Salvador Rosado Lorié, se dirigió a Camagüey pero de regreso a Oriente fue Benítez delatado y capturado en la loma de Haitiar, jurisdicción de Manzanillo y murió macheteado el 14 de octubre de 1880.

Llegaba también en aquella expedición del *Adelaida* el Coronel Salvador Rosado, hermano del conocido General de Brigada Pío Rosado que, posteriormente, participó en la conspiración de la Liga Antillana junto al General Antonio Maceo en 1880 y en la frustrada expedición que partió de República Dominicana en la *Estrella Solitaria* aunque sobrevivió a esta expedición. En ella venía el Coronel Plutarco Estrada Varona que había luchado en la Guerra de los Diez Años a las órdenes del General Brigadier Julio Sanguily y del Mayor General Máximo Gómez y, firmado el Pacto de Zanjón, supo mantenerse junto al Coronel Ramón Leocadio Bonachea hasta que tuvo que partir con éste a Jamaica. Al no tener éxito el desembarco de la expedición del *Adelaida* marchó en una nueva incursión en la goleta *El Roncador* nuevamente bajo el mando de Bonachea. Sorprendidos en el desembarco fueron capturados y ambos sentenciados a muerte el 7 de marzo de 1885.

Poca suerte tuvo también la expedición que llevaba pertrechos y hombres a los que seguían combatiendo en lo que conocemos como la Guerra Chiquita. Ésta fue la expedición organizada por el Comité de Nueva York y al frente de la cual llegaba el General Cecilio González Blanco[213], nacido en Cienfuegos en 1842. Desembarcan en la costa centro-occidental de la isla y comienzan a operar en la zona de la Ciénaga de Zapata. Detectados los 40 patriotas, algunos dominicanos, son apresados y muchos, entre ellos Cecilio González, mueren asesinados[214].

Los descalabros no desaniman a los cubanos ya organizados por el Comité Revolucionario Cubano del que Juan Arnau había resultado elegido presidente el 19 de agosto de 1883 y quien, antes, había formado parte de la expedición *Lilliam* bajo el mando de Domingo Goycuría, el General Brigadier Carlos Agüero Fundora zarpa de Cayo Hueso en la goleta *Adrián*. Lo acompañan, entre otros, el Coronel Rosendo García y José Álvarez González (Matagás) (que luego participaría en la Guerra de Independencia).

La expedición del *Adrián,* como antes expresamos, la dirigía el General de Brigada Carlos Agüero[215] participando en los encuentros de Ruiz de Jobo (19 de abril), Las Augustas (4 de mayo), La Colmena (9 de mayo) y otros. Poco después del desembarco fue asesinado por un traidor.

Otra expedición que se organiza es la que ya hemos mencionado como la *Ballenera Roncador*, que zarpó de Montego Bay, Jamaica, el 29 de noviembre de 1884, organizada y comandada por el General Ramón Leocadio Bonachea junto con 11 expedicionarios cuya tripulación incluía a 4 marineros griegos y en la que llegaban entre

---

[213] El cienfueguero Cecilio González Blanco, que por su coraje en los encuentros de Chaufas, el Jíbaro, Marroquín, Jatibonico y otros, alcanzó el grado de General de Brigada en la Guerra de los Diez Años. Participó en la Guerra Chiquita y hecho prisionero fue fusilado el 27 de mayo de 1880. Otro mártir ignorado por infinidad de historiadores.

[214] En la Guerra de los Diez Años, alzado junto a Juan Días de Villegas, participó Cecilio González en distintas acciones (Cuchillas del Guayabal y Ciego Montero) en las provincias de Las Villas y Camagüey. Terminada la Gran Guerra emigró a Puerto Plata, República Dominicana y llega, vinculado al Comité Revolucionario de Nueva York, en la pequeña expedición en diciembre de 1879, antes mencionada, y participa en acciones en los ingenios Céspedes y Zulueta. Por una delación fue sorprendido y asesinado por la guardia civil en un sitio conocido como Sao de San Vicente, cerca de Santa Clara.

[215] Carlos Agüero, General de Brigada, nació en Puerto Príncipe. Participa en la Guerra de los Diez Años, se opuso a la sedición de Santa Rita.

otros el Capitán Pedro Cesteros quien había participado en la expedición del tercer viaje del *Virginius* y, en 1876 en la captura del vapor *Moctezuma*. Cesteros al igual que Bonachea, Plutarco Estrada y otros expedicionarios fueron fusilados en Santiago de Cuba el 7 de marzo de 1885. Así terminó la última expedición del año 84.

Días después, con el interés de poner en práctica el Plan Gómez-Maceo de reiniciar la guerra por la independencia, fue organizada una nueva expedición que estará a cargo del General de Brigada Ángel Maestre que zarpó de Veracruz, México en los tres primeros meses del año 1885 pero que no pudo llegar a Cuba al ser detenida por autoridades mexicanas.

c) **OTRAS EXPEDICIONES**

Pero seguirá Juan Arnau, al frente del Comité Revolucionario Cubano organizando expediciones. Una de ellas una goleta que tiene al frente al Coronel Francisco (Panchín) Varona Tornet y como jefe de la misma el General Brigadier Limbano Sánchez con 11 expedicionarios. Vienen junto a Limbano, Juan Soto que había tomado parte en el desembarco del Mayor General Calixto García en 1880 durante la Guerra Chiquita, y el santiaguero Ramón (Mongo) González que había participado en la Guerra de los Diez Años, en la Protesta de Baraguá y en la Guerra Chiquita, en la que fue hecho prisionero y enviado a las cárceles de Chafarinas de donde se pudo fugar junto con el General Limbano Sánchez.

Los tripulantes de la goleta partieron de Colón, Colombia pero fueron detenidos por lo que meses después organizaron una nueva expedición que saldría de Puerto Plata, República Dominicana el 18 de mayo de 1885, con fondos aportados parcialmente por residentes dominicanos. Luego de resolver distintas dificultades para organizar dicha expedición desembarcan en Punta Caleta y en Punta Negra en la costa sur de Oriente pero durante su desplazamiento cayeron en una emboscada en la boca del Río Cauto, donde fueron dispersados; algunos cayeron combatiendo; otros, capturados, fueron fusilados o deportados a prisión. Limbano y Ramón González fueron traicionados y asesinados por una persona conocida de ellos el 28 de septiembre de 1885.

Al año se organiza una nueva expedición, ésta dentro del Plan Gómez-Maceo[216] dirigida por el Mayor General Antonio Maceo y organizada por el General de Brigada Flor Crombet, traía combatientes y armamentos de Colón, Panamá. Aunque zarpa de Nueva York el 12 de junio del año 86 en la goleta *Morning Star*, bajo el mando del capitán M. Hudson parte hacia Jamaica pero la expedición fracasó y los expedicionarios tuvieron que regresar. Ya, pronto, comenzarán las incursiones que llevarán hombres y armas a la guerra definitiva, la Guerra de Independencia.

Empecemos con las conocidas como «Plan Fernandina» organizado por José Martí que consistiría en tres expediciones: Lagonda, Amadís y Baracoa.

Comenzaba el año 1895 cuando, tras los incansables esfuerzos de Martí, se trazan las bases del Plan de la Fernandina que constaría de esas tres expediciones y otras con que se iniciaría la Guerra de Independencia. De hecho la organización estuvo a cargo de José Martí, como delegado del PRC de Nueva York pero financiada por los emigrados cubanos en los Estados Unidos.

Una de las expediciones vendría al mando de los generales Antonio Maceo y Flor Crombet en el vapor *Lagonda* que recogería a los expedicionarios en Costa Rica para desembarcarlos en la provincia de Oriente.

Otra expedición vendría a las órdenes de los mayores generales Carlos Roloff y Serafín Sánchez en el vapor *Amadís* con 200 hombres que recogería a otros en Cayo Hueso para desembarcarlos en

---

[216] Plan Gómez-Maceo: Fracasada la Guerra de los Diez Años los Generales Máximo Gómez y Antonio Maceo comenzaron a elaborar entre los años 1884 y 1886 distintos planes con el propósito de iniciar una guerra en la que no se cometieran los errores de la anterior contienda. Con ese propósito Gómez elaboró un programa al que se le dio el nombre de Programa de San Pedro Sula que fue la ciudad en la que se redactó el 30 de marzo de 1884 y se basaba en un general en jefe que centralizaría la dirección política militar. El plan se había trazado con la participación de los generales Flor Crombet, Francisco Carrillo, Mayia Rodríguez, José Rogelio Castillo, José Maceo, Emilio Núñez, Juan Rius Rivera, Fernando Figueredo y otros pero, por distintas razones, aquel plan fracasó.

Las Villas. La tercera estaría comandada por el propio José Martí y el Mayor General Máximo Gómez respaldado por el Coronel José Mayía Rodríguez y el Comandante Enrique Collazo trayendo a trescientos expedicionarios en el vapor *Baracoa* que recogerían a todos esos hombres en la República Dominicana para dejarlos en Camagüey, cerca de Santa Cruz del Sur. Los barcos vendrían con armamentos y pertrechos, rifles, municiones, machetes.

Fracasa el Plan de Fernandina al denunciar el Ministro de España en Washington ante las autoridades norteamericanas la presencia armada del vapor *Lagonda*. En aquel momento el *Amadís* se encontraba en alta mar, pero el *Baracoa* permanecía cercano al *Lagonda*. Alguien había cometido una indiscreción. Para Martí éste había sido el Coronel Fernando López de Queralta[217].

Así describe un brillante ensayista los últimos minutos de aquel plan cubano[218]:

> «*En la espera ansiosa, Martí perfila un plan hasta el último detalle. Tan pronto como llegue la orden de Gómez, tres barcos, el "Amadís", el "Lagonda" y el "Baracoa", saldrán del Puerto de Fernandina en la Florida, donde lo tiene ya todo hábilmente combinado con un traficante local en madera, Michelle Borden. A sus propios muelles, y en vagones contratados exclusivamente, irán las armas, disimuladas como instrumentos agrícolas. Todo está listo. Trémulo, aguarda Martí, como un director de escena, a que se levante el telón.*
>
> »*Y, de repente, ¡la catástrofe!.*

---

[217] El Coronel Fernando López de Queralta fue un combatiente en la Guerra del 68. En 1870 desde Nassau condujo la segunda expedición de «El Salvador». En diciembre de 1876 desembarcó en un pequeño bote en Manzanillo. En 1895 comandaría el «Amadís»; Martí es muy severo al enjuiciar la conducta de López de Queralta. Ver «Martí, Hombre» de Gonzálo de Quesada y Miranda, Editorial Cubana.

[218] Jorge Mañach, «Martí el Apóstol».

»El día 10 de enero Martí queda fulminado por un aviso telegráfico de que los tres vapores, con toda su carga, han sido confiscados por el Gobierno de Washington... es el fracaso súbito, inconcebible aún, de tres años de acción viril...todo se ha perdido...! sólo Queralta lo sabía!.

»Fue el triste final de aquella que hubiera sido la primera expedición de la Guerra de Independencia. Un fracaso producto de una traición».

Pero siguen nuevos esfuerzos. Para abril ya comienzan con cierta regularidad las primeras expediciones hacia Cuba. El primero de aquel mes desembarcaba en Duaba, Baracoa, la goleta *Honor*, de 18 toneladas de capacidad con 23 expedicionarios, entre ellos los generales Antonio y José Maceo y Flor Crombet y los coroneles Agustín Cebreco y el colombiano Adolfo Peña, así como el dominicano José M Arzeno, el teniente coronel Flor Silverio Sánchez Figueras[219], Patricio Corona, Acid Duvergel, José Palaciones y Alberto Boyd.

d) DESEMBARCAN MARTÍ, GÓMEZ Y OTROS

Diez días después, con 6 expedicionarios desembarcaban José Martí y los generales Máximo Gómez, Francisco Borrero y Ángel Guerra y Marcos del Rosario junto a César Salas. Habían zarpado de Montecristi, en Santo Domingo, el primero de abril del año 95 en la goleta *Brothers* pasando, en Haití, al vapor *Nordstrant*, desembarcando en Playitas cerca de Cajobabo en Baracoa el 11 de abril. Los esperaba un grupo de campesinos que llevaban al frente al comandante Félix Ruenes que pronto se unieron a las tropas comandadas por el General José Macco.

---

[219] El matancero Silverio Sánchez Figueras peleó en las tres guerras emancipadoras tomando parte de la Protesta de Baraguá. En la Guerra Chiquita ascendió al grado de Teniente Coronel y en la Guerra de Independencia obtuvo los galones de General de Brigada. Realizó la invasión junto a Maceo con quien cruzó la trocha de Mariel a Majana. Participó en numerosos combates en las tres provincias occidentales. Sobrevivió las guerras y resultó electo a la Cámara de Representantes en 1900 por la provincia de Matanzas.

José Martí y Máximo Gómez en Nueva York

Con el dinero suministrado, en forma personal, por Ulisis Heraux, *Lili*, el dictador dominicano, pudieron adquirir Martí y Máximo Gómez la goleta inglesa *Brothers* que inscrita con ese nombre en las Islas Turcas, la inscribieron en Montecristi con el nombre de *Libertad*.

Vendrán en la pequeña goletilla aquellos cinco hombres: Máximo Gómez, Martí, Paquito Borrego, Ángel Guerra, César Salas y el dominicano Marcos del Rosario; zarpan en la noche del primero de abril rumbo a Inagua a donde llegan en la noche del 3 de abril. Al otro día, descubren lo que llamó Gómez «el gran engaño»: La tripulación de la goleta, menos el cocinero, desertan junto con el capitán, un tal Bastín, traidor o asustado. *«El incansable Martí se va a tierra, sudando coraje e indignación»*[220] Bastín decidió, a todo trance, cumplir, ahora, su compromiso de llevarlos a Cuba.

Encuentran la asistencia de otro hombre, el cónsul de Haití, M. Sarber, que les ofrece protección y, recuperado los $450 dólares que había cobrado Bastín por el viaje a Cuba, llega a Inagua el vapor de carga alemán *Norstrand* que hará escalas en Haití y Jamaica y en el que podrán escapar del islote Inagua, tan fácil de descubrir. El capitán exige dinero, $1,000 pesos, para, en el pequeño bote que los expedicionarios habían comprado en Iguana, dejarlos cerca de Cuba.

Siguen para Cabo Haitiano. Salen el día 9 de Haití, hacia Jamaica y tarde en la noche del 11 ya el *Norstrand* está junto a las costas de Cuba y toman el pequeño bote y, sufriendo los embates de las olas, y, en un momento en que se calma el mar tocan la arena de la playa: era Playitas y avanzan, a oscuras, hacia un pequeño caserío que no conocen, el Cajobal. En un humilde hogar de campesinos dan noticias de donde se encuentran: en la jurisdicción de Baracoa, de las que el jefe cubano es Félix Ruenes y, a través de una persona amiga, que les sirve de guía, llegan a Vega Batea donde encuentran a las primeras fuerzas del Ejército Libertador. Por la misma zona, tres días antes, los hermanos Maceo junto con Flor Crombet habían

---

[220] Escrito por Máximo Gómez y transcrito por Benigno Souza en su obra «Máximo Gómez: el generalísimo».

desembarcado. Se encontraba ya el dominicano Marcos del Rosario Mendoza en plena manigua cubana.

e) **MARCOS DEL ROSARIO MENDOZA**

Un dominicano se identifica, como pocos, en nuestras luchas independentistas. Es Marcos del Rosario Mendoza, nacido en el Viso, cerca de Santo Domingo en 1864.

Marcos del Rosario Mendoza

En su tierra natal, ha establecido Marcos del Rosario muy estrechas relaciones con José Martí y con el Mayor General Máximo Gómez. Junto a ellos desembarcará en Cuba el 11 de abril de 1895 por Playitas en la costa sur de Oriente. Le correspondió un altísimo honor: fue el primero de todos en pisar tierra cubana. Este bien conocido dominicano formará parte de las fuerzas del Ejército Libertador que participan en lo que se llamó Campaña Circular en Camagüey, y en la invasión a occidente en la que sufre graves heridas en el combate de Coliseo (diciembre 23, 1895) cuando, luego de una temporal separación, se unen nuevamente en aquel pequeño pueblo matancero las tropas de Maceo y de Máximo Gómez.

Las fuerzas insurrectas toman y queman la pequeña población a cuyo rescate se acercan fuerzas españolas compuestas de cuatro compañías de un Regimiento de Navarra, otros del Regimiento del Rey y un tercer batallón del Regimiento de Asturias. Dirigirá las fuerzas ibéricas el propio Capitán General de la isla Arsenio Martínez Campos. Tomará acción importante en la Batalla de Coliseo la escolta del Mayor General Serafín Sánchez que está dirigida por el Comandante Loynaz del Castillo.

A la batalla de Coliseo nos hemos referido en otras secciones de este libro destacando que Coliseo fue, en lo personal, una derrota para el Capitán General de la isla. Ya Marcos del Rosario se ha recuperado de su grave herida y el 4 de marzo del 96 se ha reincorporado al Cuartel General y participa en el combate de Lugones (4 de noviembre, 1896), en Camagüey, donde fuerzas dirigidas por el General en Jefe Máximo Gómez atacan una columna que lleva al frente al General Adolfo Jiménez Castellanos cerca de Cascorro.

No era una pequeña fuerza a la que los insurrectos cubanos se enfrentaban ya que Jiménez Castellanos comandaba a más de 4,000 hombres que habían salido de Minas en auxilio de los sitiados en Cascorro cuyo cerco dirigió el Brigadier José Manuel Capote. Sobresalen en el ataque una docena de jóvenes norteamericanos dirigidos por Frederick Funston, aquel que llegó a Cuba en la primera expedición del *Dauntless*.

Llegarán después antes de terminar el año 1895 la primera expedición de Francisco Carrillo en el vapor *Delaware*; Emilio Núñez, Carlos Manuel de Céspedes y Quesada en la primera incursión del vapor *Laurada*; y el segundo viaje de Francisco Carrillo, junto con José María Aguirre que arribará el 7 de noviembre en el vapor *Horsa*.

Va terminando el año y vuelve Mariano Torres, junto con los tenientes coroneles Vicente Pijales Puentes y Juan Ferrera Coello (Baracoa) y Luis Yero Miniet en un pequeño bote el 19 de noviembre. Piensa desembarcar por la ensenada de Mora en Pilón, en la costa sur de Oriente se incorporan a las fuerzas del comandante Roitor y será bajo las órdenes de Gervasio Savio, financiada por la delegación de cubanos en Jamaica que parte en el pequeño barco *Eureka* que saliendo desde Jamaica llegará a la costa sur de Oriente en lo que resultaría la última expedición del año 95.

Coincidiendo con el fracaso de la expedición de la Fernandina se había organizado por el Partido Revolucionario Cubano la expedición del vapor *Honor* que había partido de Puerto Limón, en Costa Rica, el 25 de marzo de 1895, organizada y comandada por el General Flor Crombet, como jefe de mar y el Mayor General Antonio Maceo como jefe de tierra. Venían 23 expedicionarios; entre ellos los Generales Antonio y José Maceo y Flor Crombet, los coroneles Agustín Cebreco, el colombiano Adolfo Peña; y los tenientes coroneles Silverio Sánchez Figueras, Patricio Corona, Accid Duverger, el dominicano José M. Arseno, José Palacios y Alberto Boix. Las armas llegaban en el vapor inglés de pasajeros *Adirontack*. Para el día 27 llegaban a Kingston, Jamaica donde quedó la esposa de José Maceo, Elena González. De Fortune Island, en Las Bahamas, los expedicionarios se trasladarían a la goleta *Honor,* capitaneada por el norteamericano Salomón Key. El desembarco, como todos conocemos, se produjo en Duaba, Badajoz, el primero de abril del año 95 y los expedicionarios, detectados, fueron atacados y perseguidos por tropas españolas y guerrilleros que en el área se encontraban.

f) PERALEJO: DERROTADO MARTÍNEZ CAMPOS. MUERE SANTOCILDES

No han pasado dos meses y ya está Maceo envuelto en una de sus grandes batallas. A mediados de julio de 1895 el Lugarteniente General Antonio Maceo se encuentra combatiendo a dos columnas dirigidas por el Capitán General Martínez Campos con cerca de 400 hombres de infantería y caballería y otra columna de más de 1,100 hombres bajo las órdenes del General Fidel Alonso de Santocildes que, ésta última, había acampado en Vegas de Yao precisamente el 12 de marzo en horas de la noche.

Cronistas españoles afirman que Maceo tuvo noticias de que el general Fidel Alonso de Santocildes estaba en Manzanillo, esperando al Capitán General Martínez Campos. Montó una gran emboscada en Peralejo.

Maceo conoció de esa masiva fuerza de Santocildes y tomó la decisión de combatirla apostando en el Tanteo, en las cercanías de Barrancas y el Río Mabay, la infantería del Mayor General Jesús Rabí[221]. Una vez situada la infantería de Rabí, Maceo ordenó situar, en lugar cercano, las tropas de Quintín Banderas que recién habían participado en las operaciones de San Francisco y Paraíso, colocándoles una impedimenta para impedir el avance de las tropas españolas. Estarían respaldadas por infantes a las órdenes de Alfonso Goulet[222].

Situadas así las tropas, Maceo atacó con la caballería una y otra vez sobre las fuerzas enemigas mientras que la infantería cubana trataba de posesionarse del Bosque de la Caoba; pero los españoles resistían firmemente los ataques de la caballería de Maceo, ahora reforzada con el regimiento de caballería Guá, bajo el mando del Coronel Salvador Hernández Ríos[223] y del Teniente Coronel Alonso Rivero.

En medio del combate se conoció que probablemente había muerto el General Santocildes. En efecto, en el encuentro murió Santocildes y a punto estuvo de caer prisionero el mismo Martínez Campos.

---

[221] Conocido por todos como Jesús Rabí su verdadero nombre era Jesús Sablón Moreno nacido en Jiguaní, Oriente, el 24 de junio de 1845. Fue Jesús Rabí uno de los combatientes cubanos que participaron en nuestras tres guerras redentoras.

[222] Alonso Goulet y Goulet había nacido en el Cobre el 23 de enero de 1865. Tomó parte en la Guerra Chiquita donde fue hecho prisionero y enviado a España. Al estallar la Guerra del 95 se incorporó a las fuerzas de Guillermón Moncada y Quintín Bandera, pasando después a las fuerzas del Coronel Jesús Ramírez. Goulet murió en la batalla de Peralejo, protegiendo la impedimenta en el monte llamado la Caoba.

[223] Salvador Hernández Ríos terminará la guerra con el grado de Mayor General. Participará en numerosos combates: Peralejo, Bejuquero, Caimito, Barrancas, Blanquizal y otros.

Al morir Santocildes, Martínez Campos asumió el mando de aquella columna e inició la retirada bajo el continuo hostigamiento de las fuerzas cubanas.

Comenzarán muy pronto aquellas necesarias incursiones del año 96.

g) LOS DESTERRADOS DE AYER

Los cubanos que salían de la isla, por decisión propia o expulsados, cuando ésta era una colonia de España, eran reconocidos como emigrantes. Era muy poco usado, si alguna vez lo fue, el término exiliado. Pero aquellos emigrantes cubanos venían de haber combatido en la isla a la tiranía española y continuarían, en el destierro, aquella lucha.

Reconociendo la labor de los disidentes y opositores actuales, de hoy, debemos rendirle un homenaje de recordación a los emigrados cubanos de la Guerra del 95 distinguiendo, primero, la diferencia entre la política exterior norteamericana de aquellos años y la actual, y los distintos métodos de lucha que asumen hoy los disidentes y opositores en la isla.

Dificultades tuvieron muchas los emigrados del 95, pero las enfrentaron y las vencieron. Precisamente el primero de enero de 1896, organizada y financiada por la Delegación del PRC en Tampa, el Coronel Fernando Figueredo Socarrás prepara una expedición que llevará, como jefe, al Teniente Coronel Alfredo Laborde y que partirá en una goleta de 100 toneladas que, zarpando de la propia bahía de Tampa que procurará llegar a Bahía de Cochinos, en la costa sur de Las Villas pero por dificultades en las horas finales torcieron el rumbo hacia el Cabo de San Antonio y tomando otra pequeña embarcación trataron de continuar su accidentado rumbo hasta que fueron recogidos por el barco noruego *Pioneer* que sólo admitió recibir a los 10 expedicionarios con sus fusiles y revólveres y algún material, conduciéndolos a Pensacola, en la Florida en esta primera, pero frustrada expedición.

h) LAS PRIMERAS EXPEDICIONES DEL AÑO 96

Repasemos, de nuevo, estas expediciones.

Se producirá, bien temprano al iniciarse el año 96 la primera expedición que llega a la isla. Vendrá en una goleta que ha contratado la delegación del Partido Revolucionario Cubano en Tampa, organizada por el Coronel Fernando Figueredo Socarrás que traerá como jefe al Teniente Coronel Alfredo Laborde. Habían salido de Tampa el último día de diciembre con 10 expedicionarios. Se dirigirán a Bahía de Cochinos, en la costa sur de Las Villas donde no pudieron arribar por haberse hundido la embarcación. El accidente no impidió que los expedicionarios trataran de continuar con su viaje apropiándose de una pequeña goleta a la que se transportaron ellos y el material bélico que conducían, dirigiéndose hacia Cabo Francés, por el sur de Pinar del Río donde también la goleta comenzó a hacer agua y la tripulación y parte del material pudo ser recogido por el barco noruego *Pioneer* que lo condujo a Pensacola. Fue éste un serio percance que no iba a amilanar a los combatientes cubanos.

Una pequeña expedición fue dirigida por Fernando Méndez Miranda en marzo de aquel año 96 introduciendo las armas por Cárdenas destinadas a las fuerzas del General Carlos Roloff. Los dos próximos intentos fracasaron: El del barco *Martha* que salió el primero de marzo y el segundo intento del Coronel Juan Monzón en el vapor *Competitor* también en marzo.

Los exiliados cubanos de Nueva York están organizando la segunda incursión hacia Cuba. Ésta comandada por el Mayor General Calixto García Íñiguez que comandaría una expedición con 107 hombres que traerían, entre sus integrantes, a un colombiano y a un chileno, junto con un grupo de valiosos cubanos que alcanzarán nombre en la nueva guerra que ahora comenzaba. Se unían a Calixto García sus propios hijos, Carlos García Vélez, el Coronel Miguel Betancourt Guerra, el Teniente Coronel Juan Pablo Cebreco, Eusebio Hernández, Rafael Gutiérrez Marín y los generales Juan Fernández Ruz y el colombiano Avelino Rosa junto al oficial chileno Arturo Lara.

COMISION DEL ARCHIVO DE MAXIMO GOMEZ

DIARIO DE CAMPAÑA
DEL MAYOR GENERAL
MAXIMO GOMEZ

Edición Homenaje al cumplirse el
104 ANIVERSARIO del
natalicio del General Máximo Gómez
NOVIEMBRE 18 DE 1940

Impreso en los Talleres del
Centro Superior Tecnológico
Ceiba del Agua, Habana

Habían abordado el vapor *Hawkins* zarpando de Nueva York el 25 de aquel mes de enero. Poca fortuna, como el anterior, tuvo aquel primer intento de Calixto García de llegar a las costas cubanas. El barco, en pésimas condiciones, comenzó a hacer agua y a hundirse forzando a lanzar al mar el armamento en la operación, que no pudo llegar a las costas cubanas. Murieron cinco expedicionarios y cinco tripulantes. Los náufragos fueron rescatados por barcos cercanos y conducidos a Nueva York. Otro fracaso.

Pero, pronto el militar Calixto García estará preparando otra nueva incursión que tendrá, también, otro desafortunado desenlace.

El 24 de febrero del 96 el persistente holguinero comandaba la goleta *Bermuda* conduciendo 160 expedicionarios llevando de capitán a Samuel Hughes que zarpa de Nueva York ese día pero son detectados, por una delación, por autoridades americanas y devueltos a tierra. Era el segundo intento de Calixto García y el tercero de los emigrados cubanos; pero, superando estos iniciales fracasos, los cubanos persistirán.

A los pocos días se produce la próxima expedición organizada por la Delegación Cubana de Nueva York y que estaría comandada por el Mayor General Calixto García Íñiguez. El barco utilizado sería el *Hawkins* que llevaría a 107 expedicionarios entre los que se encontraba el propio Calixto García, los generales Juan Fernández Ruz y AVelino Rosas, el colombiano del que antes hemos hablado. Con ellos vendrán el Coronel Miguel Betancourt Guerra y el Teniente Coronel Juan Pablo Cebreco; así como Eusebio Hernández, Carlos García Vélez (hijo de Calixto García), Rafael Gutiérrez Marín y el oficial chileno Arturo Lara.

Traían un cargamento compuesto de 1,200 fusiles, 500,000 cartuchos, dos pequeños cañones y otras armas. Resultará un nuevo fracaso. Habían partido de Nueva York el 25 de enero (1896) pero al siguiente día el barco comenzó a hacer agua hasta hundirse en la mañana del día 27 después de ser recogido el personal por las goletas americanas *Helen M. Benedict*, *Alice Cross* y *Leander Deede*; pero en la operación habían muerto 5 expedicionarios y 5 tripulantes. Los náufragos rescatados fueron conducidos a Nueva York.

El tercer intento no tendría mejor suerte. Se utilizaría el vapor *Bermuda* (que fue comprado por la Delegación Cubana) en una operación que nuevamente organiza el Mayor General Calixto García Íñiguez a quien acompañará, como antes Juan Fernández Ruz y su hijo Carlos García Vélez. Delatados, las autoridades norteamericanas detuvieron la operación pero devolvieron el buque y las armas. El próximo mes se va a producir una nueva operación. Ésta tendrá éxito.

El 13 de marzo de 1896, dirigida y financiada por la Delegación Cubana, el Comandante Enrique Collazo conducirá en el *Three Friends* una expedición en la que llegarán el Coronel Pedro Vázquez, Donato Soto, y Juan Santos, entre otros. Salen de Jacksonville y arribarán a Varadero, en la costa norte de Matanzas, donde comenzaron a desembarcar pero fueron pronto detectados por la guarnición de un fortín español cercano entablándose un combate en el que pudo salvarse el material bélico que traían al venir en auxilio de los expedicionarios tropas cubanas al mando de los oficiales pertenecientes a las fuerzas del General José Lacret Morlot. Llegaron a tierra el 17 de marzo del 96.

Días después, trayendo como jefe de tierra al Comandante Braulio Peña y como jefe de mar al Capitán Pablo F. Rojo, zarpando de Charleston sale el vapor *Comodoro* el 19 de marzo. Con ellos vienen Rafael Gutiérrez Marín, William Cox y L.A. Good. Traen 250 fusiles, 350,000 cartuchos, un cañón, dinamita y otros pertrechos y pueden arribar sin mayor contratiempo a Nuevas Grandes, en la costa norte de Camagüey. No tendrá éxito una expedición organizada por el Partido Revolucionario Cubano de Cayo Hueso y que tendría al frente al Coronel Juan Monzón. Pero sí lograría su objetivo la siguiente organizada por el Coronel Emilio Núñez y dirigida por Calixto García.

Va haciéndose más notable la colaboración que reciben los insurgentes cubanos, no sólo de otros hispanoamericanos sino, también, de norteamericanos. Así vemos que en el segundo viaje del *Bermuda,* el 24 de marzo del 96 en una expedición organizada por el Mayor General Calixto García venía como capitán el ya conocido

John (Dinamita) O'Brien del Departamento de Expediciones de la Delegación Cubana y una semana después, en la goleta *Marta* llegaría como organizador de la misma el periodista norteamericano Sylvester Scober, antes mencionado.

En aquel segundo viaje del *Bermuda* que salió por Filadelfia el 15 de marzo (1896), vienen, entre otros, el propio Calixto García, el General de Brigada Avelino Rosas, colombiano al que hemos mencionado con frecuencia en este texto; los tenientes coroneles Juan Pablo Cebreco y José Rodríguez, el Comandante Almanzor Guerra y Tomás Collazo, Cosme de la Torriente, Eusebio Hernández, Pedro E. Betancourt, Martín Marrero, Carlos García Vélez, José Miguel Taraja, Eduardo Rosell, Malpica, Vicente Carrillo, Eduardo y José Laborde, Guarino Landa, Antonio María Caíñas Figarola, Juan Soler, Bernardo Soto, el hondureño Manuel Rodríguez Fuentes y otros.

Arribaron a Maraví, en Baracoa, apoyados en el desembarco por tropas del Coronel Félix Ruenes.

El tercer viaje del *Bermuda* era el Capitán Rile quien lo conduciría hasta Punta del Tinglé, en Cabo Cruz donde sólo pudieron desembarcar varias de las pequeñas embarcaciones que llevaban a bordo. Vuelve O'Brien quien, esta vez, conduce como capitán la segunda expedición del *Three Friends*, cuyos expedicionarios se trasladaron primero por ferrocarril hasta Tampa y de allí por un remolcador hasta alta mar donde lo esperaba el *Three Friends*. Entre los expedicionarios venían Gonzalo García Vieta y Carlos (Charles) Hernández.

i) ***THREE FRIENDS* Y OTRAS EXPEDICIONES**

El tercer intento, al fin, tendrá éxito. Será la primera expedición del vapor *Three Friends*, organizada por el Comandante Enrique Collazo que traerá a una cincuentena de expedicionarios que partían de Jacksonville que recogerían a otros en distintos cayos de la Florida el día 16 de marzo luego de recibir un eficaz auxilio de Fernando Figueredo, Poyo y Huau, y demás emigrados cubanos de la Florida donde partió, acompañado del Brigadier Pedro Vázquez, Antonio Esperón, Carlos Macía, Miguel Ángel Duquestrada y otros. Arribará

257

la embarcación a Varadero, en la costa norte de Matanzas, pero detectados por la guarnición de un fortín español cercano se vieron obligados a un pronto combate que les permitió defender el cargamento al llegar en su auxilio tropas cubanas comandadas por Pedro Miguelín y Julio Cepero pertenecientes a la fuerza del General José Lacret Morlot. Era la primera exitosa de las expediciones de la Guerra de Independencia en el año 96.

Llegaba también la expedición de Calixto García (fecha aproximada a la llegada de la expedición de Enrique Collazo) quien –pese a las órdenes reiteradas del General Gómez que envió correo especial al delegado de Nueva York para que el General García desembarcara en occidente– arribó el 25 de marzo a Maraví, a dos leguas de Baracoa, en Oriente. Días antes llegaba otra expedición por Punta Maternillos, en Camagüey, al mando del Brigadier Juan Fernández Ruz a bordo del Laurada y el 20 de marzo el Coronel Braulio Peña traía en el viejo vapor «Comodoro» abundantes pertrechos de guerra desembarcando en Nuevas Grandes, próximo a Nuevitas, Camagüey[224].

Días antes Valeriano Weyler asumía el gobierno y la Capitanía General de la isla (16 de febrero de 1896) con el propósito de intensificar la lucha para aplastar la recién iniciada rebelión, pero días antes ya los expedicionarios del *Three Friends* se habían incorporado al Ejército Libertador produciéndose los primeros encuentros en la costa norte de la provincia de Matanzas.

No habían pasado dos días del exitoso desembarco de la primera expedición del vapor *Three Friends* cuando el 19 de ese mes de marzo (1896) organizada y financiada, igualmente que la anterior por la Delegación Cubana que traía como jefe de mar al Capitán Pablo F. Rojas y como jefe de tierra al Comandante Braulio Peña desembarcaba por Nuevas Grandes, en la costa norte de Camagüey el vapor *Comodoro* en el que venían, entre otros William Cox y N. Oseood. No se precisaba el número de expedicionarios que tocaron tierra pero sí se confirmó que habían bajado 250 fusiles Remington,

---

[224] José L. Franco: «Antonio Maceo: Apuntes para una Historia de su Vida», Tomo III.

350,000 cartuchos, un cañón de tiro rápido, machetes, explosivos, medicinas y otros pertrechos en aquel vapor que había partido de Charleston el 11 de aquel mes de marzo. Los combatientes que desembarcaron recibieron en tierra el apoyo de fuerzas dirigidas por el Comandante Álvaro Rodríguez y el General de Brigada F. Santana que trasladaron el material desembarcada a Sabanalamano.

Con un nombre que no debe confundirse con el del coronel en la Guerra del 68 que le dio el primer ascenso de teniente y capitán a los que vendrían a ser mayores generales Antonio Maceo y José Maceo, arribaba el capitán Juan Monzón Fedra quien al tener problemas se vió obligado a desembarcar en Cayo Hueso y conseguir la goleta *Competitor*. Llegaban también el Capitán Antonio L. del Cristo, el Teniente Ernesto Uza Torres y otros con 200 fusiles y unos 60,000 cartuchos, dinamita y otros equipos. Poco se conoce de la actuación de aquellos expedicionarios.

Será en la última semana de aquel mes de marzo (1896) que pudo, finalmente, arriban a tierra cubana en la Guerra de Independencia el Mayor General Calixto García en una expedición dirigida por la Delegación Cubana y organizada por el Coronel Enrique Núñez que llegaba en el segundo viaje del vapor *Bermuda*[225] junto con 78 hombres , entre los que se encontraban el colombiano Avelino Rosas, que llegará a obtener el grado de general de brigada, el hondureño Manuel Rodríguez Fuentes, varios chilenos y puertorriqueños y, entre los cubanos, los tenientes coroneles Juan Pablo Cebreco y José Rodríguez, el Comandante Almanzor, Tomás Collazo, Eusebio Hernández (que había participado en la Guerra del 68 en el frustrado ataque a Hatuey Grande) y en la Guerra Chiquita, en la que fue coordinador entre Oriente y La Habana.

Al desembarcar por Maraví, Baracoa, el 4 de marzo, el Mayor General Eusebio Hernández fue asignado al Estado Mayor de Calixto García, más tarde al de los mayores generales José Maceo y Mayía Rodríguez. Había salido la embarcación por Atlantic City luego

---

[225] Vendría como capitán de esta segunda expedición del Bermuda el ya bien conocido John Dinamita O'Brien.

de trasladarse, abiertamente por ferrocarril, desde Filadelfia. Su desembarco fue apoyado por las fuerzas del Coronel Félix Ruenes.

Terminaba aquel mes de marzo de 1896 con dos pequeñas incursiones organizadas por Fernando Méndez Miranda coordinadas por el grupo de Cayo Hueso de José Dolores Poyo y por la Junta Revolucionaria de Cárdenas, esta última también a cargo de Fernando Méndez Miranda que dejando en Cayo Sal la carga que llevaba, pescadores vinculados por los expedicionarios la trasladaron a Cayo Galindo. De las dos pequeñas expediciones una tuvo éxito, la otra fue interceptada. La que pudo desembarcar entregó el material a las fuerzas del Coronel Carlos Rojas quien, nacido en Cárdenas, se había incorporado desde enero de aquel año a las fuerzas del General Brigadier José Lacret, y nombrado jefe del Regimiento de Infantería Cárdenas en aquel mes de marzo del 96.

j) EXPEDICIONES DE ABRIL

Continuarían las incursiones en el mes de abril; de las cuales sólo conocemos dos. La primera, organizada por el Partido Revolucionario Cubano de Cayo Hueso que traía, como jefe al cubano Crescencio Cabrera y, entre sus integrantes al periodista norteamericano Silvester Scovel, del periódico New York World y desembarcaban en la goleta *Narta* regresaron, perseguidos por un barco de guerra español cuando se acercaban a Cárdenas teniendo que regresar a Cayo Hueso.

La segunda expedición del mes de abril la conduce también el Coronel Juan Monzón de quien hablábamos en párrafos anteriores, junto con el Teniente Coronel Alfredo Laborde (hermano de Ángel Laborde, uno de los estudiantes de medicina fusilados en 1871). Llegaran, por segunda vez, en la goleta *Competitor* con medio centenar de expedicionarios desembarcando en la ensenada de Verracos en la costa norte de Pinar del Río; junto a los nombrados llegaban el Capitán Antonio L. del Cristo, el Teniente Ernesto Uzatorres y otros.

El material de combate traído en la expedición permitió a los combatientes cubanos vencer en el encuentro de Cacarajícara el 30 de abril y el primero de mayo de aquel año 96, pero Laborde fue hecho prisionero y meses después se le permitió marchar hacia los Estados Unidos. El desembarco fue protegido por las fuerzas del Coronel Carlos Socarrás, incorporándose sus integrantes a las tropas del Coronel Juan Eligio Ducasse[226] quien habiéndose alzado el propio 24 de febrero del 95 había luchado junto a las tropas del Mayor General Antonio Maceo en Yerba de Guinea, Jovitos, Peralejo, Sao del Indio y Mal Tiempo el pasado año. Regresaría a Cuba en la goleta *Helen N. Adams* que venía al mando del General de Brigada Bernabé Boza y que desembarcaría por Punta Alexis, en la costa norte de Camagüey.

En este desembarco del año 96 fue herido el Coronel Hugo Roberts en el combate de Cacarajícara pero pudo participar en la acción de Lombillo (13 de junio de 1896) y en el de Galalón el 2 de octubre de aquel año.

k) CONTINÚAN LAS EXPEDICIONES

Dirigida por el ya Teniente Coronel Francisco Leyte Vidal llegaba el 4 de mayo del 96 como Jefe de Mar y Tierra en la tercera incursión del vapor *Bermuda*, comandando un total de más de 95 expedicionarios entre los que se encontraba, como segundo jefe, Julián Zárraga y, junto a ellos Charles L. Simon, Aquiles Ascuy, Juan Carlos Andreu y Pedro Rodríguez. Traía en sus bodegas el *Bermuda* 414 fusiles Mauser y 44 terceorlas, 500 mil cartuchos, medio millar de machetes y, 1,200 libras de dinamita y otros materiales bélicos[227].

Habían partido los expedicionarios con un pequeño remolcador que los llevó mar afuera para abordar el *Bermuda*, zarpando el 27 de abril pero al acercarse a la ensenada de Mora en la costa de Oriente y comenzar el alijo de carga de la embarcación a otro pequeño bote

---

[226] Juan Eligio Ducasse terminó la guerra con el grado de General de División, y en la República fue electo representante a la Asamblea de Santa Cruz y participó en distintas actividades políticas en los primeros años de la República.

[227] Varias expediciones se organizan en marzo de 1896 (*Three Friends* (marzo 17); *Comodoro* (marzo 19); *Perla* (marzo 21); *Bermuda* (marzo 24) y un pequeño barco a fines de ese mes. Algunas fracasarán. Una de ellas, las del *Hawkins* el 27 de marzo de 1896, la primera dirigida por Calixto García, que naufragó.

que llegase a la costa fueron detectados por los cañoneros españoles *Reina Mercedes* y el *Cuba Española*. Sólo seis de las pequeñas embarcaciones pudieron llegar a la costa y, luego, hacer contacto con las fuerzas del General Rabí. El *Bermuda*, con Leyte Vidal a bordo, pudo evitar la persecución y dirigir la nave hacia el Puerto de Trujillo en Honduras. Pronto volverá el oriental Francisco Leyte Vidal a dirigir otra expedición. Esta vez con éxito.

Quien va a comandar la segunda incursión del mes de junio es otro hombre que también, como Leyte Vidal, se había distinguido en la Guerra del 68: El tunero Juan Francisco Fernández Ruz quien se había alzado junto con Carlos Manuel de Céspedes en la Demajagua el mismo 10 de Octubre y al que todos llamaban Juan Ruz. Recordemos que Juan Ruz ya se ha integrado, de inmediato, a las tropas comandadas en aquel momento por el dominicano Luis Marcano y, posteriormente, había combatido al frente de una de las seis columnas del Mayor General Calixto García y, posteriormente, junto al Mayor General Vicente García.

Ahora, luego de ser hecho prisionero complicado en las actividades de la Guerra Chiquita y deportado a Cádiz y Barcelona, Fernández Ruz se había trasladado a Estados Unidos y, en contacto con la delegación cubana organiza una expedición a bordo del vapor *Laurada*[228] que, como la antes comandada por Leyte Vidal, tuvo serias dificultades pero Fernández Ruz y varios expedicionarios pudieron desembarcar por Punta Ganado en la costa norte de Camagüey y participar en varias acciones combativas en aquella provincia y en Las Villas. El 20 de noviembre de aquel año 96 comandaría el combate de Aragón, muriendo poco después (22 de diciembre) de una afección pulmonar que desde hacía algún tiempo lo venía afectando.

Se realiza otra nueva incursión marítima a las costas de Cuba. Era la tercera del mes de junio.

---

[228] El vapor *Laurada* hizo tres viajes a Cuba. El primero dirigido por Emilio Núñez (24 de octubre de 1895) y el segundo por Juan Fernández Ruz (18 de Mayo de 1895). El tercero, ya con el nombre de «Antonio Maceo», el 3 de marzo de 1897.

En el segundo viaje del vapor *Three Friends* la Delegación Cubana lleva cerca de 70 expedicionarios entre los que llegarán, como Jefe de Mar y Tierra el Teniente Coronel Rafael Portuondo Tamayo –que había sido Secretario de Relaciones Exteriores del Gobierno de Cuba en Armas– Alberto Couspeire, Gonzalo García Vieta y Carlos (Charles) Hernández, arribando a la ensenada del Cargado, próximo a la bahía Beconao en la costa sur de Oriente el 30 de aquel mes de mayo. Los armamentos que traía fueron entregados al Mayor General José Maceo en su campamento de la Pimienta[229].

Será el Coronel Emilio Núñez el que se hará cargo de organizar la próxima expedición dirigida y financiada por la Delegación Cubana. Utilizará para ésta el vapor *Comodoro* que ya antes –el 19 de marzo– había transportado como Jefe de Tierra al Comandante Braulio Peña– y ahora, en este segundo viaje sería el Comandante Pablo F. Rojas el Jefe de Mar y el Coronel Ricardo Trujillo[230] el Jefe de Tierra. Llevaba unos dieciocho expedicionarios, cinco de los cuales habían sido parte del viaje del *Bermuda* en mayo de ese año.

Llevaba el *Comodoro* 400 fusiles Mausers, 385,000 cartuchos, 2,500 libras de dinamita y otros medios. Zarpó de Charleston el 17 de junio, arribando a la Playa de Camacho, cerca de Varadero, en la costa norte de Matanzas y decidieron el inmediato sitio de las fuerzas comandadas por el General de Brigada Carlos Rojas, el cardenense del que ya antes habíamos hablado y en cuyo honor pusieron su nombre al antiguo pueblo de Cimarrores. Las armas le fueron entregadas al General José Lacret Morlot las que fueron utilizadas por éste en los combates de Hato de Jicarita, ubicado cerca de Unión de Reyes.

---

[229] Rafael Portuondo Tamayo, que era abogado, nacido en Santiago de Cuba había sido parte de aquella conspiración conocida como La Paz del Manganeso y en 1893 José Martí lo nombró su delegado personal en su ciudad natal, Santiago de Cuba. Se alzó, junto a Guillermón Moncada el propio 24 de febrero del 97 y elaboró la base en que se constituyó el Departamento de Expediciones asumiendo más tarde la Secretaría de la Guerra de la República en Armas.

[230] Ricardo Trujillo fue uno de los supervivientes del trágico viaje del *Virginius* en octubre de 1873.

Digamos unas palabras sobre este encuentro de Jicarita que había sido ordenado por el Lugarteniente General Antonio Maceo en comunicación enviada al Brigadier Lacret el día 3 de este mes de junio. Con esas armas se enfrenta Lacret al coronel español Molina que comandaba una columna integrada por batallones de los Regimientos del Rey y Valencia, una sección de caballería del Regimiento de la Reina y Guerrillas de Matanzas, bajo el mando del Teniente Coronel Brualla. Veamos los detalles de este histórico encuentro que se prolonga por varios días.

l) LACRET VENCE EN JICARITA

En Jicarita, cerca de Unión de Reyes, en Matanzas, tropas al mando del Brigadier José Lacret Morlot libraron intenso combate el 3 de julio de 1896 que se extendió hasta el siguiente día, siguiendo las instrucciones del Lugarteniente General Antonio Maceo que deseaba contrarrestar los efectos negativos de la derrota sufrida en Cantabria el dos de abril.

Gerardo Batrell Oviedo, uno de los miembros de las tropas del General Lacret al relatar sus Apuntes Autobiográficos, publicados en 1912, titulados «Para la Historia» describe así los pasos iniciales de lo que se convertiría en una histórica batalla:

> «*Emprendimos marcha de los montes de la Reforma... llegamos a la finca Severino de Armas a las once de la noche mientras una comisión siguió con los heridos para el Hospital de Sangre Hato de Jicarita. A nuestra llegada, el General Lacret mandó un cartel de reto a Molina –jefe español, criminal como osado; esto ocurría por los últimos días del mes de junio.*
>
> *»El 4 de julio ya teníamos a Molina al mando de tres columnas españolas el cual después que llegó al rastro de nuestro campamento, antes de llegar al Hato de Jicarita, quiso contramarchar y evadir el encuentro, pero tan pronto como el General Lacret se enteró, mandó a Juan G. Abreu... que fuera con 20 hombres y le trajera a aquellas tres co-*

lumnas enemigas al campamento o, séase al Cuartel General, que estaba en la puerta de entrada del histórico platanar de Jicarita. A las nueve de la mañana empezaron los veinte números que fuimos a tirotear a las columnas y a las diez ya las habíamos traído. Tomaron parte de ese memorable combate fracciones de todas las fuerzas de la provincia que habían llegado en comisión a buscar municiones al Cuartel General.

»Las columnas españolas, al mando del General Molina eran la 'Del Rey', a vanguardia, 'María Cristina' al Centro y de retaguardia la de 'Aldea'. La 'Del Rey' fue tantas sus bajas que después de aquel combate no pudo operar más».

En su libro «Memorias para la Historia» Batrell Oviedo describe distintos encuentros que culminan en una importante victoria de las fuerzas cubanas. Su versión la confirma una respetable personalidad histórica.

En un extenso informe publicado en el periódico «La Discusión», el viernes 28 de diciembre de 1900, el General Enrique Loynaz del Castillo ofrece informes muy detallados de este combate que se inicia tras el reto del General Lacret al General español Luis Molina «el Azote de Matanzas»:

«*Todos los malos venían con él: los guerrilleros, los presentados, los asesinos, los sacados del presidio, todas las especies de bandidos y, detrás de esta vanguardia, asco de la humanidad, terror de indefensos, la numerosa tropa española*» *que le hizo llegar a través de siete respetables ciudadanos».*

En su extensa comunicación titulada «Memorias de la Revolución» el General Loynaz del Castillo describe los encuentros que se van a producir durante los primeros días del mes de julio de 1896.

«Al terminar el último combate, nos dice Loynaz del Castillo, en las trincheras nada quedaba. El general español comprendió que había desangrado sus tropas llevándolas a un golpe en el vacío. Molina, de allí, se fue definitivamente a Matanzas, burlado en sus propósitos y llevándose a los hospitales unos 400 heridos. Entre 50 a 60 fueron sus muertos».

Para la historia

Apuntes Autobiográficos.

De la vida de

Ricardo Batrell Oviedo

Habana

Seoane y Alvarez Impresores Compostela 141

1912

Resumimos esta acción ampliamente detallada en la obra «Diccionario Enciclopédico de la Historia Militar de Cuba» (obra citada):

> «*Lacret bien pertrechado con la expedición del vapor Comodoro, consideró que era el momento oportuno para cumplir la orden y desafió al coronel español Molina. El lugar donde se efectuaría la acción era un extenso hato cerrado que lindaba al sur con la Ciénaga de Zapata.*
>
> »*El 3 de julio, una columna española integrada por batallones de los regimientos del Rey y Valencia, sección de caballería del Regimiento De la Reina y guerrillas de Matanzas, bajo el mando del Tte Cor Brualla, atacaron las tropas cubanas del brigadier Eduardo García. Estas, reforzadas con las fuerzas del Coronel Acevedo, combatieron durante una hora y se replegaron después hacia un palmar, mientras el propio Lacret lograba detener la ofensiva enemiga momentáneamente hasta que los españoles, luego de reorganizarse y reabastecerse, avanzaron nuevamente contra la infantería cubana parapetada detrás de una cerca de piedras. Lacret simuló una retirada y el enemigo cayó en la trampa, quedando una buena parte de sus tropas fuera de combate*».

Pero continuará la lucha.

> «*El 4 de julio no hubo combate; pero el 5 por la mañana otra tropa dirigida por el Cor Luis Molina avanzó hacia las posiciones de los patriotas y se produjo un breve encuentro en Galeón con las fuerzas insurrectas del Cmdte Sosa, quien con una hábil maniobra logró que el enemigo, a vanguardia y retaguardia, se atacara mutuamente. Durante la mañana de ese día fuerzas españolas del Rgto de Antequera, y la guerrilla de María Cristina combatieron en varias ocasiones contra los cubanos. Estos retrocedieron hasta la cerca del hato para repetir la estratagema del primer combate; pero Molina ordenó el cese del ataque y el despliegue en una finca cercana*».

Se estaban cumpliendo las instrucciones del Titán de Bronce.

«El 6 en las primeras horas de la mañana, el propio Lacret atacó con su caballería a los españoles y fue sorprendido por un escuadrón enemigo que lo puso entre dos fuegos; pero logró abrir una brecha y retirarse por la Ciénaga hasta llegar al grueso de las fuerzas. En esa retirada se combatió en varias ocasiones al enemigo que los perseguía. Allí se distinguieron el escuadrón de caballería del Cmdte Enrique Junco y la infantería mambisa que se hallaba en el Hato, la cual acudió en apoyo al jefe cubano. Con esta acción concluyó la batalla».

Se había establecido un fuerte combate en el que se unen fuerzas cubanas comandadas por el Brigadier Eduardo García y el Coronel Acevedo mientras el propio Lacret detenía la ofensiva enemiga, simulando una retirada que hace caer a los españoles en una emboscada. Pero continúa el incesante ataque de las fuerzas españolas cuyas bajas, tan sólo en el primer día ascendían a más de ciento setenta hombres. Dos días después el coronel español Luis Molina avanzó hasta las posiciones de los insurgentes cubanos respaldado por las fuerzas del Regimiento de Antequera. El cinco y el seis de julio, repetimos, continuaban los frecuentes encuentros en los que ya participaba, también, el entonces Comandante Enrique Junco[231].

Cumplió Lacret su cometido con lo que, a su vez, se cumplía el interés de Antonio Maceo de librar un importante combate que contrarrestara los efectos negativos de la victoria española en Cantabria el dos de abril de aquel año.

Volvamos a la próxima expedición.

---

[231] Enrique Armando del Junco Cruz Muñoz se había alzado el 21 de junio del 95 incorporándose a las fuerzas de José Roque, en la provincia de Matanzas. Participará en distintos encuentros, entre ellos el de Sabanabarreto (marzo 27), Vieja Bermeja (abril 8), Ingenio Diana (abril 17), Loma de Malini (junio 7), Hato de Jicarita, Santamaria (diciembre 14) y Cimarrones (diciembre 23).

m) EL IMPARABLE *THREE FRIENDS*

Estará organizada por el General de Brigada Joaquín Castillo Duany, que vendría como Jefe de Mar y el Teniente Coronel Francisco Leyte Vidal como Jefe de Tierra en el tercer viaje del remolcador *Three Friends* quien salió de Jacksonville el 17 de junio (1896). Junto a ellos llegaban 45 expedicionarios 13 de los cuales habían formado parte de la expedición del *Bermuda* en mayo de ese año y arribaba a la playa La Cana, en la ensenada de Corrientes en la costa sur de Pinar del Río. Las armas serían recogidas por el Teniente Coronel Antonio J. Varona[232], y los comandantes Julián Gallo[233] y Manuel Lazo[234] y enviadas al campamento del General Antonio Maceo.

Otros nombres conocidos llegan en el cuarto viaje del *Three Friends* en 96: Charles Gordon, Gabriel O'Farrill, Juan R. Cowley, José Aranguren, Manuel Arteaga, Emilio Cancio Bello, Jorge Vega Lamar, Gustavo G. Menocal y otros que llegan junto con 65 expedicionarios.

En el próximo viaje, que será el primero del *Dantless* llegará el norteamericano Frederick Funston, de quien ya hablamos, que habrá

---

[232] Antonio Varona Miranda, nacido en Camagüey, fue un combatiente en nuestras tres guerras emancipadoras. En la Guerra de los Diez Años participó en el encuentro de Jimaguayú donde murió Ignacio Agramonte. En la Guerra Chiquita se unió en el año 79 al Coronel Limbano Sánchez, en Baracoa donde fue herido y hecho prisionero. Forma parte de la fallida conspiración la Paz del Manganeso en 1890. Y en la Guerra del 95 tomará parte en los combates de Los Pasitos (Agosto 23, 1895); en Mal Tiempo (15 de diciembre, 1895); la Colmena (20 de diciembre); Zaza, Guasimán y Paredes. Fue nombrado por Maceo Segundo Jefe de la Brigada Occidental, combatiendo en La Palma, Herradura, Montezuelo, Los Palacios y otros.

[233] El Coronel Julián Gallo Garcilaso de la Vega, nacido Matanzas, ingresó en el Ejército Libertador el 24 de junio de 1895 cuando había llegado a Cuba a bordo del vapor *James Woodall* bajo el mando del Mayor General Carlos Roloff, incorporándose en diciembre del 95 a la columna invasora y participando en la campaña de occidente, subordinado al Teniente Coronel Manuel Lazo.

[234] Manuel Lazo Valdés, pinareño, se había alzado el 13 de enero del 96 al frente de unos 300 hombres en el cacerío el Cayuco, cerca de Remates de Guani, junto con el entonces Teniente Coronel Antonio Varona llegando a Mantua formando parte de la vanguardia de aquella columna invasora. Participó, entre otros, en los combates de Montezuelo, Tumba de Estorino, Isabel María, Ceja del Negro, Galalón y Soroa (23 de octubre del 96). En este último combate fue herido en ambos brazos.

de distinguirse con nombre y prestigio, en la guerra que se desarrollará en las Filipinas y en la Primera Guerra Mundial donde habrá de recibir, en el Congreso de los Estados Unidos, una mención de honor. Por supuesto llegaban acompañados del ya imprescindible Dinamita O'Brien.

No sólo acompañan norteamericanos e hispanos a los cubanos en estas expediciones, sino también hombres de países más distantes. Así en la quinta incursión del *Three Friends* el 8 de septiembre del 96 trajo como jefe de tierra al General Rius Rivera y, tras cambiar de barco llegan Francisco Gómez Toro (hijo del General Máximo Gómez), César Salas, Donato Soto y muchos cubanos más, junto con los eslavos: Eustache Constantinovich, Peter Strerzewi y Nicolas Conceus con varios norteamericanos. Un francés, Armando Guerin, antiguo oficial del ejército de su país arribará en un viaje del *Dauntless* el 13 de octubre del 96, y en el próximo entre los 33 expedicionarios encontraremos al artillero norteamericano Michael Walsh[235][236] que se distinguirá por haber efectuado el primero y único disparo de cañón efectuado en el mar por los patriotas cubanos durante las guerras de independencia.

Pero sigue aquel remolcador *Three Friends* prestándole valiosos servicios a los combatientes cubanos. El 7 de julio de 1896 organizada por el General de Brigada Joaquín Castillo Duany parte de nuevo el *Three Friends* que llevaba como Jefe de Tierra al Comandante Juan R. Cowley con 65 expedicionarios. Algunos nombres conocidos vienen en este grupo: José Aranguren, Manuel Arteaga, Emilio Cancio Bello, Enrique Castellanos, Víctor Buttari, Juan e Ismael Clark; Juan y Leopoldo Díaz de Villegas[237], Charles Gordon, Jorge

---

[235] Encontraremos al artillero Michael Walsh días después como otro expedicionario en el segundo viaje del vapor Eureka.

[237] Juan Jerónimo Díaz de Villegas Rodríguez, abogado, aunque nacido en La Habana se alzó el 6 de febrero del 69 junto con el Mayor General Adolfo Fernández Cavada participando en aquel momento en el ataque a Mayajigua y posteriormente al poblado de Camarones y al de Ciego Montero. Se distinguió, siendo jefe de la División de Cienfuegos aniquilando a los

Vega Lamar y el español José López, que antes había formado parte de las fuerzas armadas en su país de origen.

Recordemos algunos de estos nombres. Charles Gordon era un norteamericano que al desembarcar se convirtió en ayudante de campo del General Antonio Maceo a quien acompañaría en el paso de la trocha de Mariel a Majana y resultaría herido en el combate de San Pedro (el 7 de diciembre del 96) donde cayó el Titán de Bronce. El santiaguero José Joaquín Castillo Duany había servido como médico en la Marina de Guerra de los Estados Unidos; en Cuba participó en la conspiración conocida como la Paz del Manganeso en 1890. Ingresaría en el Ejército Libertador el 1º de julio del 95 bajo las órdenes del Coronel Victoriano Garzón y, luego formando parte del estado mayor del Mayor General José Maceo. Participaría Castillo Duany en el combate de Peralejo (Julio 13, 1895) y vino como jefe de varias expediciones, entre ellas en el tercer viaje del remolcador *Three Friends* y en el cuarto viaje de la misma embarcación. Estaría también en el tercer viaje del vapor *Dauntless* y en el noveno viaje de ese barco que había partido de Las Bahamas y, junto con 300 expedicionarios volvería en el vapor *Florida* el 17 de mayo de 1898 que desembarcaría el 25 de aquel por Banes.

Desembarcarán por Boca Ciega, en Guanabo, en la costa norte de la provincia de La Habana. La operación fue protegida por el General José María Aguirre.

Esta nueva expedición del *Laurada,* nombrada ya «Antonio Maceo», estuvo financiada por la delegación cubana que había pedido al General de Brigada Joaquín Castillo Duany que, junto al General Carlos Roloff la organizara y la condujera con pertrechos destinados a Oriente a las fuerzas del Mayor General Calixto García y llevar de

---

llamados «Voluntarios de Barabás». Fue miembro de la Cámara de Representantes el 24 de febrero de 1870.

Un doloroso hecho poco conocido: en febrero de 1871 Juan Jerónimo Díaz de Villegas rechazó la propuesta de las autoridades coloniales de perdonarle la vida a su hijo, que había sido hecho prisionero, a cambio de su presentación y renuncia a continuar la lucha por la independencia. Al negarse Juan Jerónimo, su hijo fue fusilado aquella misma mañana. La misma dolorosa situación que enfrentó el Padre de la Patria con su hijo Oscar.

regreso a Cuba al propio Roloff, Secretario de la Guerra del gobierno de Cuba en Armas. El barco llevaba como patrón al Capitán John (Dinamita) O'Brien, quien era miembro del Departamento de Expediciones[238].

Inicialmente la expedición se conduciría en el vapor *Bermuda*, pero al no aparecer por haber sido detenido por las autoridades norteamericanas trasladaron la carga al *Laurada* en la que ubicaron de 36 a 38 expedicionarios. Curiosamente venía en esa travesía José Martí Zayas Bazán, el hijo del Apóstol José Martí, y Temístocles Molina, Coronel del ejército peruano y, otro francés, Alfonso Mieaux, capitán artillero francés. El *Laurada* desembarcó en la Bahía de Banes, marzo 21, 1897, en la costa norte de Oriente, descargando el material bélico que traía y regresando el barco a los Estados Unidos.

Era ésta, como decíamos, la cuarta expedición que llegaba con el barco que estaba ya bastante averiado. La primera se había realizado el 27 de octubre de 1895 dirigida y financiada por el Partido Revolucionario Cubano, organizado por Martí con la colaboración del entonces Coronel Emilio Núñez, Carlos Manuel de Céspedes y Quesada –hijo del Padre de la Patria– que venía como jefe civil junto a los que llegaron de 34 a 38 expedicionarios y, en aquel primer viaje los acompañaba Carlos Aguirre, hermano del bien conocido Coronel José María Aguirre, desembarcando por La Caleta, a sólo cuatro kilómetros del Río Jauco, cerca de Baracoa.

---

[238] John O'Brien, conocido por sus amigos el «Capitán Dinamita», fue un experimentado marino que, a mediados de la Guerra de Independencia, se unió a los destino de Cuba dirigiendo, como capitán de mar, una docena de importantes expediciones. La primera fue la segunda del Bermuda, el 24 de marzo de 1897 que transportó a Cuba al Mayor General Calixto García.
Seis meses después sería el capitán de la primera expedición del *Dauntless* el primero de agosto de aquel año. Será O'Brien el capitán y piloto del segundo viaje de aquella embarcación el 22 de ese mes y volverá a serlo en la sexta expedición del *Three Friends* el 19 de diciembre de ese año. En marzo de 1897 será el capitán del cuarto viaje del *Laurada* y continuará piloteando con éxito las expediciones del *Summers*, el *Tilliey* varias más del *Dauntless*.

Aquellos desterrados cubanos no descansaban en su ayuda a los que en Cuba peleaban. Por eso el 18 de mayo del año 96 vuelve a partir el vapor *Laurada* en su segunda incursión a la isla que llevaba a bordo a Jorge y Enrique Viñuendas, al General Juan Francisco Fernández Ruz que había llegado al grado de General de División y comenzado su participación en la causa cubana participando en la reunión conspirativa del Ingenio Rosario en octubre del 68, integrando después las fuerzas del Mayor General Luis Marcano. Desembarcaría aquella segunda expedición del *Laurada* por Punta de Ganado en la zona de Santa Lucía, cerca de Nuevitas en la costa norte de Camagüey. No tuvo éxito aquel segundo intento por las dificultades que encontraron por la presencia cercana de un barco de la Armada Española. No amilanó a aquellos cubanos este fracaso.

n) EL *DAUNTLESS*

Veremos frecuentemente otras embarcaciones siendo utilizadas en la Guerra del 95. Una de ellas será el remolcador *Dauntless* que en su primer viaje, zarpando del Río Satilla, en el sur de Georgia el 13 de agosto de 1896 llevaba como capitán a John (Dinamita) O'Brien y desembarcaba en Nuevas Grandes en la costa norte de Camagüey el 18 de aquel mes. Entre los combatientes venía Frederick Funston el norteamericano del que antes hemos hablado y el Coronel Rafael Cabrera[239] que llegaba como Jefe de Tierra. Junto a ellos llegarían Ramón Acosta, Miguel Salinas, José Martínez Amores, José Abreu y Alejandro Rodríguez.

Volverá a zarpar el *Dauntless* ese propio mes de junio trayendo como Jefe de Tierra a Fernando Méndez Miranda, el coronel pinareño se incorporaba al Ejército Libertador el 23 de mayo del 95 combatiendo en las zonas de Cárdenas y Sagüa la Grande hasta la llegada de la columna invasora. El General Maceo lo envía a los Estados Unidos en busca de armas y pertrechos y regresa a Cuba en los pri-

---

[239] Rafael Cabrera López Silvero había nacido en Cienfuegos, participando en el levantamiento de Las Villas el 7 de febrero de 1869 y al comenzar la Guerra del 95 se incorporó en abril del 96 al Ejército Libertador.

meros días de febrero del 96. Volverá el 10 del propio mes a la nación norteamericana bajo las órdenes del entonces Coronel Emilio Núñez.

En esta segunda expedición del *Dauntless* viene como capitán el ya conocido John (Dinamita) O'Brien y coincidirá con el tercer viaje del vapor *Laurada* en el que llegará el general puertorriqueño Juan Rius Rivera.

Participará Fernando Méndez Miranda en varias expediciones; entre ellas la de la nave *Viveros* que desembarcó armas y municiones por Cayo Galindo en la costa norte de Matanzas en marzo del 96; en el segundo del vapor *Comodoro* que había desembarcado por la playa Camacho, y en el tercer viaje del vapor *Dauntless* llegaba a la desembocadura del Río Sevilla el 22 de agosto de aquel año. Formará parte de la quinta expedición del vapor *Somers Smith* que desembarcaba los días 5, 10 y 15 de septiembre de 1897 por Pinar del Río, La Habana y Cienfuegos, respectivamente. Tres desembarcos por tres puertos distintos en poco más de una semana.

Pasan varias semanas y vuelve el *Dauntless* a realizar ahora su cuarto viaje a la isla. En esta expedición llega como Jefe de Tierra el Coronel Miguel Betancourt Guerra que desembarcará por el sur de Oriente el 22 de agosto del 96, habiendo partido de Nueva York el 10 de aquel mes, luego de cambiar de embarcación al zarpar de Palm Beach. El *Dauntless* en su cuarto viaje traerá unas tres docenas de expedicionarios, la mayoría, camagüeyanos, entre ellos el propio Miguel Betancourt, el Capitán Serapio Mesa Arteaga, Fernando Freyre de Andrade, Lucas y Luis Álvares Cerise y el oficial del ejército francés Armando Gueryn[240].

Sigamos con el *Dauntless*. El 4 de enero del 95 Rafael Pérez Morales vendrá al frente de la quinta incursión de este barco que había ingresado en el Ejército Libertador el 17 de mayo del 95 y cuatro meses después había sido electo a la Asamblea Constituyente

---

[240] No confundirlo con el camagüeyano Paulino Guerin Gutiérrez que había participado en la Guerra de los Diez Años, y luego luchó también en la del 95 incorporándose a las tropas del Mayor General Manuel Suárez, siendo herido en cuatro encuentros distintos.

de Jimaguayú (13 de septiembre de 1895). Es Pérez Morales herido en el combate de Mal Tiempo el 15 de diciembre de aquel año. Un año después será jefe del sexto viaje del vapor *Three Friends*, y el 4 de enero del 95 de la quinta del remolcador *Dauntless* y llevará en este quinto viaje nuevamente a Rafael Pérez Morales, y, también a Rafael Gutiérrez Marín, José Dolores Arrieba, Augusto Arnao, Ignacio Medrano y el artillero norteamericano Michael Walsh.

En mayo zarpará por sexta vez aquel remolcador. Quien viene al frente es el comandante Serapio Arteaga. De Camagüey.

El *Dauntless* sale en este sexto viaje el 21 de mayo del 95 y será el Comandante Serapio Arteaga[241] quien llega como Jefe de Tierra y José Alonso como capitán de la embarcación. El 21 están desembarcando por Punta Brava, Manatí, en Oriente, los 22 expedicionarios entre los que se encontraba Julio Rodríguez Baz y los profesionales Emilio Luaces, Juan Francisco Milanés y Orestes Ferrara que traían un cargamento de 500 fusiles, 450,000 cartuchos, 300 machetes y otros materiales. Ya los viajes se hacían con una frecuencia impresionante. El 21 el *Dauntless* partía en su sexto viaje; tres días después, el 24 zarpaba de nuevo de Jacksonville y, luego de serios trastornos tratando de desembarcar más cerca de La Habana pudieron arribar a la playa Bacuranao en la costa norte de La Habana con 33 expedicionarios; entre ellos el Comandante Ricardo Delgado, jefe de este séptimo viaje que habiendo salido de Cayo Damas, en la Florida el 23 de mayo del 97 desembarcaba en la isla al día siguiente con 23 expedicionarios realizando el desembarco sin mayores contratiempos.

Sólo han pasado tres semanas y el 18 de junio sale la octava expedición del imparable remolcador. Será el Comandante Armando André quien está al frente de ella como Jefe de Tierra y como Capitán al ya conocido John O'Brien (el Capitán Dinamita), el distinguido miembro del Departamento de Expediciones. Se les une el Co-

---

[241] Serapio Arteaga, camagüeyano, se incorpora como un simple soldado el 8 de junio de 1895. En julio de aquel año el Presidente Cisneros Betancourt lo envía a Nueva York a reunirse con Estrada Palma y Enrique Collazo. Regresará en dos expediciones distintas.

mandante Eliseo Cartaya que llegaba en una goleta con las armas y otros medios y, por fin, zarpan de Dogs Rock el 17 de junio del 97 con varios expedicionarios.

¿Quién es José Eliseo Cartaya? Era Teniente Coronel. En los meses finales de la Guerra de los Diez Años había sido detenido por las autoridades españolas acusado de realizar actividades conspirativas. Puesto en libertad marchó hacia los Estados Unidos cuando sólo tenía 18 años de edad. En la Guerra del 95 trabajará en el Departamento de Expediciones como segundo en las expediciones del remolcador *Dauntless* y, el 23 de enero del 98 naufragaba en el vapor *Tillie* cuando conducía otra expedición hacia Cuba. Este octavo viaje portaba fusiles, cartuchos, dinamita y otros medios destinados a las fuerzas del General Francisco Carrillo en Las Villas. Poco después estaría acompañando al Coronel Baldomero Acosta en un corto viaje del Remolcador *Layden* que desembarcaba en la playa el Salado el 2 de mayo del 98 por la provincia de La Habana con armas para el Mayor General Matías Rodríguez.

Es bien accidentado este octavo viaje del *Dauntless*. Apenas saliendo de Cayo Hueso el buque es varado por el práctico –aparentemente sirviendo al gobierno español– y tomará varios días reparar la avería causada. Mueven el barco hasta Dogs Rock pero en la noche del 17 de junio, cerca de los cayos Francés y Santa María, son avistados por una goleta española. Evitan el encuentro pero el 18, a unas 27 millas de Cárdenas, explota la caldera del *Dauntless*. A velas llegan a Alligator Bay y alcanzan la costa. Tendrán que regresar a Key West. No se amilanan por esos inconvenientes.

Ni siquiera aquella explosión del *Dauntless* impidió que siguiera funcionando el movimiento de expedicionarios y carga hacia las costas cubanas. El 20 de febrero del 98, bajo la dirección del Teniente Coronel Manuel Lechuga parte una embarcación hacia Cuba que trae como patrón al Capitán John (Dinamita) O'Brien desembarcando a 24 hombres por Manatí en la costa norte de Oriente. Llegarán con él el Teniente Coronel Manuel Lechuga[242], el Capitán José Grave de Peralta y Octavio Aguiar; junto a ellos el General Eugenio Sánchez Agramonte y el Teniente Coronel Gonzalo García Vieta.

Sánchez Agramonte llegará a ocupar una alta posición, incorporándose a las fuerzas del Mayor General Máximo Gómez en Camagüey siendo asignado a médico del cuartel general del general en jefe. Se hizo cargo de elaborar el primer proyecto de la Ley Orgánica Militar que fue aprobada por el gobierno cubano y acompañó a la columna invasora hasta Cuatro Caminos en Pinar del Río. Poco después el Consejo de Gobierno le encomendó gestionar ayuda exterior para organizar una expedición armada a Puerto Rico cuyo proyecto fue acogido con frialdad lo que lo llevó a continuar su viaje a Francia por recomendaciones de Tomás Estrada Palma para entrevistarse con Ramón Emeterio Betances, en París que también desechó la idea de una invitación a Puerto Rico en esos momentos, lo que lo movió a participar en el onceno viaje del ya conocido *Dauntless* bajo el mando del Teniente Coronel Manuel Lechuga, que desembarcaría en Nuevas Grandes en la costa norte de Camagüey.

Se realizará la décimo segunda expedición del *Dauntless* del 25 al 26 de febrero de 1898 siendo financiada pro la Delegación Cubana y organizada y conducida, como Jefe de Mar por el General Emilio Núñez y como Jefe de Tierra el Capitán Enrique Regueira que traía nuevamente como patrón al ya imprescindible (Dinamita) O'Brien, el conocido oficial del Departamento de Expediciones). El desembarco de las armas fue apoyado por el Coronel Guillermo Schweyer Hernán, de Matanzas que había ingresado en el Ejército Libertador el 16 de febrero del 96, prestando luego servicio a las órdenes directas del Mayor General Pedro Betancourt y participando en los combates de La Perla, Diana, Río Aura, Josefa y Carita, Pollo Colorado, el Infierno y el Mogote, teniendo a su cargo la organiza-

---

[242] El camagüeyano Coronel Manuel Lechuga dirigió el ataque a la población Mamoncillo en Morón (9 de Junio 1895). En Las Villas peleó a las órdenes de Máximo Gómez. Se opuso a la sedición de Santa Rita (1875). En la Guerra del 95 desembarcó en el onceno viaje del *Dauntless* participando en la campaña de Santiago de Cuba.

ción del regimiento de infantería Betanzas, terminando la guerra como jefe de esa unidad.

o) OTROS BARCOS. OTRAS EXPEDICIONES

Volvía a arribar a las costas cubanas el ya experimentado artillero Michael Walsh acompañado de 33 expedicionarios.

Ya estamos en 1898. En la cuarta expedición del *Eureka* el 26 de abril de aquel año llegaba el teniente Andrew Sommers Rowan con un mensaje del Secretario de Guerra de aquella nación para el Lugarteniente General de nuestro Ejército de Liberación, el General Calixto García para coordinar acciones combinadas contra las fuerzas españolas. El mensaje, dirigido a un oficial, y no al gobierno cubano en armas era un lamentable y, por supuesto, criticable desconocimiento al Gobierno de la República de Cuba en Armas por parte de las autoridades norteamericanas. Mal empezaba la cooperación de la nación vecina.

Las expediciones se harían coordinando la participación de fuerzas cubanas y norteamericanas. La primera de ellas llegaría en el vapor *Leyden* cuyo mando compartían el Comandante Eliseo Cartaya y el Capitán del ejército norteamericano J. H. Dorst. Ambos oficiales asumirían también la dirección de la segunda expedición del *Leyden* el 4 de mayo de aquel año. Desembarcarían cerca de Cárdenas. Nuevamente Cartaya y Dorst, comandarían la próxima expedición, el *Gussie*, que, zarpando de Tampa llegaba a Jicotea, cerca de Bahía Honda y Cabañas.

En la primera expedición que llega en el vapor *Florida* (mayo 25, 1898) vendrá como jefe de tierra el Gral. José Lacret Morlot y, como jefe de mar, el General de Brigada Joaquín Castillo Duany. En el segundo viaje del *Florida* llegaban como jefe de mar y tierra el General de Brigada Emilio Núñez al frente de 375 expedicionarios cubanos entre los que se encontraban el Coronel Manuel Martínez Amores, el Teniente Coronel Fernando Méndez Miranda, el Comandante Pedro Torres, el Teniente Frank Agramonte (expedicionario del *Honor*) y otros. Con ellos llegaba un escuadrón norteamericano compuesto por 50 militares al mando del Teniente C. P. Johnson; acompañaría el periodista del Herald Frederick Sonnerford.

Continuaban ya, con más frecuencia, las expediciones. El 22 de junio de aquel año 98 arribaba a la boca del Río Mani Mani procedente de Tampa el vapor *Wanderer*. Diez expedicionarios llegaban en aquella embarcación, entre ellos el Coronel Baldomero Acosta y al Comandante Alfredo Lima, con armas destinadas a las fuerzas de Pinar del Río.

Una semana después volvía el *Wanderer*, en una nueva expedición organizada y conducida por el Coronel Federico Pérez Carbó con los mismos diez expedicionarios que no habían podido desembarcar al encontrarse con dos cañoneros norteamericanos que se negaron a ofrecerle apoyo. Ya, para entonces, el Coronel Baldomero Acosta era una figura familiarizada con la región occidental de Cuba, principalmente en la provincia de La Habana, y en el mes de agosto, llegaría en una pequeña goleta financiada por los emigrados cubanos de Cayo Hueso.

Cerca de una treintena de expedicionarios desembarcarían en Punta Alegre, en la costa norte de Camagüey. Entre ellos se encontraría quien, luego en la República, ocuparía la más alta posición ejecutiva: el Teniente Coronel Carlos Mendieta. Si esta expedición traía a un presidente de la etapa republicana, en la próxima llegaría el General Domingo Méndez Capote quien sería el primer vice-presidente de la República de Cuba.

El *Wanderer*, sería el medio utilizado para las tres últimas expediciones que llegarían a Cuba antes de lograrse la independencia de la nación las tres organizadas por el General de Brigada Emilio Núñez. La última de ellas desembarcaría por Caibarién, en la costa norte de Las Villas en 1898.

No es sólo el remolcador *Dauntless* el barco que se arriesga a llevar a la isla tantas expediciones. Hay otros, también, a los que tenemos que concederles amplio crédito por el continuo riesgo que asumen. Uno de ellos el remolcador *Leyden* cuyo primer viaje trae al Capitán del ejército norteamericano J.H. Dorst, junto a Baldomero Acosta como Jefe de Tierra y al Comandante Liceo Cartaya como

Jefe de Mar quienes en el primer viaje desembarcaron a la playa el Salado en la costa norte de La Habana y llega con instrucciones de discutir con el General José María (Mayía) Rodríguez acciones conjuntas con las tropas norteamericanas ante un posible desembarco por Mariel. Aquel primer viaje se realiza el 2 de mayo del 98 y, dos días después realiza el *Leyden* su segunda misión y llegaba acompañado del capitán del ejército norteamericano J.H. Dorst y el Comandante Laureano Prado para coordinar acciones conjuntas con las tropas norteamericanas.

Le corresponderá al vapor *Wanderer* la alta distinción de prácticamente realizar las últimas cinco expediciones hacia Cuba antes que terminara la sangrienta lucha.

Su primer viaje parte el 22 de julio de 1898, organizado por el Coronel Federico Pérez Carbó con diez expedicionarios y contando con la participación del Coronel Baldomero Acosta[243] y el Comandante Alfredo Lima que zarparon de Tampa en la segunda quincena de julio del 98 arribando a la boca del río Mani Mani (de San Miguel, entre Bahía Honda y el Morrillo en la costa norte de Pinar del Río) y donde fueron recibidos por tropas dirigidas por el Comandante López pertenecientes a las tropas del Coronel Francisco Carrillo Vergel, entregaron las armas desembarcadas al General Pedro Díaz.

Será el propio Pérez Carbó quien dirige la segunda expedición del *Wanderer* el día primero de agosto de aquel año 98, junto con el Coronel Baldomero Acosta y el Comandante Alfredo Lima. Los tres últimos viajes finales de aquel barco se harán sin pérdida de tiempo. El tercero el 16 de agosto del 98 llevando a José M. Núñez con cuatro expedicionarios desembarcando en Cayo Francés, en la costa norte de Las Villas el 16 de agosto y llegaban con dos norteamericanos el Teniente Aherm y Frederick Sonmerford –un corresponsal del Herald; siguiéndole un cuarto viaje de aquel barco cuya tripulación incluía al General Domingo Méndez Capote, Vice-Presidente de la

---

[243] Al Coronel Baldomero Acosta, nacido en Hoyo Colorado, se incorporó al Ejército Libertador en 1896. Combatió al Batallón San Quintín (10 de Mayo, 1896). Se unió a Maceo al regresar éste de Pinar del Río. Fue herido en varios combates.

República en Armas, al Teniente Coronel Manuel Despag y el Comandante Alberto Herrera Franchi, junto a quienes llegaban los doctores José A. González Lanuza y Lorenzo G. del Portillo. Finalmente la última expedición se va a realizar el 22 de agosto del 98 en el *Wanderer*, esta vez comandado por el General Emilio Núñez quien coordinará las fuerzas con el Teniente Coronel Justo Carrillo.

Terminaban, así, las muchas expediciones marinas que movían armas, materiales y hombres hasta las costas de la isla de Cuba.

A bordo de los barcos *Hawkins, Dauntless, Three* Friends y otros partieron nuevamente hacia la isla varios de los que antes y después participarían en estas expediciones, como el general puertorriqueño Juan Rius Rivera[244], y el Coronel Miguel Betancourt Guerra[245].

Poco reconocimiento hace la historia de nuestra patria a figuras como el francés Alfonso Mieaux y el coronel peruano Temístocles Molina en aquel cuarto viaje del *Laurada* que traía entre prestigiosos expedicionarios al hijo de José Martí.

---

[244] El Mayor General Juan Rius Rivera, nacido en Puerto Rico, luego de participar en distintos combates en la Guerra del 68 (Santa María de Raguetudo, Potrerillo (donde fue herido), Yabazón Abajo, la Cuaba (donde nuevamente resultó herido) y otros, desembarcó en el quinto *Three Friends* el 8 de septiembre de 1896, por las costas de Pinar del Río peleando junto a Maceo en aquella provincia.

[245] Miguel Betancourt Guerra, nacido en Puerto Príncipe, Camagüey, tomó parte del levantamiento en esa provincia el 4 de noviembre de 1868. Fue delegado a la Asamblea Constituyente de Guáimaro. En la Guerra del 95 tomó parte de la expedición del vapor *Hawkins* que naufragó pero meses después (9 de octubre de 1896) desembarcó en el *Dauntless* por Río Hondo en las cercanías de Cienfuegos. En el ataque a Las Tunas (28 de agosto de 1897) fue gravemente herido.

CAPÍTULO XII

VISIÓN ESPAÑOLA DE LA LUCHA EN CUBA

a) VISIÓN ESPAÑOLA

Un autor español al analizar la «Guerra de Independencia de 1895»[246] la divide en dos épocas distintas: la de Martínez Campos y la de Weyler. Basaba este autor gadetano, Manuel Baraja Montaña en los titulares y artículos del *Diario de Cádiz* sobre lo que estaba sucediendo en la isla del Caribe.

La designación de Martínez Campos se realiza días después del Grito de Baire 4 de abril de 1895 cuando salía Martínez Campos de la capital andaluza, llegando a Santiago de Cuba el 16 del mismo mes. Una vez en Cuba, Martínez Campos comenzó una dura tarea –apunta el historiador Barajas Montaña– siendo sus primeras medidas distribuir sus fuerzas por la isla para impedir que se extendiese la revolución y organizar una serie de «trochas» para dividir la isla en varios departamentos no aceptando ningún tipo de agasajo, pues según sus mismas declaraciones, había ido a Cuba para resolver un agudo problema y no como pasatiempo.

El plan era el de comenzar numerosas obras públicas para paliar el paro obrero y así impedir que los hombres sin trabajo se marchasen con los guerrilleros. Declaraciones que coincidían con las que Callejas había hecho en la Coruña afirmando que *«la causa de la insurrección había sido la depreciación del azúcar y sobre todo la falta de trabajo en la isla»*[247]. El periódico gaditano daba poca in-

---

[246] Manuel Barajas Montaña, *Obra citada*.

[247] Manuel Barajas Montaña. «La Guerra de Independencia Cubana a través de Diario de Cádiz».

formación sobre lo que en la isla sucedía. No publicó en momento alguno notas sobre «el Manifiesto de Montecristi», ni sobre la reunión de la Mejorana, donde por última vez, se vieron juntos Martí, Máximo Gómez y Maceo.

Así veía ella –la prensa española– la situación:

Del 10 al 13 de diciembre (1895) los mambises maniobraron, combatieron en los Altos de Manacal y prosiguieron el avance. Estaban prácticamente sin municiones y parecían abocados a luchar sólo a machetazos cuando el combate de Mal Tiempo les permitió apoderarse de cartuchos españoles. (Gabriel Cardona y Juan Carlos Losada, «Weyler: nuestro hombre en La Habana» *obra citada*).

Finalmente, el 18 de enero de 1896 Cánovas llamó a Weyler a Barcelona para comunicarle su nombramiento como Capitán General de la Isla de Cuba.

El 22 de mayo fue la primera vez que el *Diario de Cádiz* da la noticia de un combate importante, refiriéndose al de Dos Ríos: *«Tras el combate quedaron en el campo 18 insurrectos muertos, entre los cuales se encontraba Martí, uno de los máximos responsables de la revolución».* No se percataba aquel periódico español de la importancia que José Martí había tenido y seguiría teniendo en la guerra emancipadora cubana.

Más adelante, en junio, aparece en la prensa española una orden dictada por Martínez Campos a sus subordinados que divide en cuatro apartados: el primero, referido a las circunstancias en que era aconsejable atacar, que sería siempre que el enemigo no fuese tres veces mayor; el segundo para que los partes de guerra fuesen exactos sin que se exagerasen los muertos ni la duración del combate; el tercer lugar, que los oficiales vigilasen a sus soldados para que éstos no malgastasen las municiones, y en último lugar se insistía en que acabado un encuentro no se rematase a los heridos y se respetase a las mujeres. Por supuesto, no se cumplían ninguna de estas disposiciones.

Unos historiadores españoles de la época critican la política militar que en la isla desarrollaban los capitanes generales. Uno de estos serios análisis lo encontramos en una obra publicada en 1895, en

Madrid, por Eugenio Antonio Flores cuyo libro, por supuesto anticubano e integrista, titulaba «La Guerra de Cuba».

En su obra afirmaba:

«Quizás fue un error por nuestra parte enviar fuerza de operaciones para mejorar la instrucción del soldado...dedicando otros a la construcción y custodia de la trocha militar».

Para este historiador el mal uso de las fuerzas militares españolas:

«les permitió a los insurrectos triunfos satisfactorios, como el saqueo y quema del poblado de Las Auras (Jibara), la acción en el Cocal del Obispo, el ataque y saqueo de San Miguel de Nuevitas y Santa Cruz del Sur»[248].

Por primera vez, durante estos meses, será el 16 de junio, aparece el nombre de Weyler relacionado con Cuba, al hacer este general unas cortas declaraciones en las que manifestó que *«fue un error mandar un general de tanto prestigio a Cuba y que Martínez Campos ya ha tenido tiempo de pacificar la isla»*[249].

Durante todo el mes de noviembre son innumerables las noticias aparecidas en el *Diario de Cádiz* acerca de combates, escaramuzas, voladuras de trenes, incendios que culminan el 29 de noviembre cuando Maceo puede pasar, al frente de sus 1,500 hombres, la trocha que iba de Júcaro a Morón. Se reunía con Máximo Gómez para iniciar la invasión de Las Villas.

Barajas Montaña al comentar las noticias que iban apareciendo en la prensa expresaba que *«el año 1896 no pudo empezar con peores augurios para los españoles. Numerosos poblados fueron cayendo uno tras otro, en manos de los cubanos, siendo los principales*

---

[248] Eugenio Antonio Flores: «La Guerra de Cuba» impreso en Madrid, 1895.

[249] *Diario de Cádiz*, 16 de junio de 1895 mencionado por Manuel Baraja Montaña.

Guara, ceiba del Agua y Güira de Melena. Y Maceo se disponía ya a entrar en la provincia de Pinar del Río por lo que Martínez Campos declaró el estado de sitio en las provincias de La Habana y Pinar del Río».

Ya la prensa española no podía ocultar las continuas derrotas que sufrían las fuerzas peninsulares ni que aumentasen los rumores de dimisión de Martínez Campos durante el mes de enero. El *Diario de Cádiz* en sus ediciones del 10 y el 11 de enero de 1896 expresaba que el General Martínez Campos había reiterado al gobierno que su puesto estaba a su disposición y que acataría cualquier decisión que se tomase, no sólo sobre su política, sino incluso relativa a su persona. El periódico gaditano afirmaba en sus páginas *«que si Martínez Campos fuese relevado, todo el gobierno debería dimitir por haber estado apoyando al general y su ineficaz política durante tanto tiempo».* Era ésta, decía el periódico, la posición expresada por la oposición al gobierno español.

Ya se hablaba abiertamente en la prensa española de las figuras que podrían relevar al General Martínez Campos como posibles sustitutos, y por orden de preferencia, irían: Galvis, que manda en Puerto Rico; el Ministro de la Guerra Azcárraga; el Gobernador de Cataluña Weyler y Polavieja[250]. Poco después Martínez Campos dimitía y a bordo del «Alfonso XII» partía hacia la Coruña. Mientras, la ciudad se iba cubriendo de infinidad de panfletos y octavillas, excitando al pueblo para organizar una manifestación de hostilidad contra el general, que iba a desembarcar horas más tarde. Sin embargo, cuando el general descendió del barco, el 2 de febrero, no se produjo ninguna alteración del orden público[251].

---

[250] *Diario de Cádiz*, 18 de enero de 1896.
[251] *Diario de Cádiz*, 3 de Febrero de 1896, *obra citada.*

CUADERNOS DE HISTORIA HABANERA

59

ESTUDIOS HISTORICO-MILITARES SOBRE LA GUERRA DE INDEPENDENCIA DE CUBA

POR
RENE E. REYNA COSSIO

Municipio de La Habana
Oficina del Historiador de la Ciudad
1954

b) LA ÉPOCA DE WEYLER (1896) VISTA POR LA PRENSA ESPAÑOLA

Valeriano Weyler estaba considerado como un militar duro; seguramente por eso fue designado para sustituir a Martínez Campos, cuya actuación en Cuba fue considerada como excesivamente complaciente. Todavía no había llegado Martínez Campos a Madrid, cuando Weyler ya salía de Cádiz con rumbo a Cuba el 28 de enero para llegar a La Habana el 10 de febrero.

Hizo declaraciones al partir respecto a su técnica bélica apuntando la idea de intentar reducir la sublevación al departamento Oriental antes de que el mal tiempo lo impidiese.

c) WEYLER TOMA EL MANDO

La llegada de Weyler a La Habana fue objeto de entusiasta recibimiento estando el muelle atestado de gente, levantándose arcos monumentales mientras que los remolcadores que salieron a recibirlo iban adornados tocando sus sirenas. Inmediatamente de desembarcar comenzó el plan que ya traía pensado de España. Consecuentemente, la presencia de Weyler cambió, por completo, el desarrollo de la guerra que se hizo más dura y más cruel.

El plan de campaña de Weyler consistía en reorganizar las tropas y batir al enemigo en una provincia tras otra, de oeste a este. La prensa española especulaba que Weyler confiaba en los accidentes del terreno en las provincias occidentales para construir una nueva trocha que cerrase en Pinar del Río a Antonio Maceo[252]. Luego repetiría la operación hacia Oriente, limpiando de guerrilleros las sucesivas zonas separadas por las líneas de los ríos, las vías férreas y otros accidentes hasta llegar a la trocha de Júcaro, en la que pensaba encerrar a los últimos resistentes.

Dos autores españoles calificaban a Weyler como «*persona inteligente, trabajador sin límites que al llegar a Cuba, a sus 59 años,*

---

[252] En junio o julio del año 96 había recibido el General de Brigada Juan Bruno Zayas instrucciones de operar al este de la trocha de Mariel a Majana.

era un soldado conocedor del aspecto más brutal de la guerra y del salvaje poder de la violencia[253]».

El *Diario de Cádiz* anticipaba el paso de la trocha por Quintín Banderas que la pasaría por la ciénaga de Majana, para ayudar a las fuerzas de José María Rodríguez, jefe del sector occidental.

«por donde no estaban ni estarían nunca terminadas las obras, pues se contaba conque el terreno supliera las deficiencias de aquélla, puesto que en épocas de lluvia, era imposible el paso, y, en la de sequía muy peligroso»[254].

Durante la etapa de Martínez Campos las columnas españolas peleaban sin coordinar sus esfuerzos. Weyler cambiaría esa estrategia y le dio amplios poderes a los jefes militares para aplicar las medidas más severas incluyendo la pena de muerte.

Weyler decidió impedirle a los mambises recibir ayuda de la población campesina. A ese efecto dió a conocer el 21 de octubre la primera orden de *reconcentración:* En el plazo de 8 días todos los campesinos de Pinar del Río tendrían que concentrarse en los pueblos con guarnición española y transcurrido ese plazo todo el que estuviese en los campos sería considerado como un insurgente. Para los españoles este era el único medio de lucha que podría ser efectivo pero con la reconcentración toda la población campesina se vió forzada a abandonar sus bohíos y permanecer, desamparados, en las ciudades.

A uno de los más integristas españoles que más ofendió y difamó a la revolución cubana, no le temblaba la mano cuando elogiaba el despótico régimen español:

---

[253] «Weyler: nuestro hombre en La Habana», *obra citada.*

[254] *Diario de Cádiz*, edición del 29 de agosto de 1896 y del 21 de septiembre del propio año, citado por Barajas Montaña.

«¿Y qué diremos de la acusación de tiranía, tan enfática y tan trágicamente se ha lanzado contra España?. Solamente la pasión más ciega puede atreverse a formular un cargo que es una falsedad insigne, y que todos los cubanos, amigos y adversarios, saben que es infundado»[255].

Pero Weyler al tiempo que se ganaba la repugnancia en los cubanos, en los campos y en las ciudades, se enajenaba también la oposición de los políticos en la península Ibérica. Aquella oposición a Weyler creció en forma alarmante cuando se hicieron públicas sus críticas a la forma en que estaban organizados los servicios militares.

Antes, bajo Martínez Campos el servicio militar consistía en «defender poblados y fincas por medio de destacamentos». Ahora, bajo Weyler, se dejaban éstos bajo la custodia de los voluntarios para utilizar todas las tropas en perseguir a los rebeldes. El 26 de febrero del año 97 Weyler comunicaba a la capital española que las provincias de Pinar del Río, Habana y Matanzas estaban completamente pacificadas pero ignoraba que en San Juan de los Remedios Máximo Gómez se encontraba al frente de 3,000 hombres esperando las fuerzas de Calixto García que contaba con prácticamente el mismo número de soldados. No llegaban las fuerzas de Calixto por lo que Máximo avanzó hacia la Reforma con sus 3,000 hombres quienes no le daban descanso a los 50,000 de las fuerzas españolas.

Atacaba Quintín Banderas Batabanó el 13 de aquel mes, empezando a tomar parte de la Segunda Campaña de Pinar del Río. En los primeros meses del 97 se producen dos hechos que recogen las páginas de la prensa española. El primero de éstos fue el combate de Cabeza de Río Hondo el 28 de marzo de 1897 donde el puertorriqueño Rius Rivera había sido herido y quedado prisionero. El segundo, que en Oriente desembarcaba la expedición del polaco Carlos Roloff que

---

[255] Vicente García Verdugo: «Cuba contra España», Imprenta y Librería Universal, Madrid 1869.

permitía a los mambises atacar con mayor firmeza a las tropas de Weyler. Se agudizaba la crítica en la prensa española:

«Nadie se explicó como un poblado a media hora de La Habana había podido ser conquistado por los rebeldes y permanecer allí durante varias horas haciendo toda clase de fechorías, sin que llegase ningún tipo de fuerza española para expulsarlos».

En el frente occidental, al mismo tiempo, los insurrectos tomaron Marianao a unos pocos kilómetros de La Habana. El *Diario de Cádiz* afirmaba que:

«Hay cambio de gobierno en España. Pasa Sagasta a formar gobierno y en su primer consejo de ministros, el 6 de octubre concede la autonomía a Cuba y acordó el relevo de Weyler como Capitán General de Cuba por Ramón Blanco. Fracasaba Weyler, el antiguo Capitán General de Filipinas –luego de haber servido en Cuba durante la Guerra de los Diez Años– venciendo a la oposición mora en Maradí dejando con ese éxito militar su gobernación en las Filipinas. Dos años después regresaba victorioso a Barcelona, a fines del 91. Los anarquistas le dan fuego a un barco en el Puerto de Santander y Weyler es nombrado Capitán General de Cataluña para sustituir en esa posición a Martínez Campos, que marchaba a Melilla al frente de tropas».

Weyler vencería la amenaza anarquista en Cataluña pero no pudo vencer en el 68 ni en el 95 a los rebeldes cubanos. Tampoco había podido hacerlo, con las armas, su rival Arsenio Martínez Campos en la Guerra del 68 que terminó con un pacto ni en la del 95 en que fue sustituido por Weyler.

Salvador Cisneros Betancout

CAPÍTULO XIII

LAS DOS ÚLTIMAS CONSTITUCIONES: JIMAGUAYÚ Y LA YAYA

Los cubanos seguían combatiendo, también reuniéndose para, al igual que en el inicio de la Guerra de los Diez Años, darle a la República en Armas una Constitución.

Por eso, del 13 al 18 de septiembre de 1895 se reúnen en Jimaguayú, Camagüey, veinte delegados representantes de los cuatro cuerpos del ejército que ya estaban constituidos y del quinto que estaba en proceso de formación[256]. El primer paso fue designar la mesa presidencial formada por Salvador Cisneros Betancourt como presidente, Rafael Manduley, vicepresidente y como secretarios a Rafael Portuondo Tamayo, Francisco López Leyva, Orencio Nodarse y José Clemente Vivanco, secretarios.

Los delegados exponen distintos criterios y se aprobaba la formación de un gobierno compuesto por un Presidente –Salvador Cisneros Betancourt–, un Vicepresidente –el Mayor General Bartolomé Masó–; un Secretario de la Guerra, el Mayor General Carlos Roloff; un Secretario de Hacienda, Severo Pina; un Secretario del Interior, Santiago García Cañizares y un Secretario de Relaciones Exteriores para el que resultó electo Rafael Portuondo Tamayo.

Aquella histórica asamblea de Jimaguayú eligió al Mayor General Máximo Gómez como General en Jefe del Ejército Libertador y al Mayor General Antonio Maceo como Lugarteniente General. Otra

---

[256] Por Oriente: Rafael M. Portuondo, Joaquín Castillo Duany, Mariano Sánchez Vaillant, Pedro Aguilera, Rafael Manduley, Enrique Céspedes, Rafael Pérez Morales y Marcos Padilla. Por Camagüey: Salvador Cisneros Betancourt, Lope Recio Loynaz, Fermín Valdés y Enrique Loynaz del Castillo. Por Las Villas: Raymundo Sánchez Valdivia, Santiago García Cañizares, Francisco Leiva y Severo Pina. Por Occidente: José Clemente Vivanco, Francisco Díaz Silveira, Orencio Nodarse y Pedro Piñán Villegas.

medida acordó aquella asamblea: Designar a Tomás Estrada Palma, tras la muerte de José Martí, como Delegado Plenipotenciario de Cuba en el Extranjero.

Se había cumplido el deseo de los cubanos que el 10 de Octubre del 68 se habían levantado en armas: contar con un gobierno supremo civil y democrático y que, teniendo en cuenta los errores del pasado, se ajustara a la realidad de la guerra.

Los cubanos seguían combatiendo sin descanso. Hombres y armas llegaban en expediciones organizadas por la emigración cubana que partían de distintos puertos del Mar Caribe. Maceo organizaba una invasión que partiría de Baraguá hasta terminar en Mantua. Máximo Gómez, superados los obstáculos del regionalismo y localismo que tanto dañaron la Guerra del 68, combatía en todos los frentes. Se acercaba la fecha de la liberación definitiva. Había caído en Punta Brava el titán Antonio Maceo, pero la lucha continuaba con igual brío y, antes de un año celebran otra histórica reunión en octubre de 1897 en un pequeño pueblo de la provincia de Camagüey.

a) **ASAMBLEA DE LA YAYA**

Desde el 10 de octubre al 30 de aquel mes de 1897 se reúnen los 22 delegados electos que representaban a los diferentes cuerpos del Ejército Libertador.

Promulgarían el 30 de aquel mes una nueva Constitución que ratificaba la forma de gobierno determinada en diciembre del 95 en Jimaguayú. La nueva constitución de La Yaya tendría una vigencia de sólo dos años si la guerra no hubiera concluido antes con la victoria cubana. Entre los delegados se encontraban Cosme de la Torriente, Aurelio Hevia, Fernando Freyre de Andrade, Carlos Manuel de Céspedes y Quesada, el hijo del Padre de la Patria; José Lacret Morlot, Enrique Collazo, José Braulio Alemán y otros más. La asamblea de La Yaya se había iniciado en Jaguará, otra pequeña región de Camagüey y, luego, trasladada al Sombrero de La Yaya, en Sibanicú, Guáimaro, Camagüey.

Los cubanos acentuaban su lucha pero el gobierno de Washington trataba de lograr, a través de su ministro en Madrid Stewart

Woodford, que el gobierno del presidente español Cánovas del Castillo tan solo enmendara su política hacia Cuba. No lo lograría porque el 8 de agosto de aquel año, un mes antes de la promulgación de la Constitución de La Yaya, Cánovas era asesinado y se constituye en España un nuevo gabinete más conservador al que el presidente norteamericano McKinley pedía nuevamente la modificación de la política de España hacia Cuba. La inmovilidad del nuevo gobierno español hizo crisis llevando a la presidencia a Práxedes Mateo Sagasta que también, como los dos anteriores, concedía a Cuba la autonomía, con autoridad de legislar sobre los temas de Justicia, Gobernación, Hacienda, Fomento, Sanidad, Comercio y Crédito Público.

Comienza el año 1898 con la publicación en La Gaceta, de La Habana, de los decretos concediendo la autonomía, firmados por el General Ramón Blanco, que había sustituido al General Weyler en la Capitanía General del gobierno de la isla[257].

Se creaba un parlamento insular y un Consejo de Secretarios compuesto por cinco miembros cubanos del Partido Autonomista y dos del Partido Integrista. Formarán parte de estas tardías y efímeras instituciones, entre otros, Rafael Montoro, Antonio Gomín, José María Gálvez y Francisco Zayas.

No podía funcionar la autonomía. Llegaba demasiado tarde. El Gobierno de la República en Armas, presidido por Bartolomé Masó no la aceptaba. Los peninsulares residentes en la isla rechazaban, también, por otro sentido, la autonomía. Hubo, nos dicen los historiadores Márquez Sterling, motines y saqueos; se escucharon vivas a Weyler, símbolo de la intransigencia hispana.

Dejemos a Carlos y Manuel Márquez Sterling, destacadas figuras y grandes historiadores, narrar los dos episodios que hicieron que, al fin, los Estados Unidos interviniera en aquella contienda que los cubanos habían estado librando por más de 40 años.

---

[257] Carlos y Manuel Márquez Sterling en: «Historia de la Isla de Cuba», *obra citada*.

b) **LA CARTA DE DUPUY DE LOME**

«*En este estado de perturbación, un hecho insólito agravó las relaciones, aparentemente cordiales, entre los Estados Unidos y España. Se hallaba en La Habana el ministro liberal español José Canalejas. Había venido a comprobar sobre el terreno el estado de la revolución y las posibilidades de la autonomía.*

»*Su secretario, el joven cubano Gustavo Escoto, encontró en la correspondencia una carta de Enrique Dupuy de Lomes de Gilón, Ministro Majestad Católica, en la que insultaba a McKinley a propósito de la situación de Cuba quien consciente del valor del documento lo citaba y lo hizo llegar a manos de Estrada Palma y éste, por medio de Horace Rubens, dispuso su publicación en The American Journal, diario de la cadena Herst, que defendía la independencia. La carta produjo sensación y el ambiente quedó preparado en Washington para una posible crisis con la cancillería española*».

Sucedió otro hecho totalmente inesperado.

c) **LA EXPLOSIÓN DEL MAINE**

«*Se produjo una explosión del acorazado Maine[258] que lo destruyó por completo produciéndole la muerte a dos oficiales y dos centenares de marineros. Produjo una indignación en el pueblo norteamericano pero, a pesar de esto, el Presidente McKinley trataba de evitar una confrontación militar con España, mientras Sagasta trataba de buscar la paz con el Gobierno de la República de Cuba en Armas presidido por Masó que se negaba a toda avenencia que no conllevara la independencia de Cuba*».

---

[258] Febrero 15, 1898.

Era ésta la tensa situación que se vivió en aquellos primeros meses de 1898 que llevó al Congreso de los Estados Unidos el 19 de abril a aprobar la Resolución Conjunta en la que se declaraba que *«el pueblo de la isla de Cuba es y de derecho debe ser libre e independiente».* Fue esta Resolución la que llevó a romper las relaciones diplomáticas entre Estados Unidos y España, declarando el congreso norteamericano el 25 de abril el estado de guerra, y el 27 el bloqueo a las costas de Cuba.

Comenzaba, así, la guerra hispano-cubana-americana. Pero ésta, y sus posteriores consecuencias, serán tema de otro libro.

Terminemos éste enviándole un merecido reconocimiento a todos los hombres que nacidos en otras tierras arriesgaron sus vidas, y muchos las perdieron, combatiendo, junto a los cubanos por la libertad de nuestra patria. Con esos hombres, muchos olvidados en nuestros libros de historia, tenemos una deuda de gratitud, que hoy en el destierro, y mañana en una Cuba libre y democrática, debemos todos reconocerla.

Mambises en las guerras de Independencia de Cuba

ÍNDICE PARCIAL DE MAMBISES NACIDOS EN OTRAS TIERRAS

ESPAÑOLES

Álvarez Pérez, José
Callejas, José
Catá Jardines, Álvaro
Cordón Eduardo
Dorado, Diego
Fernández Mayato, José
Hernández Vargas, Faustino
Hernández Vargas, Jacinto
Menéndez, Valentín
Miró Argenter, José
Pintó, Ramón
Reyes, Quirino
Santana, Julián
Suárez Delgado, Manuel
Vega Alemán, Matías

CHINOS

Andrés (Kao-Lion)
Bu, José
Cao, Andrés (Lion Kao)
Cuan, José
Díaz, Juan
Fog, José
Jiménez, Pablo
Moreno, Antonio (Pancho)
Moreno, Francisco

Pedroso, José
Rico, Crispín
Sánchez, Juan (Lam Fu Kin)
Sian, Sebastián
Wong, Liborio (Wong Seng)

COLOMBIANOS

Del Castillo Zúñiga, José Rogelio
Lemus, Juan Francisco
Lidueñas, Antonio
Peña Rodríguez, Adolfo
Rosas Córdoba, Avelino

DOMINICANOS

Abreu Licaira, Francisco
Abreu Romero Manuel
Aristi, Francisco
Arzeno, José M.
Aybar García, Hipólito
Camejo Payents, José
Castro, Mauricio
De la Rosa, Gil
Delgado, Bernardo
Delgado, Francisco
Despravel, Lorenzo
Díaz Álvarez, Modesto
Gómez Máximo
Marcano Álvarez, Félix
Marcano Álvarez, Francisco
Marcano Álvarez, Luis
Pacheco, Juan

Peña Reynoso, Manuel de Jesús
Sirvén, Faustino
Vega y Varela, Francisco

MEXICANOS

Bobadilla, Rafael
Cantú, Ramón
Estévez, Rafael
Fernández Coca, José Lino
González Galván, Gabriel
Domingo Guzmán
Herrero, Felipe
Inclán Risco, José
Medinas, José
Palacios, Luis
Ramírez Olivero, Juan
Carlos Zimmerman

NORTEAMERICANOS

Aherm, Teniente
Cox, William
Crittenden, William Logan
Dorst, J. H.
Funston, Frederick
Good, R.A.
Gordon, Charles
Johnson, C.P.
Jordan, Thomas
O'Brien, John (Dinamita)
O'Ryan, William
Osgood, N.
Reeve, Henry

Ryan, Albert
Sommers Rowan, Andrew
Sonmerford, Frederick
Walsh, Michael

VENEZOLANOS

Acosta, Cristóbal
Aguado, Sandalio
Álvarez Saavedra, Fernando Pedro
Aurrecoechea, Henrique
Aurrecoechea, José María
Barboza, N.
Barreto, José Miguel
Carvajal, Andrés Vicente
Conate Valdés, León
Diez Granados, Javier
Domínguez Blanco, Ramón
Echavarría Castillo, Federico
Emam, Juan
Garrido Páez, Manuel
Goldin, Rafael
González de Moya, Pedro
González Flores, Manuel
González Rodríguez, Félix
González Sánchez, Fernando
Guerra, Agustín
Guerra, Mauricio
Hernández, Salomé
Huácara, Manuel
Lamber, Napoleón Tomás
Lando, Napoleón Tomás
Linares de Plasencia, Antonio

Linares, Antonio B.
López, Narciso
Manuit, Amadeo
Martínez, Feliciano
Más, Juan
Mendoza, Cristóbal
Monagas Ceballos, Domingo
Mora, Antonio
Naranjo, Pedro Rafael
Nogues, Orlando
Oberto Urdaneta, Francisco
Oberto Urdaneta, Ildefonso
Páez, Eustaquio
Palma, Erasmo
Parra Franca, Gervasio
Peña Orihuela, José
Peoli, Juan Jorge
Portuondo Herrera, José
Rabí Zúñiga, Antonio
Ramírez, Feerico
Riverón Correa, Miguel
Riverón Paz, Francisco
Rodríguez, Manuel
Romero Lechís, Miguel
Saavedra Plasencia, Domingo
Salazar, Manuel
Silva Muñol del Campo, Oscar
Urquiola, José Ulises
Valencia, Nicolás
Ybans, Enrique
Ybans, Francisco

Participaron también hombres nacidos en Chile, Francia, Italia, Polonia, Perú, Puerto Rico y otras naciones.

Jorge Mañach

MARTÍ
EL APÓSTOL

COLECCIÓN AUSTRAL
ESPASA-CALPE, S. A.

VOLUMEN EXTRA

BIBLIOGRAFÍA

Abreu Cardet, José: «Julio Grave de Peralta», La Habana, Editorial de Ciencias Sociales, 1988.
Arnao, Juan: «Páginas para la Historia de la Isla de Cuba», Imprenta La Nueva, Habana, 1900.
Barboza, Justo: «Las Insurrecciones en Cuba», Madrid, 1873.
Batrell Oviedo, Ricardo: «Apuntes Autobiográficos», La Habana, 1912.
Bojórquez Urzaiz, Carlos: «Cubanos en Yucatán»,.
Boza, Bernabé: «Mi Diario de Campaña», R. Veloso, La Habana, 1924.
Briceño Peroso, Mario: «Antonio Maceo. La Voz del Huracán», Caracas, 1991.
Casasús, Juan J.E.: «Calixto García (El Estratega)», Consejo Provincial de Cultura, La Habana, 1962.
Castellanos García, Gerardo: «Relieves», Imprenta P. Fernández y Cía., La Habana, 1910.
Castellanos, Gerardo: «En Busca de San Lorenzo. Muerte de Carlos Manuel de Céspedes», La Habana, 1930.
Céspedes y Quesada, Carlos Manuel: «Manuel de Quesada y Loynaz», Brasil, 1925.
Chuffat Latour, Antonio: «Apunte Histórico de los Chinos en Cuba», Molina y Compañía, La Habana, 1927.
Collazo, Enrique: «Cuba Heroica», Imprenta Mercantil, La Habana, 1912.
De Camps Feliú, Francisco: «Españoles e Insurrectos», E.T. Álvarez y Cía, La Habana, 1890.
De Céspedes y Loynaz, Carlos Manuel: Carlos Manuel de Céspedes y Quesada», Imprenta Siglo XX, La Habana, 1926 .
De la Cruz, Manuel: «Episodios de la Revolución Cubana», La Habana, Instituto del Libro, 1968.

de Quesada, Gonzalo: «Los Chinos y la Revolución Cubana», La Habana, 1946.
Del Castillo Zúñiga, José Rogelio: «Autobiografía».
Diario de Cádiz: Manuel Beraja Montaña, Cádiz, 1979..
«Diccionario Enciclopédico de la Historia Militar de Cuba», La Habana, 2001.
Figueredo, Fernando: «La Revolución de Yara», Editorial Cubana.
Flores, Eugenio Antonio: «La Guerra de Cuba», Tip. De los hijos de M.G. Hernandez, Madrid, 1895.
Franco, José L.: «Antonio Maceo», Editorial Ciencias Sociales, La Habana, 1975.
García Cisneros, Florencio: «El León de Santa Rita», Ediciones Universal, Miami, Florida, 1988.
García Verdugo, Vicente: «Cuba contra España», Madrid, 1869.
Gómez Toro, Bernardino: «Revoluciones...Cuba y Hogar», Santo Domingo, República Dominicana, 1986.
Gómez, Máximo: «Diario de Campaña. 1868-1899», Instituto del Libro, La Habana, 1968, e Impresiones Habana, La Habana, 2007.
González Barrios, René: «Almas sin Fronteras», La Habana, 1996.
_____ «Cruzada de Libertad: Venezuela por Cuba», Editorial Verde Olivo, Ciudad de La Habana.
González, Margarita: «Bolívar y la Independencia de Cuba», Editora El Áncora, Bogotá 1985.
_____ «Bolívar y las Antillas Hispanas», Editora El Áncora, Bogotá.
González Rodríguez, René: «Chile en la Independencia de Cuba».
Guerra, Ramiro: «La Guerra de los Diez Años», Editorial Ciencias Sociales, La Habana, 1972.
Guerra Vilaboy, Sergio: «Cubanos en México y Mexicanos en Cuba», .
Infiesta, Ramón: «Máximo Gómez», Imprenta Siglo XX, La Habana, 1936..
Jiménez Pastrana, Juan: «Los Chinos en la Historia de Cuba (1847-1930", Editorial Ciencias Sociales, La Habana, 1983.

Leal, Eusebio: «Carlos Manuel de Céspedes. Cuarto y Quinto Diarios», Editorial Ciencias Socialies, La Habana, 1994.
_____ «El Diario Perdido», Editorial Ciencias Sociales, La Habana 1986».
Llofriu y Sagrera, Eleuterio: «Historia de la Insurrección y Guerra en la Isla de Cuba», Madrid, 1870.
Lugo, Enrique: «Memorias Históricas», Imprenta Nuovo de J. Andreu, Cienfuegos, 1888.
Mañach, Jorge: «Martí, el apóstol», Editorial Espasa Calpe, España..
Márquez Sterling, Carlos Manuel: «Historia de la Isla de Cuba», Regents Publishing Company, New York, 1975.
Miró Argenter, José: «Crónicas de la Guerra», Instituto del Libro, La Habana, 1970.
Páez, José Antonio: «Autobiografía», Nueva York, 1897, reimpresa en 1946..
Ponce de León, Néstor: «Book of Blood», New York, 1875.
Portuondo, Francisco y Hortensia: «Carlos Manuel de Céspedes. Escritos», La Habana, Editorial de Ciencias Sociales, 1974.
Quintana, Jorge: «Índice de Extranjeros en el Ejército Libertador de Cuba», Tomo I, La Habana, 1953.
Reyna Cossío, René E.: «Estudios Histórico-Militares sobre la Guerra de Independencia de Cuba», La Habana, 1958..
Riera Hernández, Mario: «Cuba Republicana 1899-1958, Editorial RIP, Miami, Florida 1974.
Roa Garí, Ramón: «Con la Pluma y el Machete», Academia de la Historia de Cuba, La Habana, 1950.
Roig Leuchsering, Emilio y Portell Vilá, Herminio: «Narciso López y su Época».
Sanguily, Manuel: «Brigada de Libertad», La Habana, 1950.
Santovenia, Emeterio y Shelton, Raúl: «Cuba y su Historia», Miami, Florida, 1965.
Souza, Benigno: «Máximo Gómez, el Generalísimo», Editorial El Trópico, La Habana, 1936.
Ubieta, Enrique: «Efemérides de la Revolución Cubana», Habana, La Moderna Poesía, 1911.

Vicuña Mackenna, Benjamín: «Misceláneos», 1872, Chile.
Zaragoza, Justo P.: «Las Insurrecciones en Cuba», Madrid, 1873.

BIBLIOTECA DE ENRIQUE ROS
en Ediciones Universal

Colección de libros que constituyen una verdadera enciclopedia sobre la lucha de los cubanos por su libertad:

0-89729-738-5   PLAYA GIRÓN, LA VERDADERA HISTORIA, Enrique Ros (3ª. edición) /1998/
Historia de la lucha clandestina en Cuba, la invasión de Playa Girón, el exilio y la política norteamericana.

0-89729-773-3   DE GIRÓN A LA CRISIS DE LOS COHETES: LA SEGUNDA DERROTA, Enrique Ros /1995/
Historia de la lucha cubana desde Playa Girón hasta la Crisis de los Cohetes en 1962.

0-89729-814-4   AÑOS CRÍTICOS: DEL CAMINO DE LA ACCIÓN AL CAMINO DEL ENTENDIMIENTO , Enrique Ros /1996/
La zigzagueante política del presidente Kennedy y los esfuerzos de los cubanos por derrocar a Castro.

0-89729-868-3   CUBANOS COMBATIENTES: PELEANDO EN DISTINTOS FRENTES, Enrique Ros /1998/
Lucha de los cubanos dentro y fuera de la isla: ataques comandos, cubanos en Vietnam, África, Bolivia y otros escenarios.

0-89729-908-6   LA AVENTURA AFRICANA DE FIDEL CASTRO,
Enrique Ros /1999/   Las intervenciones de Castro por subvertir el continente africano.

0-89729-939-6 CASTRO Y LAS GUERRILLAS EN LATINOAMÉRICA, Enrique Ros /2001/ Las acciones guerrilleras y subversivas que ha dirigido Castro en América Latina desde 1959.

0-89729-988-4 ERNESTO CHE GUEVARA: MITO Y REALIDAD, Enrique Ros /2002/ La vida desconocida del Che Guevara contada tras una minuciosa investigación.

1-59388-006-5 FIDEL CASTRO Y EL GATILLO ALEGRE. SUS AÑOS UNIVERSITARIOS, Enrique Ros /2003/ La historia desconocida de Fidel Castro. La escuela de violencia de sus años universitarios con los Grupos de Acción.

1-59388-026-x LA UMAP: EL *GULAG* CUBANO, Enrique Ros /2004/ La realidad de los campos de concentración y trabajos forzados en Cuba contada por los que lo padecieron.

1-59388-047-2 LA REVOLUCIÓN DE 1933 EN CUBA, Enrique Ros /2005/ La historia de la revolución contra Machado contada por sus protagonistas.

1-59388-079-0 EL CLANDESTINAJE Y LA LUCHA ARMADA CONTRA CASTRO, Enrique Ros /2006/ La información más completa sobre la lucha clandestina en Cuba contra el régimen de Castro.

  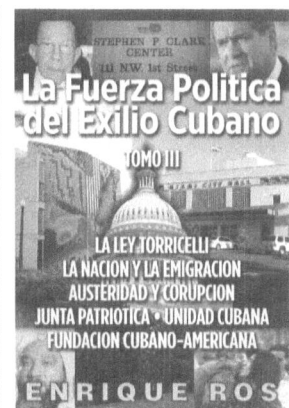

1-59388-107-x LA FUERZA POLÍTICA DEL EXILIO CUBANO I (1952-1987), Enrique Ros (2007).
1-59388-140-1 LA FUERZA POLÍTICA DEL EXILIO CUBANO II. 1988-1989, Enrique Ros (2208)
1-59388-177-0 LA FUERZA POLÍTICA DEL EXILIO CUBANO III (1990-1995), Enrique Ros (2009)

Los tres tomos publicados hasta el momento presentan un documentado estudio sobre la participación de los exiliados cubanos en la política norteamericana, a nivel local, estatal y nacional.

1-59388-196-7 CARLOS MANUEL DE CÉSPEDES. DE YARA A SAN LORENZO. LA LEALTAD Y LA PERFIDIA. EL BRIGADIER DE CAMBUTE. EL MÉDICO DE JIGUANÍ, Enrique Ros (2010)

Un documentado y polémico estudio sobre la vida de Céspedes desde su alzamiento en Yara hasta su destitución y muerte. La personalidad de la Padre de la Patria Cubana.

1-59388-211-4 CUBA: MAMBISES NACIDOS EN OTRAS TIERRAS, Enrique Ros (2011)

Importante investigación sobre la participación de extranjeros en las luchas por la independencia de Cuba.

Otros libros publicados por Ediciones Universal en la
COLECCIÓN CUBA Y SUS JUECES

0359-6	CUBA EN 1830, Jorge J. Beato & Miguel F. Garrido
044-5	LA AGRICULTURA CUBANA (1934-1966), Oscar A. Echevarría Salvat
046-1	CUBA Y LA CASA DE AUSTRIA, Nicasio Silverio Saínz
048-8	CUBA, CONCIENCIA Y REVOLUCIÓN, Luis Aguilar León
049-6	TRES VIDAS PARALELAS, Nicasio Silverio Saínz
119-0	JALONES DE GLORIA MAMBISA, Juan J.E. Casasús
123-9	HISTORIA DEL PARTIDO COMUNISTA DE CUBA, Jorge García Montes y Antonio Alonso Avila
131-X	EN LA CUBA DE CASTRO (APUNTES DE UN TESTIGO), Nicasio Silverio Saínz
1336-2	ANTECEDENTES DESCONOCIDOS DEL 9 DE ABRIL, Ángel Aparicio Laurencio
136-0	EL CASO PADILLA: LITERATURA Y REVOLUCIÓN EN CUBA Lourdes Casal
139-5	JOAQUÍN ALBARRÁN, ENSAYO BIOGRÁFICO, Raoul García
157-3	VIAJANDO POR LA CUBA QUE FUE LIBRE, Josefina Inclán
165-4	VIDAS CUBANAS - CUBAN LIVES.- (2 vols.), José Ignacio Lasaga
205-7	VIGENCIA POLÍTICA Y LIT. DE MARTÍN MORÚA DELGADO, Aleyda T. Portuondo
205-7	CUBA, TODOS CULPABLES, Raul Acosta Rubio
207-3	MEMORIAS DE UN DESMEMORIADO-Leña para el fuego de la historia de Cuba, José García Pedrosa
211-1	HOMENAJE A FÉLIX VARELA, Sociedad Cubana de Filosofía
212-X	EL OJO DEL CICLÓN, Carlos Alberto Montaner
240-5	AMÉRICA EN EL HORIZONTE. Una perspectiva cultural, Ernesto Ardura
243-X	LOS ESCLAVOS Y LA VIRGEN DEL COBRE, Leví Marrero
274-X	JACQUES MARITAIN Y LA DEMOCRACIA CRISTIANA, José Ignacio Rasco
283-9	CUBA ENTRE DOS EXTREMOS, Alberto Muller
293-6	HISTORIA DE LA ODONTOLOGÍA EN CUBA / 4 vols: (1492-1983), César A. Mena
3122-0	RELIGIÓN Y POLÍTICA EN CUBA DEL SIGLO XIX, Miguel Figueroa
353-3	LA GUERRA DE MARTÍ (La lucha de los cubanos por la independencia), Pedro Roig
361-4	EL MAGNETISMO DE JOSÉ MARTÍ, Fidel Aguirre
374-6	GRAU: ESTADISTA Y POLÍTICO (Cincuenta años de la Historia de Cuba), Antonio Lancís
376-2	CINCUENTA AÑOS DE PERIODISMO, Francisco Meluzá Otero
379-7	HISTORIA DE FAMILIAS CUBANAS (9 vols.), Francisco Xavier de Santa Cruz

411-4	LOS ABUELOS: HISTORIA ORAL CUBANA, José B. Fernández
413-0	ELEMENTOS DE HISTORIA DE CUBA, Rolando Espinosa
425-4	A LA INGERENCIA EXTRAÑA LA VIRTUD DOMÉSTICA, Carlos Márquez Sterling
426-2	BIOGRAFÍA DE UNA EMOCIÓN POPULAR: EL Dr. Grau, M. Hernández-Bauzá
428-9	THE EVOLUTION OF THE CUBAN MILITARY (1492-1986), Rafael Fermoselle
431-9	MIS RELACIONES CON MÁXIMO GÓMEZ, Orestes Ferrara
437-8	HISTORIA DE MI VIDA, Agustín Castellanos
443-2	EN POS DE LA DEMOCRACIA ECONÓMICA, Varios
458-0	CUBA: LITERATURA CLANDESTINA, José Carreño
459-9	50 TESTIMONIOS URGENTES, José Carreño y otros
461-0	HISPANIDAD Y CUBANIDAD, José Ignacio Rasco
479-3	HABLA EL CORONEL ORLANDO PIEDRA, Daniel Efraín Raimundo
483-1	JOSÉ ANTONIO SACO , Anita Arroyo
490-4	HISTORIOLOGÍA CUBANA /5 vols./ (1492-2000), José Duarte Oropesa
502-1	MAS ALLÁ DE MIS FUERZAS, William Arbelo
510-2	GENEALOGÍA, HERÁLDICA E HIST.DE NUESTRAS FAMILIAS, Fernando R. de Castro
514-5	EL LEÓN DE SANTA RITA, Florencio García Cisneros
516-1	EL PERFIL PASTORAL DE FÉLIX VARELA, Felipe J. Estévez
518-8	CUBA Y SU DESTINO HISTÓRICO. Ernesto Ardura
520-X	APUNTES DESDE EL DESTIERRO, Teresa Fernández Soneira
532-3	MANUEL SANGUILY. HISTORIA DE UN CIUDADANO, Octavio R. Costa
538-2	DESPUÉS DEL SILENCIO, Fray Miguel Angel Loredo
551-X	¿QUIEN MANDA EN CUBA? Las estructuras de poder. La élite, Manuel Sánchez Pérez
553-6	EL TRABAJADOR CUBANO EN EL ESTADO DE OBREROS Y CAMPESINOS, Efrén Córdova
558-7	JOSÉ ANTONIO SACO Y LA CUBA DE HOY, Ángel Aparicio
7886-3	MEMORIAS DE CUBA, Oscar de San Emilio
566-8	SIN TIEMPO NI DISTANCIA, Isabel Rodríguez
569-2	ELENA MEDEROS (Una mujer con perfil para la historia), María Luisa Guerrero
577-3	ENRIQUE JOSÉ VARONA Y CUBA, José Sánchez Boudy
586-2	SEIS DÍAS DE NOVIEMBRE, Byron Miguel
589-7	DE EMBAJADORA A PRISIONERA POLÍTICA: ALBERTINA O'FARRILL, Víctor Pino
592-7	DOS FIGURAS CUBANAS Y UNA SOLA ACTITUD, Rosario Rexach
598-6	II ANTOLOGÍA DE INSTANTÁNEAS, Octavio R. Costa
600-1	DON PEPE MORA Y SU FAMILIA, Octavio R. Costa

06-0	CRISIS DE LA ALTA CULTURA EN CUBA/INDAGACIÓN DEL CHOTEO, Jorge Mañach
608-7	VIDA Y MILAGROS DE LA FARÁNDULA DE CUBA (5 vols.), Rosendo Rosell
617-6	EL PODER JUDICIAL EN CUBA, Vicente Viñuela
620-6	TODOS SOMOS CULPABLES, Guillermo de Zéndegui
621-4	LUCHA OBRERA DE CUBA, Efrén Naranjo
624-9	HISTORIA DE LA MEDICINA EN CUBA(2 v.),César A. Mena y Armando Cobelo
626-5	LA MÁSCARA Y EL MARAÑÓN (Identidad nacional cubana), Lucrecia Artalejo
645-1	FÉLIX VARELA: ANÁLISIS DE SUS IDEAS POLÍTICAS, Juan P. Esteve
648-6	DEMOCRACIA INTEGRAL, Instituto de Solidaridad Cristiana
676-1	EL CAIMÁN ANTE EL ESPEJO, Uva de Aragón
679-6	LOS SEIS GRANDES ERRORES DE MARTÍ, Daniel Román
680-X	¿POR QUÉ FRACASÓ LA DEMOCRACIA EN CUBA?, Luis Fernández-Caubí
682-6	IMAGEN Y TRAYECTORIA DEL CUBANO EN LA HISTORIA I (1492-1902), Octavio R. Costa
689-3	A CUBA LE TOCÓ PERDER, Justo Carrillo
690-7	CUBA Y SU CULTURA, Raúl M. Shelton
703-2	MÚSICA CUBANA: DEL AREYTO A LA NUEVA TROVA, Cristóbal Díaz Ayala
706-7	BLAS HERNÁNDEZ Y LA REVOLUCIÓN CUBANA DE 1933, Ángel Aparicio
713-X	DISIDENCIA, Ariel Hidalgo
715-6	MEMORIAS DE UN TAQUÍGRAFO, Angel V. Fernández
718-0	CUBA POR DENTRO (EL MININT), Juan Antonio Rodríguez Menier
719-9	DETRÁS DEL GENERALÍSIMO (Biografía de Bernarda Toro de Gómez «Manana»), Ena Curnow
723-7	YO, EL MEJOR DE TODOS (Biografía no autorizada del Che Guevara), Roberto Luque Escalona
727-X	MEMORIAS DEL PRIMER CONGRESO PRESIDIO POLÍTICO CUBANO, M. Pozo
730-X	CUBA: JUSTICIA Y TERROR, Luis Fernández-Caubí
738-5	PLAYA GIRÓN: LA HISTORIA VERDADERA, Enrique Ros
740-7	CUBA: VIAJE AL PASADO, Roberto A. Solera
743-1	MARTA ABREU, UNA MUJER COMPRENDIDA, Pánfilo Camacho
745-8	CUBA: ENTRE LA INDEPENDENCIA Y LA LIBERTAD, Armando P. Ribas
747-4	LA HONDA DE DAVID, Mario Llerena
752-0	24 DE FEBRERO DE 1895: UN PROGRAMA VIGENTE, Jorge Castellanos
756-3	LA SANGRE DE SANTA ÁGUEDA (Angiolillo/Betances/Cánovas), Frank Fernández

760-1	ASÍ ERA CUBA (Como hablábamos, snetíamos y actuábamos), Daniel Román
765-2	CLASE TRABAJADORA Y MOVIMIENTO SINDICAL EN CUBA / 2 vols.: 1819-1996), Efrén Córdova
773-3	DE GIRÓN A LA CRISIS DE LOS COHETES: La segunda derrota, Enrique Ros
786-5	POR LA LIBERTAD DE CUBA (una historia inconclusa), Néstor Carbonell Cortina
792-X	CRONOLOGÍA MARTIANA, Delfín Rodríguez Silva
795-4	LA LOCURA DE FIDEL CASTRO, Gustavo Adolfo Marín
796-2	MI INFANCIA EN CUBA: LO VISTO Y LO VIVIDO POR UNA NIÑA CUBANA DE DOCE AÑOS, Cosette Alves Carballosa
798-9	APUNTES SOBRE LA NACIONALIDAD CUBANA, Luis Fernández-Caubí
803-9	AMANECER. HISTORIAS DEL CLANDESTINAJE (La lucha de la resistencia contra Castro dentro de Cuba), Rafael A. Aguirre Rencurrell
804-7	EL CARÁCTER CUBANO, Calixto Masó y Vázquez
805-5	MODESTO M. MORA, M.D. Octavio R. Costa
808-X	RAZÓN Y PASIÓN (25 años de estudios cubanos), Instituto de Estudios Cubanos
814-4	AÑOS CRÍTICOS: Del camino de la acción al camino del entendimiento, Enrique Ros
821-7	THE MARIEL EXODUS: TWENTY YEARS LATER. A STUDY ON THE POLITICS OF STIGMA AND A RESEARCH BIBLIOGRAPHY, Gastón A. Fernández
823-3	JOSÉ VARELA ZEQUEIRA (1854-1939); SU OBRA CIENTÍFICO-LITERARIA, Beatriz Varela
828-4	BALSEROS: HISTORIA ORAL DEL ÉXODO CUBANO DEL '94 / ORAL HISTORY OF THE CUBAN EXODUS OF '94, Felicia Guerra y Tamara Álvarez-Detrell
831-4	CONVERSANDO CON UN MÁRTIR CUBANO: CARLOS GONZÁLEZ VIDAL, Mario Pombo Matamoros
832-2	TODO TIENE SU TIEMPO, Luis Aguilar León
838-1	8-A: LA REALIDAD INVISIBLE, Orlando Jiménez-Leal
840-3	HISTORIA ÍNTIMA DE LA REVOLUCIÓN CUBANA, Ángel Pérez Vidal
848-9	PÁGINAS CUBANAS tomo I, Hortensia Ruiz del Vizo
851-2	APUNTES DOCUMENTADOS DE LA LUCHA POR LA LIBERTAD DE CUBA, Alberto Gutiérrez de la Solana
860-8	VIAJEROS EN CUBA (1800-1850), Otto Olivera
861-6	GOBIERNO DEL PUEBLO: OPCIÓN PARA UN NUEVO SIGLO, Gerardo E. Martínez-Solanas
862-4	UNA FAMILIA HABANERA, Eloísa Lezama Lima
866-7	NATUMALEZA CUBANA, Carlos Wotzkow
868-3	CUBANOS COMBATIENTES: peleando en distintos frentes, Enrique Ros

869-1	QUE LA PATRIA SE SIENTA ORGULLOSA (Memorias de una lucha sin fin), Waldo de Castroverde
870-5	EL CASO CEA: intelectuales e inquisodres en Cuba ¿Perestroika en la Isla?, Maurizio Giuliano
874-8	POR AMOR AL ARTE (Memorias de un teatrista cubano 1940-1970), Francisco Morín
875-6	HISTORIA DE CUBA, Calixto C. Masó Nueva edición al cuidado de Leonel de la Cuesta, ampliada con índices y cronología de la historia de Cuba hasta 1992.
876-4	CUBANOS DE DOS SIGLOS: XIX y XX. ENSAYISTAS y CRÍTICOS, Elio Alba Buffill
880-2	ANTONIO MACEO GRAJALES: EL TITÁN DE BRONCE, José Mármol
882-9	EN TORNO A LA CUBANÍA (estudios sobre la idiosincrasia cubana), Ana María Alvarado
886-1	ISLA SIN FIN (Contribución a la crítica del nacionalismo cubano), Rafael Rojas
891-8	MIS CUATRO PUNTOS CARDINALES, Luis Manuel Martínez
895-0	MIS TRES ADIOSES A CUBA (Diario de dos viajes), Ani Mestre
901-9	40 AÑOS DE REVOLUCIÓN CUBANA (El legado de Castro), Efrén Córdova, Editor
907-8	MANUAL DEL PERFECTO SINVERGÜENZA, Tom Mix (José M. Muzaurieta)
908-6	LA AVENTURA AFRICANA DE FIDEL CASTRO, Enrique Ros
910-8	MIS RELACIONES CON EL GENERAL BATISTA, Roberto Fernández Miranda
912-4	ESTRECHO DE TRAICIÓN, Ana Margarita Martínez y Diana Montané
915-9	GUERRAS ALCALDICIAS (La lucha por la alcaldía de Miami /1980 a 2000), Antonio R. Zamora
926-4	GUANTÁNAMO Y GITMO (Base naval de los Estados Unidos en Guantánamo), López Jardo
929-9	EL GARROTE EN CUBA, Manuel B. López Valdés (Edición de Humberto López Cruz)
931-0	EL CAIMÁN ANTE EL ESPEJO. Un ensayo de interpretación de lo cubano, Uva de Aragón (segunda edición revisada y ampliada)
934-5	MI VIDA EN EL TEATRO, María Julia Casanova
937-x	EL TRABAJO FORZOSO EN CUBA, Efrén Córdova
939-6	CASTRO Y LAS GUERRILLAS EN LATINOAMÉRICA, Enrique Ros
942-6	TESTIMONIOS DE UN REBELDE (Episodios de la Revolución Cubana 1944-1963), Orlando Rodríguez Pérez
944-2	DE LA PATRIA DE UNO A LA PATRIA DE TODOS, Ernesto F. Betancourt
945-0	CRONOLOGÍA HISTÓRICA DE CUBA (1492-2000), Manuel Fernández Santalices.

946-9	BAJO MI TERCA LUCHA CON EL TIEMPO. MEMORIAS 1915-2000, Octavio R. Costa
949-3	MEMORIA DE CUBA, Julio Rodríguez-Luis
951-8	LUCHAS Y COMBATES POR CUBA (MEMORIAS), José E. Dausá
953-1	JOSÉ AGUSTÍN QUINTERO: UN ENIGMA HISTÓRICO EN EL EXILIO CUBANO DEL OCHOCIENTOS, Jorge Marbán
955-8	NECESIDAD DE LIBERTAD (ensayos-artículos-entrevistas-cartas), Reinaldo Arenas
956-6	FÉLIX VARELA PARA TODOS / FELIX VARELA FOR ALL, Rabael B. Abislaimán
957-4	LOS GRANDES DEBATES DE LA CONSTITUYENTE CUBANA DE 1940, Edición de Néstor Carbonell Cortina
965-5	CUBANOS DE ACCIÓN Y PENSAMIENTO, Octavio R. Costa (60 biografías de los protagonistas de la historia de Cuba)
968-x	AMÉRICA Y FIDEL CASTRO, Américo Martín
974-4	CONTRA EL SACRIFICIO / DEL CAMARADA AL BUEN VECINO / Una polémica filosófica cubana para el siglo XXI, Emilio Ichikawa
975-2	VOLVIENDO LA MIRADA (memorias 1981-1988), César Leante
979-5	CENTENARIO DE LA REPÚBLICA CUBANA (1902-2002), William Navarrete y Javier de Castro Mori, Editores.
980-9	HUELLAS DE MI CUBANÍA, José Ignacio Rasco
982-5	INVENCIÓN POÉTICA DE LA NACIÓN CUBANA, Jorge Castellanos
983-3	CUBA: EXILIO Y CULTURA. / MEMORIA DEL CONGRESO DEL MILENIO, Asociación Nacional de Educadores Cubano-Americanos y Herencia Cultural Cubana. Julio Hernández-Miyares, Gastón Fernández de la Torriente y Leonardo Fernández Marcané, Editores
987-6	NARCOTRÁFICO Y TAREAS REVOLUCIONARIAS. EL CONCEPTO CUBANO, Norberto Fuentes
988-4	ERNESTO CHE GUEVARA: MITO Y REALIDAD, Enrique Ros
991-4	CARUCA (1917-2000), Octavio R. Costa
995-7	LA MIRADA VIVA, Alberto Roldán
8-000-6	LA POLÍTICA DEL ADIÓS, Rafael Rojas
8-006-5	FIDEL CASTRO Y EL GATILLO ALEGRE. LOS AÑOS UNIVERSITARIOS, Enrique Ros
8-011-1	REFLEXIONES SOBRE CUBA Y SU FUTURO, Luis Aguilar León (3ª.edición revisada y ampliada)
8-014-6	AZÚCAR Y CHOCOLATE. HISTORIA DEL BOXEO CUBANO, Enrique Encinosa
8-022-7	CONTEXT FOR A CUBAN TRANSITION. An argument in favor of democracy and a market economy, Ernesto F. Betancourt
8-025-1	EL FIN DE LA IDIOTEZ Y LA MUERTE DEL HOMBRE NUEVO, Armando P. Ribas
8-026-x	LA UMAP: EL *GULAG* CUBANO, Enrique Ros
8-027-8	LA CUBA ETERNA, Néstor Carbonell Cortina

8-028-6	CONTRA VIENTO Y MAREA. PERIODISMO Y ALGO MÁS (Memorias de un periodista 1920-2000), José Ignacio Rivero
8-035-9	CUBA: REALIDAD Y DESTINO. PRESENTE Y FUTURO DE LA ECONOMÍA Y LA SOCIEDAD CUBANA, Jorge A. Sanguinetty
8-038-3	MUJERES EN LA HISTORIA DE CUBA, Antonio J. Molina
8-043-x	MIS MEMORIAS, Mario P. Landrían M.D.
8-045-6	TRES CUESTIONES SOBRE LA ISLA DE CUBA, José García de Arboleya
8-047-2	LA REVOLUCIÓN DE 1933 EN CUBA, Enrique Ros
8-046-4	P'ALLÁ Y P'ACÁ, Mario G. De Mendoza III
8-051-0	MEMORIAS DE UN ESTADISTA. FRASES Y ESCRITOS EN CORRESPONDENCIA, Carlos Márquez-Sterling
8-052-9	INSPIRADORES (300 biografías de personajes fascinantes), Luis Mario
8-053-7	ANATOMÍA Y FISIOLOGÍA DEL TERRORISMO, Salvador Subirá
8-055-3	AVENTURAS DE UN TAXISTA EN LA HABANA, Noel Silva
8-058-8	DE LAS FILOSOFÍAS DESTRUCTIVAS CONTEMPORÁNEAS: BERGSON, SARTRE Y OTROS ENSAYOS, José Sánchez-Boudy y Hortensia Ruiz del Vizo
8-059-6	MEMORIAS CUBANAS DE UN ASTURIANO CALIENTE, José Sánchez-Priede
8-061-8	LA HABANA EN EL SIGLO XXI. URBANISMO ACTUAL, Osvaldo de Tapia-Ruano
8-062-6	EL EXILIO HISTÓRICO Y LA FE EN EL TRIUNFO, José Sánchez-Boudy
8-064-2	MORIR DE EXILIO, Uva de Aragón
8-067-5	CUBA: INTRAHISTORIA. UNA LUCHA SIN TREGUA, Rafael Díaz-Balart
8-069-3	ELIÁN Y LA CUBA ETERNA, José Sánchez-Boudy
8-070-7	PÁGINAS CUBANAS II, Hortensia Ruiz del Vizo
8-071-5	LA VERDADERA CUBA ETERNA. José Sánchez-Boudy
8-072-3	ENCUENTRO EN 1898. TRES PUEBLOS Y CUATRO HOMBRES (Cuba-España-Estados Unidos /Cervera-T. Roosevelt-Calixto García-Juan Gualberto Gómez). Jorge Castellanos
8-075-8	FÉLIX VARELA: PROFUNDIDAD MANIFIESTA I: Primeros años de la vida del padre Félix Varela Morales: infancia, adolescencia, juventud (1788-1821), P. Fidel Rodríguez
8-076-6	PÁGINAS CUBANAS III, Hortensia Ruiz del Vizo
8-077-4	LA CUBA ETERNA: POR LA ERRADICACIÓN DEL COMUNISMO, José Sánchez-Boudy
8-079-0	EL CLANDESTINAJE Y LA LUCHA ARMADA CONTRA CASTRO, Enrique Ros
8-084-7	LA CUBA ETERNA IV. QUE HABLE LA HISTORIA, José Sánchez-Boudy
8-087-1	PÁGINAS CUBANAS IV: VALOR Y VIGENCIA DE LA HISTORIA, Hortensia Ruiz del Vizo

8-089-8	LA CUBA ETERNA V: EL DESTRUCTIVO PROTAGONISMO, José Sánchez-Boudy
8-097-9	ACU. 75 ANIVERSARIO A.M.D.G. (Historia de la Agrupación Católica Universitaria), Salvador E. Subirá
8-095-2	MISCELÁNEA CUBANAS, Instituto Jacques Maritain de Cuba
8-098-7	CUBA ETERNA VI. No el regreso al pasado sino a la Patria Eterna, José Sánchez-Boudy
8-099-5	MÁS MEMORIAS DE UN ASTURIANO CALIENTE. CON LA ESCOPETA AL HOMBRE, José Sánchez-Priede
8-100-2	JOSÉ ANTONIO ECHEVERRÍA: VIGENCIA Y PRESENCIA, Julio Fernández-León.
8-107-x	LA FUERZA POLÍTICA DEL EXILIO CUBANO I (1952-1987), Enrique Ros
8-117-7	MOMENTOS ESTELARES EN LA HISTORIA DE CUBA, Emilio Martínez Paula
8-115-0	LUCES Y SOMBRAS DE CUBA (Reflexiones sobre la República, la Revolución Comunista, el Exilio y la Añorada Libertad), Néstor Carbonell Cortina
8-129-0	VIVIDO AYER (Leyendas y misterios de Cuba y La Habana), Sergio San Pedro
8-131-2	LA VERDADERA REPÚBLICA DE CUBA, Andrés Cao Mendiguren
8-135-5	RETOS DEL PERIODISMO, Alberto Muller
8-140-1	LA FUERZA POLÍTICA DEL EXILIO CUBANO II, Enrique Ros
8-152-5	POR AMOR A LA PELOTA. HISTORIA DEL BÉISBOL AMATEUR CUBANO, Marino Martínez Peraza
8-143-6	CRÓNICAS DE LA REPÚBLICA. CUBA: 1902-1958, Uva de Aragón
8-151-7	EPISCOPOLOGIO CUBANO III: DIEGO DE SARMIENTO, TERCER OBISPO DE CUBA, 1535-1547, Reynerio Lebroc Martínez
8-152-5	POR AMOR A LA PELOTA. HISTORIA DEL BÉISBOL AMATEUR CUBANO, Marino Martínez Peraza
8-154-1	CON EL RIFLE AL HOMBRO, Horacio Ferrer
8-155-x	MÁRTIR DE GUAJAIBÓN. HOMENAJE A JULIÁN MARTÍNEZ INCLÁN / MARTYR OF GUAJAIBÓN. TRIBUTE TO JULIÁN MARTÍNEZ INCLÁN, José M. González-Llorente (Ed.). Edición bilingüe español e inglés. Traducción al inglés de Modesto Alosno.
8-157-6	50 AÑOS DE REVOLUCIÓN EN CUBA. EL LEGADO DE LOS CASTRO, Efrén Córdova (Ed.).
8-162-2	ROLANDO MASFERRER EN EL PAÍS DE LOS MITOS (Mitos en la historia de Cuba), Roberto Luque Escalona
8-165-7	LA CRISIS DEL MUNDO OCCIDENTAL, José Sánchez Boudy
8-167-3	UNA MIRADA SOBRE TRES SIGLOS. MEMORIAS, Orestes Ferrara
8-171-1	¡25448, NO; ROBERTO MARTÍN PÉREZ!, Rafael Cerrato Salas
8-172-x	EL LIBRO NEGRO DEL CASTRISMO, Jacobo Machover (Con ilustraciones de Gina Pellón)
8-173-8	CUBA: AGONÍA Y DEBER. DE LETRAS E HISTORIA, Elio Alba Buffill

8-177-0 LA FUERZA POLÍTICA DEL EXILIO CUBANO III (1990-1995), EnriqueRos
8-179-7 SEDIENTOS DE LIBERTAD, Lázaro J. Abreu
8-184-3 CRÓNICAS EJEMPLARES, Víctor Vega Ceballos. Edición de María Vega de Febles y Eduardo A. Febles
8-191-6 HONDURAS: DERECHO Y DIGNIDAD DERROTAN AL COMUNISMO (EL TRIUNFO DE LOS HOMBRES LIBRES), José Sánchez-Boudy
8-196-7 CARLOS MANUEL DE CÉSPEDES: DE YARA A SAN LORENZO. LA LEALTAD Y LA PERFIDIA. EL BRIGADIER DE CAMBUTE, EL MÉDICO DE JIGUANÍ, Enrique Ros
8-199-1 PANORAMA DEL PROTESTANTISMO EN CUBA (La presencia de los protestantes o evangélicos en la historia de Cuba desde la colonización española hasta la revolución), Marcos Antonio Ramos
8-206-8 SER O NO SER, ¡ESA ES LA JODIENDA! PAISAJES Y RETRATOS, Paquito D'Rivera

www.ingramcontent.com/pod-product-compliance
Lightning Source LLC
Chambersburg PA
CBHW030511080526
44586CB00011B/142